questions d'attitudes

DERNIERS OUVRAGES PARUS DANS LA MÊME COLLECTION

Helmholtz. Du son à la musique, textes éd. par P. Bailhache, A. Soulez et C. Vautrin, 2011.

BARBARA J.-G., *La naissance du neurone*, 2010.

CARNAP R., *Logique inductive et probabilité 1945-1970*, introduction P. Wagner, traduction sous la direction de P. Wagner, 2015.

– *Testabilité et signification*, traduction Y. Benétreau-Dupin, relue par D. Chapuis-Schmitz, introduction P. Wagner, 2015.

DUCHESNEAU Fr., *Leibniz, le vivant et l'organisme*, 2010.

HEINZMANN G., *L'intuition épistémique*, 2013.

JOLY B., *Descartes et la chimie*, 2011.

LACOUR Ph., *La nostalgie de l'individuel*, 2012.

LASSÈGUE J., *Cassirer. Du transcendantal au sémiotique*, 2016.

LECLERCQ B., *Fondements logiques et phénoménologiques de la rationalité mathématique chez Husser*l, 2015.

ŁUKASIEWICZ J., *Écrits logiques et philosophiques*, 2013.

MANCOSU P., *Infini, logique, géométrie*, 2015.

MÉLÈS B., *Les classifications des systèmes philosophiques*, 2016.

UZAN P., *Conscience et physique quantique*, 2012.

MATHESIS
Directrice : Hourya BENIS SINACEUR

Manuel REBUSCHI

questions d'attitudes

essai de philosophie formelle sur l'intentionnalité

Ouvrage publié avec le concours du Centre national du livre

PARIS
LIBRAIRIE PHILOSOPHIQUE J. VRIN
6, Place de la Sorbonne V^{e}

2017

ISSN 1147-4920
ISBN 978-2-7116-2720-2

www.vrin.fr

Pour Elisabeth

À la mémoire de Jaakko Hintikka (1929-2015)

PRÉFACE

Lorsque nous disons qu'Inès croit qu'un voisin est malade, qu'Ignace espère que les fantômes n'existent pas, qu'Igor craint de sortir de chez lui, ou qu'Irène adore son chat, nous procédons à des attributions d'attitudes mentales. Certaines de ces attitudes sont dites propositionnelles (à la suite de Russell), d'autres sont dites objectuelles – selon que leur contenu est une proposition, exprimée par une phrase subordonnée, ou un objet, dénoté par un terme singulier ou une description. Les attributions d'attitudes, qu'elles soient propositionnelles ou objectuelles, qu'il s'agisse de croyances, de désirs ou de craintes, ont ceci d'étonnant qu'elles sont aisément effectuées par tout un chacun dès l'acquisition du langage ou presque, tandis que leur analyse révèle une grande complexité.

Le présent essai s'inscrit dans une tradition de recherche qui, à la frontière entre philosophie du langage et philosophie de l'esprit, par une analyse des attributions d'attitudes et particulièrement des locutions intentionnelles qu'elles mobilisent, vise à offrir un éclairage sur le mental ou, plus précisément, sur nos conceptions du mental. Avec son ouvrage séminal *Knowledge and Belief* (1962), le philosophe finlandais Jaakko Hintikka a ouvert une voie spécifique pour ce type de recherches en y introduisant l'usage de la logique modale du premier ordre et de la sémantique des mondes possibles. C'est dans cette lignée que s'inscrit le présent travail, avec la conviction qu'il reste des zones inconnues et prometteuses à explorer par l'approche formelle des attitudes. Il s'agit en effet de montrer que certaines extensions du dispositif original de Hintikka, par l'expressivité accrue qu'elles apportent, offrent le cadre de solutions à certaines énigmes classiques et toujours actuelles de la sémantique des attributions d'attitudes.

Ces extensions sont de deux sortes, la première étant due à Hintikka lui-même. Outre les logiques épistémique et doxastique, logiques philosophiques dédiées à la connaissance et à la croyance, Hintikka a en effet développé à partir des années 1980, en collaboration avec Gabriel Sandu, la logique IF ou faite pour l'indépendance (*independence-friendly*). Avec mon collègue Tero Tulenheimo nous avons découvert il y a plusieurs années que l'application de l'extension IF à la logique doxastique débouchait sur des propriétés extrêmement intéressantes, propriétés que Hintikka lui-même n'avait pas aperçues, et qu'elle pouvait *in fine* conduire à refonder entièrement la typologie des attitudes. Une grande partie du présent essai est articulée autour de cette découverte, et de ce que nous avons baptisé les attitudes *de objecto*.

L'autre extension est due à Kai Wehmeier, et elle consiste à ajouter à l'interprétation habituelle des prédicats en logique modale du premier ordre, des extensions inter-mondaines. L'application de cette extension à la logique des attitudes n'a pas été particulièrement envisagée et encore moins étudiée par Wehmeier, et elle apparaît extrêmement fructueuse pour appréhender les attributions d'attitudes objectuelles. Le dernier chapitre de cet essai lui est consacré, avec l'ambition d'offrir un aperçu sur les possibilités offertes par cet enrichissement. Mon travail en la matière se poursuit, et d'autres éclairages sur les attributions d'attitudes devraient être apportés dans des publications à venir.

Avant d'introduire ces deux extensions, je me suis intéressé à un autre grand apport de Hintikka à la logique et à la philosophie du langage, à savoir la théorie sémantique des jeux (GTS pour *game-theoretical semantics*). À mi-chemin entre sémantiques vérificationnistes et sémantiques véríconditionnelles, GTS est ici utilisée ici comme point de départ d'une conception duelle de la signification et de la compréhension linguistiques inspirée d'idées de Fodor et de Putnam. Cette analyse, ainsi que celle des attributions d'attitudes présupposant une connaissance linguistique de l'agent, constituent les deux premiers chapitres de l'ouvrage.

C'est finalement peu de dire que Hintikka a été une source d'inspiration majeure de ce travail : logiques épistémique et doxastique, théorie sémantique des jeux, extension IF, constituent autant de piliers qui sont venus fonder les recherches présentées dans cet essai. Comme l'a souligné Hourya Benis Sinaceur, il est regrettable que le livre n'ait pas pu être publié de son vivant.

Cet essai est tiré du mémoire original de l'habilitation à diriger des recherches que j'ai eu l'honneur de soutenir en juin 2013 à l'université de Lille 3, parmi les chercheurs et doctorants du très dynamique groupe de recherche en *Pragmatisme dialogique* dirigé par Shahid Rahman au sein de l'UMR Savoirs, Textes, Langage. En premier lieu, je tiens à remercier très sincèrement les collègues qui ont accepté d'être rapporteurs et/ou de participer au jury de cette habilitation, et donc de consacrer une part de leur temps précieux pour examiner et discuter mon travail : Nicholas Asher, Jérôme Dokic, Pascal Engel, Gerhard Heinzmann, Mathieu Marion et François Recanati, et particulièrement Shahid Rahman qui a accepté d'en être le garant.

J'ai pu bénéficier de l'apport de nombreux collègues tout au long des recherches qui ont alimenté cet essai. À commencer par Tero Tulenheimo, cité plus haut, avec qui nous avons mis au point l'idée des attitudes *de objecto*. Mais aussi d'autres personnes avec lesquelles je travaille ou ai directement travaillé sur d'autres projets de recherche : Maxime Amblard, Yann Boniface, Amine Boumaza, Alain Dutech, Franck Lihoreau, Fabrice Louis, Michel Musiol, Marion Renauld, Nicolas Rougier et Frédéric Verhaegen. Au fil des ans, j'ai eu avec ces collègues de nombreuses discussions sur le contenu de mes recherches mais aussi des échanges intellectuels très riches, dans la perspective de mes travaux comme en dehors. À cet égard, je dois également beaucoup à Valérie Aucouturier, Martine Batt, Johan van Benthem, Patrick Blackburn, Gregory Bochner, Denis Bonnay, Christophe Bouriau, Yannick Chin-Drian, Daniel Coulon, Filipe Drapeau Contim, Paul Egré, Paul Gochet, Jaakko Hintikka, Évelyne Jacquey, Hans Kamp, Frédéric Nef, Christian Nimtz, Roger Pouivet, Sonia Roca Royes, Giuseppina Ronzitti, Helge Rückert, Gabriel Sandu, Luc Schneider, Alain Trognon, Denis Vernant, Joseph Vidal-Rosset, Kai Wehmeier, Tomoyuki Yamada.

Je souhaite aussi remercier vivement les collègues et doctorants des Archives Poincaré et de la MSH Lorraine à Nancy, qui par leur bonne (ou mauvaise!) humeur, constituent un environnement de travail et amical exceptionnel : Sandrine Avril (avec une mention spéciale pour son aide fantastique en LaTeX), Anny Bégard, Thomas Bénatouïl, Yamina Bettahar, Frédérique Bey, Charline Bienaimé, Pierre Édouard Bour, Olivier Bruneau, Aude Chenet, Bernadette Clasquin, Pierre Couchet, Marie Courouve, Pierre Gégout, Jules-Henri Greber, Caroline Jullien, Marie L'Étang, Clémentine

Lemonnier, Éva Lessieu, Aline Marchetti, Lydie Mariani, Baptiste Mélès, Dominique Michel, Julien Muller, Philippe Nabonnand, Cindy Neves, Olivier Ouzilou, Laurent Rollet, Martina Schiavon, Oliver Schlaudt, Guillaume Schuppert, Geneviève Schwartz, Léna Soler, Élodie Tréhet, Scott Walter, Frédéric Wieber, Pierre Willaime.

Je remercie enfin Hourya Benis Sinaceur d'avoir accepté de publier mon manuscrit dans son admirable collection Mathesis chez Vrin. Je la remercie également pour sa lecture attentive, ses remarques et commentaires détaillés sur le texte, et pour sa patience.

Sur un plan plus personnel, je remercie mes parents pour leurs encouragements et pour leur soutien, alors qu'ils ont dû plus que de coutume s'occuper de leurs petits-enfants... et mes enfants, qui ont dû plus que de coutume s'occuper de leurs grands-parents. Enfin, je voudrais remercier Élisabeth qui, encore et toujours, a fait preuve d'une infinie patience quand je me suis immergé pour plusieurs mois dans la rédaction de cet essai. Son soutien est d'autant plus admirable qu'elle ne partage pas totalement, loin s'en faut, les options philosophiques que je défends.

INTRODUCTION GÉNÉRALE

« Élaguer l'ontologie des attitudes propositionnelles est une chose, donner à celles-ci un sens scientifique en est une autre »
W.V.O. Quine, *Le Mot et la chose*

1. Une analyse des locutions intentionnelles

Faut-il être réaliste ou non au sujet de l'intentionnalité [1] ? L'intentionnalité est-elle une propriété (ou une relation) sérieuse qui se manifeste dans le monde, attribuée à bon droit à certaines créatures suffisamment sophistiquées, et de manière dérivée à des entités artificielles comme certaines suites de sons ou de marques imprimées ? Est-elle une propriété (ou une relation) naturalisable, autrement dit réductible à un complexe de propriétés et relations étudiées par les sciences de la nature, ou à l'inverse, se situe-t-elle dans un au-delà des sciences de la nature [2] ?

Le présent travail vise une clarification conceptuelle des notions intentionnelles plutôt qu'une analyse ontologique ou métaphysique de l'intentionnalité. Mais une telle clarification n'est pas une activité *hors sol* dénuée de présupposés. La stratégie que je vais suivre est celle d'une réduction de l'intentionnalité à l'intensionnalité, autrement dit aux modalités aléthiques. Plus spécifiquement, je voudrais montrer que l'on peut analyser les locutions relatives aux croyances ou aux désirs d'un agent, mais aussi les relations

1. Il est ici question d'intentionnalité au sens technique d'être *à propos* de quelque chose (le plus souvent, quelque chose d'autre que soi), *aboutness* en anglais.

2. On trouve de bonnes présentations de ces questions dans les ouvrages de Pacherie (1993), Jacob (2004) et Aucouturier (2012).

intentionnelles qu'il entretient avec divers objets, en termes de *possibilités non actuelles*. Si cette stratégie réductionniste aboutit, alors le statut ontologique qu'il faudra accorder à l'intentionnalité sera fonction de celui concédé aux possibilités non actuelles.

Ma position est actualiste : je considère qu'*il n'y a pas* (ontologiquement) d'êtres qui n'existeraient pas actuellement. Les objets possibles, de même que les mondes possibles, sont des artefacts théoriques[1] auxquels peuvent correspondre tout au plus des objets et mondes *intentionnels* : des êtres *de conception*, qui n'existent que *dans nos têtes*. En cohérence avec ma stratégie réductionniste, cette position antiréaliste s'étend des objets et mondes possibles aux concepts intentionnels : les croyances ou les désirs ne sont pas des propriétés substantielles des agents auxquels on les attribue, ils n'existent que dans nos têtes d'attributeurs.

Au fond la conception défendue ici n'est pas très éloignée de la conception instrumentaliste de l'intentionnalité qu'a pu défendre Dennett (1987) : les concepts intentionnels sont utiles pour la prédiction du comportement d'autrui, ce qui suffit à considérer qu'ils ne sont pas dénués de valeur. Mais cette valeur instrumentale n'a pas le poids de l'ontologie. À l'image du centre de gravité, entité théorique qui permet à la mécanique de calculer le mouvement d'un solide, mais qui ne constitue pas une entité supplémentaire dans le monde, les « propriétés » et « relations » intentionnelles sont indispensables à la compréhension de nos congénères, sans pour autant constituer des propriétés et relations véritables (Dennett 1992).

Ce travail présente un cadre formel d'analyse des concepts intentionnels. S'il a été défendu que la formalisation pouvait constituer une explication (au sens de Carnap[2]), nombre de philosophes se sont éloignés des méthodes trop formalisées, y compris dans le camp analytique. Le bon équilibre entre

1. *Cf.* Partee (1989) sur l'utilisation ontologiquement *neutre* de la sémantique des mondes possibles pratiquée en linguistique. Je reviens sur cette question section 3.

2. L'explication au sens de Carnap vise à analyser nos concepts ordinaires par la donnée de règles explicites d'usage, voire de définitions qui intègrent ces concepts à des théories scientifiques. L'explication conduit à remplacer un concept « inexact » par un concept « exact ». Le lecteur se reportera avec profit à la présentation qu'en donne Rivenc (2002).

formalisation et compréhension n'est pas aisé à tenir. Le formaliste, qu'il soit philosophe d'inspiration logicienne ou linguiste, peut affiner ses instruments pour offrir une analyse minutieuse de phénomènes linguistiques et conceptuels extrêmement complexes, mais c'est souvent au prix d'une difficulté d'accès qui la rend presque inabordable. Quand la formalisation est l'œuvre de linguistes, force est de s'incliner devant une précision accrue dans la description de phénomènes linguistiques. Mais si elle est le fait de philosophes, dont le but est de contribuer à l'analyse conceptuelle, on peut revendiquer l'accessibilité du résultat. Quand nos concepts (ordinaires) donnent lieu à des analyses trop sophistiquées, nous sommes en droit de les rejeter comme non pertinentes, voire comme normatives et révisionnistes. On pourrait rétorquer que nos concepts numériques ordinaires donnent lieu à l'élaboration des mathématiques dans leur ensemble, dont l'accès est loin d'être trivial. Mais ce serait ignorer que les premiers pas, ceux de l'arithmétique élémentaires, sont quant à eux accessibles et compréhensibles dès l'école élémentaire, même si les constructions ultérieures exigent un travail plus fourni.

Le recours au formalisme doit en un sens être justifié : s'il s'agit simplement d'habiller les énoncés en langue naturelle, cela ne présente que peu d'intérêt. J'espère montrer ici que l'on va plus loin et que la formalisation permet de résoudre certains problèmes sérieux posés à l'analyse des attitudes mentales. De nombreuses difficultés proviennent de l'intensionnalité des attitudes que nous attribuons aux autres et à nous-mêmes, à savoir (1) du fait qu'elles ne portent pas simplement sur des objets ou des états de choses, mais qu'elles portent sur ces objets ou états de choses *présentés sous un certain aspect*, et (2) du fait que ces attitudes peuvent en outre avoir des contenus erronés, c'est-à-dire porter sur des objets inexistants ou des états de choses non réalisés. Ces deux aspects sont au cœur des difficultés de notre compréhension de l'intentionnalité, puisqu'elles interdisent de concevoir les attitudes comme des relations *simples* entre un agent (le sujet de l'attitude) et un contenu (un état de choses réalisé ou objet existant).

Ma démarche s'inscrit dans une tradition inaugurée il y a un demi-siècle par Hintikka, avec la publication en 1962 de son ouvrage *Knowledge and Belief, An Introduction to the Logic of the Two Notions* (Hintikka 1962). La logique épistémique et doxastique, autrement dit l'analyse formelle, au moyen de la logique modale, de la connaissance et de la croyance, a été le lieu de débats philosophiques intenses entre la fin des années 1950 et le début des années 1980. Si elle s'est ensuite principalement développée dans d'autres disciplines comme l'informatique ou la théorie des jeux, un regain d'intérêt pour les questions philosophiques resurgit en son sein depuis le début des années 2000. Les interrogations sont notamment renouvelées par la logique épistémique dynamique (DEL) et ses multiples ramifications, qui permettent une appréhension formelle de processus informationnels, cognitifs et sociaux sophistiqués.

Le présent travail ne s'inscrit cependant pas dans le courant de DEL et des multiples logiques modales propositionnelles dynamiques. Il vise plutôt à renouer avec les débats classiques des années 1960-80, en apportant de nouvelles réponses permises par les développements récents de la logique modale du premier ordre.

2. Formalismes employés

Les formalismes utilisés dans ce mémoire pour analyser les attributions d'attitudes s'inscrivent tous dans le cadre général de la logique modale épistémique du premier ordre, inauguré par l'ouvrage cité de Hintikka (1962). Plusieurs des théories sémantiques et extensions du cadre initial qui sont combinées au fil des chapitres sont également dues à Hintikka [1]. J'expose ici de manière informelle les formalismes utilisés dans le texte ; chacun sera défini précisément le moment venu, et toutes les définitions des langages, modèles et jeux sont repris dans les annexes.

La logique modale du premier ordre. Tandis que la logique des propositions se limite aux connecteurs entre phrases, la logique du premier ordre permet une analyse fine des constituants des phrases : prédicats et termes de relations, constantes, quantificateurs. La

1. Même s'il n'a pas lui-même développé certaines de ces extensions et combinaisons, le présent travail est ainsi fortement imprégné de ses idées et il aurait pu être sous-titré *Études hintikkiennes*. Cependant mes désaccords avec certaines des positions de Hintikka auraient pu me faire passer pour un récupérateur opportuniste, voire un prétendant indigne à l'héritage. J'ai donc abandonné l'idée du sous-titre.

logique *modale* du premier ordre ajoute des opérateurs modaux et permet ainsi la prise en charge des contextes non extensionnels, donc de phrases comme : « Nécessairement, 9 est supérieur à 7 » ou « Il est possible qu'une navette habitée se pose sur Mars » [1].

Depuis le début des années 1960, la logique modale est interprétée selon la sémantique des mondes possibles à l'aide de modèles de Kripke. Chaque modèle est composé d'un ensemble de *mondes possibles* doté d'une *relation d'accessibilité*. En logique modale du premier ordre, chaque monde possible dispose d'un domaine d'objets. Pour des raisons qui seront exposées dans la section 3, les modèles retenus ici auront des domaines variables. Cela signifie qu'un objet donné pourra appartenir au domaine D_w d'un monde w, sans appartenir au domaine $D_{w'}$ d'un autre monde w'. Les prédicats et termes de relations sont interprétés par une extension dans chaque monde [2]. Des définitions attendues permettent de calculer la valeur des formules non modales dans chaque monde possible. La structure des mondes possibles devient utile pour l'évaluation des formules modales :

- $\Diamond\varphi$ (« Il est possible que φ ») est vraie dans un monde w si et seulement si il y a au moins un monde w', accessible depuis w, tel que φ est vraie dans w' ;
- $\Box\varphi$ (« Il est nécessaire que φ ») est vraie dans un monde w si et seulement si pour tous les mondes w' accessibles depuis w, φ est vraie dans w'.

La logique modale et la sémantique des mondes possibles sont utilisables pour des opérateurs modaux autres que le possible et le nécessaire. On peut en effet les utiliser pour formaliser la connaissance ($\mathbf{K}_i\varphi$ pour « l'agent i sait que φ ») ou la croyance ($\mathbf{B}_i\varphi$

1. Un contexte est extensionnel si sa valeur de vérité est fonction de celle de ses composantes et de leur agencement. C'est le cas des schémas de la logique des propositions, p.ex. $\varphi \rightarrow \psi$ qui est vrai sauf quand φ est vrai est ψ est faux. On perd l'extensionnalité avec les modalités. Ainsi sur le premier exemple, la vérité de la phrase ne dépend pas seulement de celle de « 9 est supérieur à 7 » (qui la compose), puisqu'en lui substituant une autre phrase vraie comme « Hollande a gagné les élections présidentielles de 2012 » on produirait une phrase fausse.

2. P.ex., « footballeur » aura pour extension la classe de tous les footballeurs dans le monde actuel, mais cette extension variera dans d'autres mondes : pour représenter que François Hollande aurait pu être footballeur, on doit envisager un monde possible w' où François Hollande existe et où il est dans l'extension du prédicat.

pour « l'agent i croit que φ »). Les mondes possibles accessibles depuis un monde donné w ne sont plus alors tous les mondes logiquement possibles comme on peut le postuler pour les modalités aléthiques, mais les mondes subjectivement possibles relativement au type d'attitude concerné.

Ainsi le savoir de l'agent détermine, pour chaque monde w, les mondes *épistémiquement possibles* pour cet agent (les *alternatives épistémiques* selon l'appellation de Hintikka). Ce sont les mondes compatibles avec ce que l'agent sait, ou indiscernables du point de vue de la connaissance de l'agent [1]. Dans le modèle de Kripke, on construit en conséquence la relation d'accessibilité spécifique au savoir de l'agent, $R_{\mathbf{K}_i}$, de manière à relier le monde w à tous les mondes épistémiquement possibles pour l'agent et uniquement à eux.

On construit de manière similaire une relation d'accessibilité spécifique à la croyance de l'agent, qui relie les mondes doxastiquement possibles pour cet agent. D'autres opérateurs seront introduits de la même manière au fil des analyses : **Voit** pour la perception visuelle, et [*Int*] pour le mode de discours intentionnel.

Les lignes de mondes. L'individuation des objets dans les mondes possibles a alimenté de nombreuses disputes philosophiques dès l'origine de la logique modale du premier ordre. Un objet peut-il exister dans plusieurs mondes, à la manière d'un objet qui peut exister à plusieurs instants, ou bien est-il enfermé dans son propre monde avec des contreparties plus ou moins similaires dans d'autres mondes ? Une proposition de Hintikka a été d'envisager non pas des objets dans des mondes, mais des *lignes de mondes*, comprises comme des *modes d'identification* des objets entre les mondes. Les objets reliés par une ligne de mondes sont alors conçus comme les manifestations d'une même entité (Tulenheimo 2009).

Sur le plan sémantique, envisager des objets ou des lignes de mondes conduit à des modèles différents. En m'inspirant d'une proposition de Kraut, j'introduirai temporairement des modèles avec lignes de mondes au chapitre 2. Les variables quantifiées comme les constantes individuelles n'ont plus alors pour valeur un

1. Si l'agent sait que François Hollande n'est pas footballeur, alors le monde possible w' de la note 2 p. 17 n'est pas un monde épistémiquement possible pour l'agent.

objet dans un domaine, mais une fonction qui sélectionne un objet dans chaque monde. Les lignes de mondes seront ensuite reléguées au métalangage, leur fonction pour l'analyse des attributions d'attitudes pouvant être remplie par les stratégies gagnantes dans des jeux sémantiques définis sur des modèles usuels, *i.e.* sans lignes de mondes.

La théorie sémantique des jeux (GTS). Créée par Hintikka à la fin des années 1950, la théorie sémantique des jeux (GTS pour *game-theoretical semantics*) est une utilisation pour la logique de concepts issus de la théorie mathématique des jeux (Hintikka & Sandu 1997). C'est une théorie sémantique qui s'applique aux langages formels (logique du premier ordre, logiques modales, etc.) comme à l'analyse des langues naturelles. Quand on l'utilise pour évaluer des formules du premier ordre, on obtient des résultats équivalents à la sémantique usuelle de Tarski.

Selon la définition classique de GTS pour les langages du premier ordre non modal (introduite au chapitre 1), les jeux sémantiques permettent d'évaluer les formules complexes relativement à un modèle, *i.e.* une fois fixée la valeur des formules atomiques. À chaque formule φ et chaque modèle $\mathbf{M}$ est associé un jeu sémantique $G(\varphi, \mathbf{M})$, joué entre un vérificateur initial ($\exists$*loise*) et un falsificateur initial ($\forall$*belard*). Des règles associées aux constantes logiques (connecteurs propositionnels et quantificateurs) permettent aux joueurs de conduire une partie en décomposant la formule initiale en sous-formules, jusqu'à atteindre une formule atomique. La formule φ est GTS-vraie (*i.e.* vraie au sens de GTS) dans le modèle, si et seulement si $\exists$*loise* dispose d'une stratégie gagnante dans $G(\varphi, \mathbf{M})$, autrement dit si et seulement si elle peut gagner toutes les parties quels que soient les coups de son adversaire; symétriquement, la formule est GTS-fausse dans le modèle si et seulement si $\forall$*belard* dispose d'une stratégie gagnante dans le jeu. La vérité GTS ainsi définie équivaut à la vérité standard, ce qui se prouve moyennant l'axiome du choix.

On peut construire des jeux sémantiques de façon assez simple pour obtenir une évaluation équivalente aux évaluations standard pour des langages plus riches que la logique du premier ordre, notamment pour les langages modaux. Mais l'intérêt véritable de GTS apparaît lorsqu'on exploite les concepts de la théorie des jeux à l'œuvre dans GTS. Si l'existence d'une stratégie permet d'établir la vérité, d'autres propriétés des stratégies éclairent des aspects sémantiques invisibles dans les approches usuelles. On exploitera plusieurs de ces propriétés pour proposer une théorie sémantique des jeux étendue aux énoncés atomiques, eGTS, comme pour retrouver l'apport des lignes de mondes de la sémantique de Kraut en logique modale.

La logique IF. Hintikka et Sandu ont développé une nouvelle logique depuis les années 1980, la logique *faite pour l'indépendance* ou logique IF (*independence-friendly logic*) (Hintikka & Sandu 1989). Il s'agit au départ d'une extension de la logique du premier ordre habituel, équivalente au fragment Σ^1_1 de la logique du second ordre [1]. L'extension IF peut également s'appliquer à d'autres logiques, notamment aux logiques modales habituelles. C'est cette extension qui sera utilisée dans le mémoire.

Même si elle ne s'y réduit pas, on peut en présenter l'idée générale à partir de GTS : l'extension IF correspond à l'introduction d'information imparfaite dans les jeux sémantiques usuels. Plus précisément, on envisage des jeux où le vérificateur n'a pas accès à la totalité de l'information sur le déroulement de la partie – il peut notamment ne pas disposer de l'information sur certains choix réalisés par le falsificateur au moment où il doit jouer. La notation *slash* marque syntaxiquement cette perte d'information. Ainsi, dans une formule du premier ordre standard de la forme : $\forall x \exists y\ \Phi(x, y)$, le choix d'une valeur pour y (par le vérificateur) dépend du choix préalable d'une valeur pour x (par le falsificateur) ; pour la formule IF correspondante : $\forall x (\exists y_{/\forall x})\ \Phi(x, y)$, le choix de la valeur pour y doit être *informationnellement indépendant* de la valeur de x.

L'information imparfaite conduit à restreindre l'ensemble des stratégies disponibles pour ∃*loise*, le vérificateur initial, et ainsi à modifier les conditions de vérité des formules. Avec la logique du premier ordre IF, on perd la bivalence, certains jeux ne permettant de stratégie gagnante pour aucun des deux joueurs. L'expressivité accrue de la logique IF (et certaines extensions au-delà) a offert de nouvelles perspectives sur les fondements des mathématiques (Hintikka 2007) ainsi qu'en sémantique des langues naturelles

1. Le fragment Σ^1_1 est composé des formules de la forme : $\exists X\ \varphi$, où le préfixe $\exists X$ est un quantificateur existentiel du second ordre (la variable X étant une variable de fonction ou de prédicat), et φ une formule du premier ordre.

(Sandu 1997). Comme on le verra dès le chapitre 2 et plus encore au suivant, l'extension IF s'avère également très fructueuse pour la formalisation logique des attitudes propositionnelles.

Les relations inter-mondaines. En logique modale du premier ordre, il n'y a de relations inter-mondaines qu'au niveau métalinguistique : ce sont les relations d'accessibilité entre mondes possibles, au cœur des modèles de Kripke. Les langages modaux usuels ne permettent pas de *parler* de telles relations, c'est-à-dire de les manipuler au niveau du langage-objet. L'idée d'introduire des relations inter-mondaines dans le langage-objet a été récemment proposée par Wehmeier (2012) pour rendre compte d'usages courants comme certaines comparaisons de grandeurs. Ainsi, la phrase « Léna aurait pu être plus grande qu'Igor (ne l'est) » suppose une comparaison de tailles entre Léna dans un monde possible non actuel, et Igor dans le monde actuel.

On peut étendre la valuation des symboles de relations de telle sorte que ces derniers puissent s'appliquer à des objets existants dans des mondes possibles distincts. Les relations inter-mondaines ainsi construites joueront un rôle crucial au chapitre 4, consacré aux attitudes objectuelles. En assimilant les relations intentionnelles (entre un sujet et un objet) à des relations inter-mondaines, je proposerai une analyse qui résout les problèmes habituels de la sémantique des verbes transitifs intentionnels.

3. Préambule métaphysique

Le projet. À l'opposé d'un matérialisme éliminativiste « sec », je suis partisan de la *double norme* de Quine[1], et en particulier de l'idée que l'intentionnalité est essentiellement normative. Nos descriptions et théories ne relèvent pas du même registre linguistique et conceptuel que nos interprétations et évaluations. D'un côté nous

1. Quine assume à sa manière la position de Brentano sur l'irréductibilité des constructions intentionnelles. Tandis que l'explication des faits non intentionnels requiert l'objectivité scientifique, « dans le cas de la croyance, des souhaits et du reste, il n'y a d'ordinaire pas de point fixe sur lequel se régler » (Quine 1977*b*, §45, p. 303). Nous sommes alors conduits à projeter nos hypothèses analytiques et à nous écarter radicalement de la norme scientifique.

nous intéressons aux causes, aux propriétés et processus effectifs dans le monde, et tout cela est de type physicaliste ; de l'autre nous conceptualisons les raisons, jugeons de la correction, injectons du sens. Mais si l'intentionnalité est du côté des raisons et non des causes, il faut l'éliminer de l'ontologie. L'idée est alors de défendre la possibilité d'une conception matérialiste qui préserve l'intentionnalité, en dehors de l'ontologie. J'enfonce des portes ouvertes ici, puisqu'il s'agit ni plus ni moins que d'un dualisme conceptuel, comme il a pu être défendu par Davidson et d'autres philosophes.

La méthode. Comme annoncé section 1, je propose dans ce travail une réduction sémantique de l'intentionnel à l'intensionnel. Cette réduction sémantique consiste à interpréter la dualité entre le physique et l'intentionnel, dans les termes d'une autre dualité, celle de l'actuel et du non actuel. Produire une analyse sémantique conforme à une position philosophique ne prouve pas grand chose en faveur de cette position, et on pourrait bien entendu produire des sémantiques compatibles avec d'autres positions. Mon objectif est de montrer qu'à l'aide de cette analyse sémantique, on peut affronter et résoudre des problèmes considérés comme difficiles voire insolubles (p.ex. la question des objets intentionnels), tout en respectant les principes de la conception matérialiste non réductionniste sous-jacente.

Pourtant, la logique modale et la sémantique des mondes possibles peuvent être sujettes à caution dans le contexte d'une analyse philosophique. Sont-elles un instrument bien adapté pour saisir l'intentionnalité ? Ne présupposent-t-elles pas trop pour offrir un medium neutre ? D'un point de vue ontologique, la réduction sémantique ne résout strictement rien. La question est simplement déplacée et le débat ontologique et métaphysique démarre plus loin. Il faut en effet statuer sur les mondes et les objets possibles employés pour analyser les attributions d'attitudes.

Le postulat qui s'impose alors pour justifier l'ensemble de la démarche a été évoqué plus haut : c'est *l'actualisme*. Ce n'est qu'avec ce postulat que l'on peut interpréter la réduction sémantique comme une réduction ontologique. Sans en faire l'objet central de ce mémoire, je voudrais proposer dans cette section ce qui me semble être une compréhension satisfaisante de l'actualisme, eu égard à ma conception générale de l'intentionnalité. Le lecteur qui ne serait pas convaincu par ce qui suit pourrait considérer que le mémoire repose sur le présupposé non établi de l'actualisme ; celle ou celui qui serait déjà convaincu de la validité de l'actualisme pourrait passer directement aux contraintes que cela implique pour les modèles (p. 30).

Un conceptualisme. Défendre l'actualisme, c'est considérer qu'il n'y a pas dans le monde actuel d'objets possibles non actuels – et qui seraient actualisés dans d'autres mondes possibles. D'un point de vue technique, cela exige d'adopter des modèles de Kripke dont les domaines d'objets varient d'un monde possible à l'autre : on verra que les modèles que je propose dans le mémoire s'y conforment. D'un point de vue philosophique, l'actualisme est une forme d'antiréalisme modal. C'est une position diamétralement opposée au réalisme modal de Lewis (1986), selon lequel les mondes possibles non actuels (et les individus qui les habitent) sont tout aussi réels que le monde actuel (et que les individus qui l'habitent) [1].

Parmi les positions antiréalistes, je ne retiendrai pas le fictionnalisme modal défendu par Rosen (1990). Cette position exigerait de se lancer dans une nouvelle paraphrase, et de traduire un énoncé comme : « Il pourrait y avoir des cygnes bleus » par « Selon l'hypothèse [fictionnelle] de la pluralité des mondes, il y a un monde possible contenant des cygnes bleus » [2].

Mon sentiment est cependant que la sémantique des mondes possibles constitue un instrument optimal pour l'analyse des récits fictionnels (à la suite de Lewis (1978)), ce qui conduit à privilégier en général la traduction en sens inverse. Les énonciations fictionnelles étant elles-mêmes l'expression d'attitudes mentales [3], l'analyse des attitudes en termes de modalités conduirait rapidement à un cercle. Mais surtout, l'attitude radicale du fictionnalisme modal ne rend pas justice à nombre d'intuitions généralement partagées au sujet

1. L'hyperinflation ontologique assumée par Lewis garantit cependant une belle déflation par ailleurs, *cf.* (Chauvier 2012).

2. Ainsi pour une attribution d'attitude propositionnelle comme : « Igor croit qu'il y a des cygnes bleus », la première paraphrase en « Dans tous les mondes doxastiques d'Igor, il y a des cygnes bleus » devrait être poussée plus avant en : « Selon l'hypothèse de la pluralité des mondes, dans tous les mondes possibles compatibles avec ce qu'Igor croit, il y a des cygnes bleus ».

3. Dans (Rebuschi 2014), je propose une sémantique des fictions à partir d'une analyse des attitudes sous-tendant l'énonciation fictionnelle.

des modalités. Lorsqu'on pense que $2+2=4$ est nécessairement vrai, il y réside une forme de résistance à la fausseté qui peut difficilement être relativisée à la fiction ou même à la seule hypothèse métaphysique de la pluralité des mondes.

Entre le réalisme lewisien et le nominalisme des fictionnalistes, il reste la voie médiane du conceptualisme à la Rescher (1973). Selon Rescher, les états de choses possibles et non réalisés et, partant, les objets possibles non actualisés, dépendent du mental (mind-dependent) :

> Unactualized hypothetical possibilities lack an independent ontological footing in the sphere of objective reality: They can be said to "exist" only insofar as they are *conceived*, or *thought of*, or *hypothesized*, and the like. For such a possibility to be (*esse*) is therefore to be conceived (*concipi*). [Cité dans (Loux 1979, pp. 170–171)]

Il s'agit d'une dépendance conceptuelle et non causale, semblable à la dépendance des couleurs phénoménales à l'égard de la vision. L'ancrage ontologique des états de choses et objets possibles non actuels réside alors dans une possibilité fonctionnelle : la capacité du mental à effectuer certains processus comme la *description* de ces possibles, leur *conception* ou *supposition*. Les possibles ne sont ainsi rien d'autre que des objets intellectuellement constructibles.

Je crois que la voie tracée par Rescher indique la bonne direction, mais je ne la suivrai pas complètement. Dans mon cadre général, elle présente également des risques de circularité mais je suis prêt à les assumer : l'intentionnalité étant sémantiquement analysée en termes de modalités, les modalités sont ensuite comprises en termes de concevabilité, ce qui signifie simplement que l'intentionnalité ne sort pas de son propre cercle [1].

Il y a un revers problématique à fonder la réalité des états de choses et objets possibles ultimement sur celle du mental. Car ces possibles, indépendamment du fait que je les emploie dans mon programme réductionniste, interviennent dans la délimitation des nécessités naturelles voire métaphysiques. Internaliser ces dernières,

1. Le problème avec le fictionnalisme modal était qu'il engendrait un cercle de paraphrases ou de traductions : les énoncés intentionnels traduits en énoncés modaux (ce qui est ma stratégie de réduction sémantique), ces derniers à leur tour traduits à l'aide d'un opérateur de fiction, celui-ci étant à nouveau traduit en termes intentionnels.

c'est tomber dans une forme de psychologisme inadapté. Rescher envisage bien la voie linguistique, quand il souligne que les ressources du langage sont généralement (quoique pas toujours) mobilisées par la capacité mentale à envisager des possibles non actuels. Mais le langage reste chez lui subordonné au mental, et sa conception globalement mentaliste.

Un conventionnalisme déontique. Pour sortir les modalités de la sphère mentale, sans pour autant les accepter dans l'ontologie, je propose de les concevoir comme résultantes de systèmes normatifs de type déontique (plutôt qu'ontique ou nomologique). Dans la mesure où ces systèmes déontiques sont conventionnels, la conception proposée peut être qualifiée de conventionnaliste. Pourtant il ne s'agit pas d'un conventionnalisme habituel, puisque l'idée n'est pas de poser simplement que les modalités sont conventionnellement déterminées. Je veux argumenter que les modalités peuvent être reconstruites à partir de systèmes déontiques qui, eux, sont conventionnellement déterminés.

Chaque système déontique S est un système de règles porteur de modalités propres : l'obligation$_S$ (« on doit$_S$... »), et la permission$_S$ (« on peut$_S$... »), qui offrent une interprétation spécifique du nécessaire et du possible. Le code de la route constitue un tel système, suivant lequel on doit s'arrêter au feu rouge, et on peut ralentir en passant un feu vert. Le jeu d'échecs également, où l'on doit protéger son roi lorsqu'il est en échec, et où l'on peut déplacer une pièce si elle ne met pas son propre roi en échec. Les obligations et permissions ne sont pas seulement générales, elles s'appliquent à toutes les situations particulières pouvant se présenter : « ici, le feu est rouge, on doit s'arrêter » ; « maintenant, je n'ai que trois possibilités : avancer mon pion, ou déplacer mon roi sur telle ou telle position ».

Outre les modalités, les systèmes déontiques sont porteurs de prédicats et concepts spécifiques. Ainsi « être un stop » ou « être une priorité à droite » sont des prédicats du code de la route ; « être une tour » ou « être en échec » des prédicats du jeu d'échecs. Ces prédicats s'appliquent à des entités du monde actuel (des lieux, des panneaux, des lignes au sol, des pièces de bois, des configurations de pièces de bois, etc.) mais uniquement relativement au système déontique où ils sont construits.

Les systèmes déontiques ont toutefois cette particularité d'être *non factifs* : qu'il soit obligatoire de s'arrêter au feu rouge n'implique pas le fait que tout le monde s'arrête systématiquement au feu rouge. Il y a ainsi des infractions aux règles, ce qui explique que les logiques déontiques, qui visent à formaliser les systèmes déontiques, rejettent systématiquement l'axiome T : $\Box\varphi \rightarrow \varphi$. Cette particularité pourrait miner dès l'origine le projet de fonder les modalités sur des systèmes déontiques, puisque les modalités en général ne se dispensent pas de cet axiome. Pour sauver l'entreprise, il faut bien distinguer deux perspectives sur les systèmes déontiques : une perspective externe, qui confronte le système au monde et constate l'infraction, et une perspective interne suivant laquelle l'infraction n'a pas de sens : « on doit s'arrêter au feu rouge donc on s'arrête au feu rouge, point final ! ». Pour certains systèmes, les deux perspectives sont explicitement séparées : ainsi, le code civil énonce les droits et devoirs des personnes et des biens (perspective interne), tandis que le code pénal réglemente les infractions (perspective externe). Dans le contexte du jeu d'échecs, une partie où le fou suivrait une trajectoire erratique en dehors de sa diagonale ne serait simplement pas considérée comme une partie d'échecs : il s'agit de « coups impossibles » suivant l'appellation contrôlée (perspective interne) ; évidemment, un joueur peut par erreur ou par tricherie effectuer un « coup impossible », ce qui constitue une infraction qui, relevée comme telle, apparaît de fait « possible » (perspective externe).

Les deux perspectives sur un système normatif offrent deux visions très différentes du statut des règles. Contournables quand on les jauge de l'extérieur, elles sont nécessaires et constitutives des concepts exprimés par les prédicats du système lorsqu'on se situe à l'intérieur. Un fou qui ne suivrait pas sa diagonale ne serait pas un fou : c'est une propriété définitoire du fou qu'il se déplace de telle et telle manière et pas autrement. C'est une propriété définitoire du « stop » qu'on s'y arrête. La perspective interne conduirait à d'autres axiomes que la perspective externe, qui est celle de la logique déontique. Ainsi, l'axiome T est parfaitement admissible pour qui se situe à l'intérieur du système déontique.

La non-prise en compte de dette dualité de perspectives est sous-jacente aux critiques portées contre le conventionnalisme modal dans des versions plus standard. Il est ainsi reproché au conventionnalisme de réduire la nécessité à des conventions, donc à des normes réputées contingentes ; le partisan du conventionnalisme modal serait par conséquent contraint de renoncer à l'axiome 4, qui énonce que toute nécessité est nécessairement nécessaire (ou de manière équivalente, que tout ce qui aurait pu être possible est possible). En fait, cela est vrai tant que l'on adopte une perspective externe sur la convention : de l'intérieur, rien ne suggère qu'il faille renoncer à la nécessité de chaque nécessité [1].

Si la logique déontique vise à représenter formellement la perspective externe sur les systèmes déontiques, on peut également donner une représentation formelle de la perspective interne. Chaque système déontique S peut ainsi être modélisé à l'aide de modèles de Kripke. Le système délimite un ensemble de mondes possibles, W_S, qui est l'ensemble des mondes où il est réalisé. Ce qui doit être le cas selon le système S est le cas dans chacun des mondes de W_S ; ce qui est autorisé ou permis selon S est le cas dans au moins un monde de W_S. Quand le système est considéré d'un point de vue interne, on se situe à l'intérieur, ce qui signifie ni plus ni moins que l'on adopte actuellement la convention : le monde actuel est alors un élément de W_S. La sémantique des mondes possibles offre ainsi une modélisation naturelle qui permet de traiter les modalités du système déontiques (le « on doit$_S$ » et le « on peut$_S$ ») comme des opérateurs usuels de logique modale ($\Box$ et $\Diamond$, respectivement) [2].

Dans cette perspective, le fait que les « nécessités » soient traitées comme « vraies dans tous les mondes » de W_S ne doit pas être pris à la lettre. On ne peut pas considérer que les nécessités sont des vérités construites sur le modèle des vérités matérielles. Ces dernières sont des phrases vraies en vertu de la structure du monde (où elles sont vraies). Les nécessités ne sont autres que les obligations du système déontique modélisé, *i.e.* ce sont des règles. Elles ne sont fondamentalement ni vraies ni fausses, même si elles sont traitées comme « vraies » dans tous les mondes de la modélisation. Pour reprendre l'exemple du jeu d'échecs, il est nécessaire que le fou se déplace en diagonale parce que c'est une règle ; on peut donc dire, à l'indicatif, que « le fou se déplace en diagonale », et cela dans

1. *Cf.* la défense du conventionnalisme modal par Sidelle (2009).

2. En recourant à des modèles de Kripke, la modélisation des systèmes déontiques présuppose la théorie des ensembles. L'engagement ontologique lié à la modélisation n'est pas supposé contaminer le modélisé, à savoir les systèmes déontiques eux-mêmes. Comme je l'argumente ici, ces derniers dépendent de conventions et non pas de ce qu'il y a dans le monde.

n'importe quelle situation. Si l'on infère ensuite que la phrase « le fou se déplace en diagonale » est vraie, y compris dans le monde actuel, cette vérité ne correspond cependant à aucun fait dans le monde actuel, elle réside tout entière dans la règle.

Reconstruire les nécessités logique et naturelle. La nécessité logique peut être considérée comme relevant du système déontique le plus général, et de fait présupposé par les autres : le système qui dicte comment on doit raisonner, inférer, déduire. Je n'invente rien ici et ne fais que m'inspirer de la conception de Wittgenstein, telle qu'elle est analysée par Bouveresse (1987). Si les vérités contingentes sont factuelles, les vérités logiquement nécessaires ne décrivent rien, ce sont des normes. C'est la normativité qui détermine la nécessité, et non pas l'inverse. La normativité repose sur nos conventions, nos choix de règles, qui sont autonomes vis-à-vis du monde. Le système déontique le plus général ne délimite pas de concept propre si ce n'est celui d'objet, qui est un concept (presque) vide[1]. Les mondes logiquement possibles sont une modélisation de tout ce que l'on peut envisager étant données nos normes rationnelles (*i.e.* nos règles d'inférence logique). On retrouve ici le conceptualisme modal évoqué plus haut, quoique dans une approche révisée : les modalités logiques correspondent bien à ce qui est mentalement concevable, à condition d'envisager le mental comme subordonné aux conventions, par principe collectives.

Le conventionnalisme des systèmes déontiques peut donc être étendu à la nécessité logique. On peut sans difficulté majeure l'étendre à la nécessité logique au sens large et contemporain, dite nécessité métaphysique, qui ajoute aux lois logiques les normes grammaticales ou conceptuelles, comme celles excluant qu'un objet (entièrement) vert puisse être rouge. Je ne souhaite cependant pas aller plus loin encore et argumenter en faveur d'une conception conventionnaliste des nécessités naturelles, comme celle de l'identité entre l'eau et H_2O, au motif qu'elles pourraient être interprétées comme reposant sur nos conventions linguistiques[2].

1. *Cf.* Granger, qui parle au sujet des logiques de « théories dont les objets "sans qualités" n'ont d'autres propriétés que la présence ou l'absence virtuelles, ou si l'on veut le "posé" et le "non-posé". » (Granger 1995, p. 82)

2. Certains auteurs défendent un conventionnalisme modal généralisé, comme Sidelle (2009), ou Cameron (2009) qui propose ce qu'il appelle une

Quelle que soit la source de la nécessité naturelle, on peut cependant en rendre compte à l'aide des modalités logiques par une relativisation aux lois de la nature. Kit Fine (2002) présente deux stratégies pour réduire des modalités les unes aux autres, la restriction et la relativisation, pour les rejeter toutes les deux dans le cas des nécessités naturelles. Mais il n'a pas de véritable argument contre la définition de la nécessité naturelle par relativisation. Cette dernière consiste à considérer qu'une phrase est une nécessité naturelle si et seulement si elle est logiquement nécessaire relativement aux lois de la nature. Ainsi étant donnée une conjonction de lois de la nature, L, une phrase φ sera une nécessité naturelle si et seulement si $L \rightarrow \varphi$ est une nécessité logique. Le seul reproche que Fine adresse à cette définition, c'est qu'elle n'offre pas d'analyse substantielle ou non triviale de ce qui fonde la nécessité des lois de L ; cela peut être une motivation pour adopter, comme il le fait, le pluralisme modal, mais ce n'est pas un argument dirimant. Dans l'approche défendue ici, une phrase est une nécessité naturelle si, en admettant les lois de la nature L, les lois logiques (*i.e.* les normes rationnelles conventionnellement admises) nous enjoignent d'accepter φ.

Comme pour la perspective interne sur les systèmes déontiques, la modélisation des nécessités logique et naturelle peut passer par la sémantique des mondes possibles. On ne peut cependant pas tout modéliser. Ainsi, envisager la logique classique comme une convention, c'est envisager la possibilité d'autres conventions donc d'autres logiques. Mais la possibilité d'une autre logique relève de la perspective externe et ne peut pas être représentée avec la perspective interne. Si l'on souhaite changer de logique, il faut changer de modélisation : la possibilité d'une autre logique n'est pas une possibilité représentée dans la modélisation, mais c'est la possibilité d'une autre modélisation [1]. Or d'autres logiques, comme la logique intuitionniste ou les logiques paraconsistantes, supposeraient des modélisations radicalement différentes. Pour

conception « déflationniste » des modalités. Discuter ces positions me conduirait trop loin.

1. D'autres cadres formels pourraient être plus adaptés à une modélisation du point de vue externe et à l'étude du pluralisme logique. C'est le cas du cadre dialogique, dont certains développements permettent de traiter des variations de logique, *cf.* (Rahman & Keiff 2005).

pouvoir utiliser la sémantique des mondes possibles usuelle, on doit donc présupposer que la logique (conventionnellement retenue) est la logique classique[1].

Si l'on retient la sémantique des mondes possibles, il faut envisager au départ l'ensemble des mondes logiquement possibles ou éventuellement, celui des mondes métaphysiquement possibles. Ce qui est logiquement nécessaire est considéré comme « vrai » dans chacun de ces mondes, même si la « vérité » des phrases logiquement nécessaires n'a aucun rapport avec la vérité matérielle. Les lois de la nature L délimitent un sous-ensemble de l'espace logique initial : l'ensemble W_L des mondes où elles sont vraies, donc y compris le monde actuel. Comme les lois logiques valent dans ces mondes, toutes les conséquences logiques des lois L sont également vraies dans tous les mondes de W_L. La vérité dans tous les mondes de W_L représente ainsi la nécessité naturelle. Autrement dit, W_L délimite l'ensemble des possibles selon les lois de la nature.

In fine, les possibilités naturelles ne sont pas envisagées comme inscrites dans le monde. Elles résultent de la relativisation de nos normes rationnelles, les normes logiques et conceptuelles qui contraignent notre concevabilité, aux lois de la nature. Il s'agit donc d'une rencontre entre le système déontique le plus général et certaines vérités factuelles suffisamment générales pour avoir le statut de lois. On dispose ainsi d'une compréhension du possible parfaitement compatible avec l'actualisme.

Contraintes sur les modèles. Il reste à intégrer à cette conceptualisation conventionnaliste les *objets* possibles. Si l'on souhaite maintenir une conception actualiste, il faut localiser les objets possibles (non actuels) dans les mondes possibles (non actuels), *i.e.* rejeter l'idée qu'il existerait actuellement des objets possibles non actuels. Cela suppose de rejeter la formule de Barcan :

(1) $\Diamond\exists x\, \varphi \rightarrow \exists x \Diamond\varphi$ (BF)

qui pose que lorsqu'il *peut* exister un objet qui satisfait φ, alors il existe *actuellement* un objet qui peut satisfaire φ[2]. La validité

1. La portée du présupposé de la logique classique est clairement limitée : il ne s'agit pas d'adopter la logique classique comme logique universelle, mais bien comme logique instrumentale pour modéliser les modalités ; un autre présupposé est donc la théorie des ensembles, *cf.* note 2 p. 27.

2. Une autre formulation, équivalente, est obtenue par contraposition : $\forall x \Box\varphi \rightarrow \Box\forall x\varphi$.

de cette formule correspond à la décroissance des domaines : si la relation d'accessibilité permet de passer de w à w', alors le domaine local de w' sera inclus dans celui de w. Il faut également rejeter la formule converse de Barcan :

(2) $\exists x \Diamond \varphi \rightarrow \Diamond \exists x\, \varphi$ (BFC)

dont la validité correspond à la croissance des domaines [1] : si la relation d'accessibilité permet de passer de w à w', alors le domaine local de w' inclura celui de w – puisqu'alors tout objet actuellement existant serait *ipso facto* nécessairement existant. Nos modèles de Kripke doivent ainsi disposer de domaines d'objets *variables* selon les mondes, le domaine de chaque monde devant contenir tous les objets existants dans le monde et uniquement eux. De plus, les quantificateurs doivent prendre leurs valeurs uniquement dans le domaine du monde où ils sont interprétés.

Il faut cependant tenir compte d'une question qui été soulevée en logique modale quantifiée, concernant la définition de la nécessité. Comment évaluer une formule comme celle-ci :

(3) $\forall x\, \Box(x = x)$

qui affirme de tout objet actuellement existant qu'il est nécessairement identique à lui-même ? On aimerait que la formule soit vraie dans tous les modèles. Il faudrait pour cela que chaque objet actuel soit identique à lui-même dans *tous* les mondes possibles accessibles. Mais les objets contingents n'existent pas dans tous les mondes accessibles, comme le permet la variabilité des domaines.

Gamut (1991, pp. 54 *sq.*) propose une définition amendée de la nécessité : $\Box\varphi$ est vraie dans un monde si et seulement si φ est vraie dans tous les mondes accessibles où φ a une valeur de vérité. On pourrait alors renoncer au principe de bivalence, considérer que l'identité avec lui-même n'est vraie d'un objet dans un monde que si cet objet existe dans ce monde, et sauver ainsi la validité de (3). Mais Gamut montre que cela a des conséquence inacceptables puisqu'il faut alors renoncer à certains principes valides de la logique modale propositionnelle [2]. D'autres versions amendées conduisent à d'autres renoncements, si bien que selon ces auteurs, il faut simplement renoncer aux domaines variables et opter pour le possibilisme [3].

1. La formule équivaut à : $\Box\forall x\varphi \rightarrow \forall x\Box\varphi$.

2. Gamut montre qu'il faut renoncer à la validité de : $\Box(\varphi \wedge \psi) \rightarrow \Box\varphi$.

3. On pourrait défendre à la suite de Linsky & Zalta (1996) une modélisation à domaine constant, qui joue sur la variabilité (d'un monde à l'autre) du

Une solution a été proposée par Fitting & Mendelsohn (1998), que je vais reprendre à mon compte. Elle consiste à interpréter les prédicats et symboles de relations dans chaque monde, non seulement sur les objets du domaine local, mais également sur les objets absents du domaine et présents dans d'autres mondes. Cet artifice permet d'attribuer des propriétés essentielles aux objets contingents tout en préservant la définition usuelle de la vérité des énoncés nécessaires. Ainsi si φ_a désigne une propriété essentielle d'un objet actuel donné, cet objet sera dans l'extension de $\varphi_a(x)$ dans tous les mondes possibles, y compris dans les mondes où il n'est pas présent. De la même manière, l'identité étant définie de façon standard, l'extension de $Id(x, y) := (x = y)$ sera composée de toutes les paires d'objets identiques $\langle d, d \rangle$ dans tous les mondes possibles, que chaque objet soit ou non présent dans tous les mondes (*i.e.* qu'il existe nécessairement ou non).

Cette solution va de pair avec la possibilité de désigner des objets inexistants à l'aide de constantes individuelles, pour peu que ces objets existent au moins dans d'autres mondes, et d'adopter ainsi une logique libre (Fitting & Mendelsohn 1998, pp. 177, 198). Une constante peut être un désignateur rigide et avoir une valeur fixe, même dans les mondes où l'objet qu'elle désigne n'existe pas. Cela permet d'assurer cette fois la validité de la formule instanciée :

(4) $\Box(a = a)$

et non seulement celle de la version quantifiée (3), tout en conservant la définition habituelle de la vérité de $\Box\varphi$. Les propriétés essentielles peuvent ainsi être prédiquées d'objets nommés, comme dans $\Box\varphi_a(a)$, dont la vérité équivaut à celle de $\varphi_a(a)$ dans *tous* les mondes possibles, y compris les mondes où l'objet désigné par a est absent.

Étendre la valuation des constantes individuelles et des symboles de relations dans un monde aux objets inexistants dans le domaine de ce monde apparaît comme une solution adéquate pour préserver les lois logiques usuelles. Il s'agit d'un artifice technique qui ne paraît pas devoir nous écarter de l'actualisme, tant que l'on n'en fait pas le support d'analyses conceptuelles spécifiques. Il serait par exemple totalement inapproprié d'utiliser les valuations étendues

caractère concret des objets contingents. Cette stratégie recontre cependant de nombreuses difficultés, *cf.* p.ex. la critique par Hayaki (2006). La manipulation des objets possibles par la logique IF, telle qu'elle est proposée dans ce travail, permet heureusement d'éviter cette voie.

pour représenter des relations à des inexistants, comme dans $\mathsf{E}a \wedge \neg\mathsf{E}b \wedge Rab$, où $\mathsf{E}x$ est un prédicat d'existence définissable par $\exists y(y = x)$. Dans le présent travail, je poserai les valuations étendues comme soubassement de l'analyse sémantique, et je m'abstiendrai complètement de les utiliser dans l'analyse des locutions intentionnelles. J'espère montrer que GTS, la logique IF et les relations inter-mondaines, offrent ensemble une approche suffisante et satisfaisante de ces questions [1].

4. Structure de l'essai

Le mémoire est organisé en quatre chapitres, chacun portant sur un thème. Les deux premiers chapitres concernent la connaissance linguistique, et la manière dont elle est présupposée dans certaines attributions d'attitudes. Les deux suivants concernent les attitudes focalisées sur des objets, sans dimension linguistique particulière.

Le chapitre 1 occupe une place préambulaire. J'y expose une conception de la signification et de la compréhension linguistiques qui motive certains choix faits dans mon traitement des attributions de connaissance linguistique et conceptuelle. En passant, les bases techniques de la sémantique des jeux, dans sa version standard (GTS) et en version étendue (eGTS) sont exposées, ainsi que l'idée générale de la logique IF (non modale).

Dans le chapitre 2, je m'intéresse aux attributions d'attitudes *de dicto* et à la manière dont elles mobilisent la connaissance linguistique. Je les contraste avec les attitudes *de facto* qui sont similaires, mais ne présupposent pas cette connaissance. J'introduis les premières extensions de la logique modale du premier ordre : la sémantique à base de lignes de mondes, la logique modale IF et son extension avec une fonction d'*awareness*. Le formalisme exposé dans ce chapitre permet de traiter l'échec de la substituabilité des identiques dans les locutions intentionnelles.

1. Je remercie Shahid Rahman d'avoir attiré mon attention sur le point soulevé par Gamut comme sur la solution de Fitting et Mendelsohn. Rahman qualifie cette dernière de *semi-possibiliste*. Je crois cependant que traiter comme vraies des phrases portant sur des inexistants, ou faire référence à des inexistants, ne revient pas à considérer qu'il y a actuellement des inexistants, et qu'un recours très limité à ces constantes permet d'éviter totalement l'écueil du possibilisme.

Dans le chapitre 3, je présente les attributions d'attitudes *de objecto*, dont j'ai développé l'idée dans un travail commun avec Tero Tulenheimo (Rebuschi & Tulenheimo 2011). Ce sont les attributions d'attitudes propositionnelles focalisées sur des objets éventuellement inexistants. On les contraste avec les attributions d'attitudes *de re* qui présupposent l'existence de leur objet. Les attitudes *de objecto* permettent de traiter l'absence de généralisation existentielle dans les locutions intentionnelles. Elles apportent un point de vue renouvelé sur les objets intentionnels.

Le chapitre 4 porte sur les attitudes objectuelles, *i.e.* les attitudes dont le contenu n'est pas une proposition mais un objet. On s'intéresse notamment à la question des prétendues relations qui relient des agents du monde actuel à des objets intentionnels actuellement inexistants. J'y défends une conception générale des relations intentionnelles comme relations inter-mondaines. Le chapitre porte également sur les attitudes *de se*, ou attitudes à la première personne. Une extension de la logique IF aux indexicaux jointe à une compréhension des attributions d'attitudes *de se* comme cas particulier d'attitudes *de objecto* conduit à plusieurs conséquences philosophiques importantes pour notre conception du sujet.

Lecture allégée. La lecture linéaire n'est pas la seule possible, et la figure p. 35 indique les liens de dépendance et chemins pouvant être empruntés. On peut ainsi dès la fin de cette introduction passer au chapitre 2 voire au chapitre 3, mais si on souhaite aller directement au chapitre 4 il faut en passer par la section 3 du chapitre 3.

Un système de renvois aux notions requises et préalablement introduites devrait permettre au lecteur, du moins je l'espère, de ne pas se perdre entre les différentes parties de l'essai. Une annexe reproduit toutes les définitions des langages, modèles et jeux sémantiques, introduits au fil des chapitres.

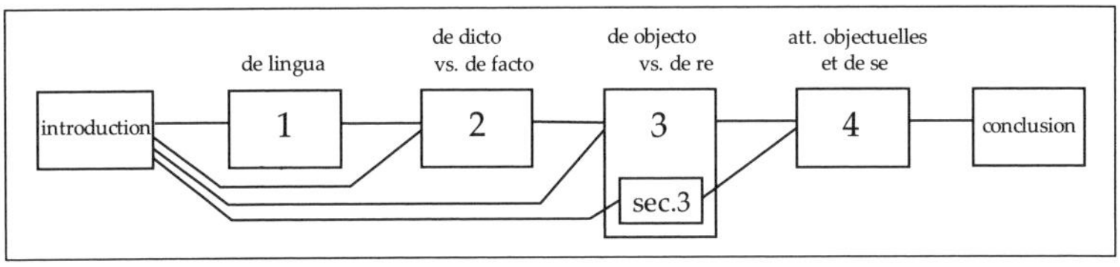

FIGURE I. *Chemins pour une lecture allégée*

CHAPITRE PREMIER

DE LINGUA

L'attribution d'une attitude à un agent est un énoncé linguistique, et elle implique souvent par ailleurs une compétence linguistique de l'agent. Avant d'entrer dans le vif du sujet des attitudes proprement dites, ce chapitre expose une conception de la signification et de la compréhension linguistiques ancrée sur la théorie sémantique des jeux. Dans le cadre d'une théorie duelle de la signification inspirée d'idées de Fodor et de Putnam, les concepts de signification-eGTS et de stéréotype-eGTS sont proposés comme versions théorisées des notions de contenu large et de contenu étroit.

1. INTRODUCTION

Quand nous attribuons des attitudes, par exemple si nous déclarons :

(1) Solange se souvient qu'elle a rendez-vous chez l'ophtalmologiste dans l'après-midi.

nous attribuons une attitude d'un *type* donné (ici le souvenir), avec un *contenu* donné (ici, le contenu propositionnel que Solange a rendez-vous chez l'ophtalmologiste dans l'après-midi de la journée où la phrase est énoncée), et sous un *aspect* donné (ici une attitude à la première personne, avec un mode d'accès à l'ophtalmologiste en tant que tel). Cette dernière dimension est subtile et combine des aspects conceptuels et linguistiques. Supposons que l'ophtalmologiste de Solange soit son voisin. En énonçant (1), nous n'attribuerions pas la même attitude qu'avec :

(2) Solange se souvient qu'elle a rendez-vous avec son voisin dans l'après-midi.

même si Solange sait par ailleurs que son ophtalmologiste se trouve être son voisin : c'est en tant qu'il est son ophtalmologiste qu'elle a rendez-vous avec son voisin. Le mode d'accès au voisin-ophtalmologiste est donc un composant crucial de l'attitude attribuée à Solange. Le contraste entre (1) et (2) repose sur une différence de modes d'accès conceptuel. Dans d'autres cas, la différence sera linguistique, comme par exemple dans :

(3) a. Solange sait que son voisin est ophtalmologiste.
b. Solange sait que son voisin est un docteur des yeux.

où (3a) sera peut-être considérée comme fausse mais (3b) vraie, si Solange ne connaît pas la signification de « ophtalmologiste ». Ici, le mode d'accès conceptuel est le même (en supposant que les deux prédicats expriment le même concept) mais la différence se situe au niveau du mode d'accès linguistique.

L'objet de ce chapitre est de poser un préalable aux distinctions entre modes d'accès constitutifs des attitudes, notamment pour analyser des exemples comme (3). Je vais présenter une conception de la signification et de la compréhension linguistiques qui va partir de la notion de *contenu étroit*. Il s'agit de combiner deux approches : une idée que Fodor a défendue dans les années 1980 avant de se rétracter depuis – du moins en apparence – avec une notion avancée par Putnam dans le cadre de son argument en faveur de l'externalisme. Je propose une conception du contenu étroit qui s'appuie sur une notion de *stéréotype* élaborée en termes de classes de fonctions. Cette approche philosophique de la signification et de l'interprétation est ensuite formalisée à l'aide de la théorie sémantique des jeux (GTS).

Les notions de contenus large et étroit sont issues du rejet de la sémantique frégéenne par plusieurs philosophes du langage dans les années 1970[1]. Dans la lignée de Kripke et Putnam les partisans de ce qui est appelé la Nouvelle Théorie de la Référence ont rejeté la médiation d'un sens objectif entre expressions (linguistiques) et références (mondaines). La référence est devenue référence directe. Le problème est qu'en rejetant ainsi l'entité intermédiaire, plusieurs des fonctions qui lui étaient attribuées se sont trouvé dépourvues de porteur. Il s'agit notamment du rôle épistémique des expressions

1. Pour une présentation plus étendue, se reporter à (Rebuschi 2008*b*).

linguistiques porté par le sens frégéen : le mode de présentation de la référence qui selon Frege constitue la valeur cognitive des énoncés.

Ce rôle, les théories duelles de la signification ont voulu le retrouver en postulant l'existence d'un contenu étroit. La fonction épistémique est alors détachée de la constitution de la référence – alors que le sens détermine la contribution aux conditions de vérité et, par suite, la référence chez Frege[1] – tout en lui étant articulée à nouveaux frais, suivant des modalités variables d'une théorie à l'autre.

Plan du chapitre. La section 2 présente les motivations et les caractères requis par la notion de *contenu étroit*, ainsi que les conceptions de Fodor et de Putnam. Je défends trois thèses qui portent sur la possession d'un contenu étroit, sur sa nature (ontologique) et sur sa contribution sémantique. La suite du chapitre est consacrée à la formalisation de cette notion. Dans la section 3, je présente la sémantique des jeux dans sa version d'origine, ainsi qu'une extension aux énoncés atomiques. Je présente ensuite, section 4, les concepts formels de *signification-eGTS* et de *stéréotype-eGTS* construits à l'aide de la sémantique des jeux, puis les applications de ces concepts à l'analyse linguistique et au traitement d'énigmes philosophiques.

2. Contenus étroits

Après un exposé des motivations externalistes en faveur des théories duelles de la signification, et par conséquent en faveur de l'adoption d'un contenu étroit, je présente deux conceptions développées respectivement par Fodor et Putnam. J'expose ensuite ma propre conception du contenu étroit qui s'appuie sur une distinction entre type et token de contenu[2].

1. Chez Frege le sens (*Sinn*) d'un énoncé est fonction, par compositionnalité, du sens des expressions qui le composent – et de leur ordonnancement syntaxique ; il détermine les conditions de vérité de l'énoncé, c'est-à-dire ce qui doit être le cas pour que l'énoncé soit vrai. La référence (ou dénotation, *Bedeutung*), en l'occurrence la valeur de vérité pour un énoncé, est alors obtenue directement en fonction du sens, et de ce qui est le cas.

2. Cette section (2) est une reprise légèrement modifiée de l'article (Rebuschi 2008*a*).

2.1. *Externalismes*

Externalismes physique et social Avant d'aborder la conception du contenu étroit spécifiquement développée dans ce chapitre, il convient de présenter succinctement l'histoire et les motivations de cette notion. Pour le résumer en une phrase : le contenu étroit est une réponse aux difficultés posées par l'externalisme, notamment à l'incompatibilité apparente entre détermination externaliste et efficacité causale des contenus mentaux.

De quoi s'agit-il plus précisément ? L'externalisme qui nous intéresse ici est l'idée que les contenus des états mentaux d'un agent sont au moins partiellement déterminés par son environnement. Deux types d'externalisme peuvent être défendus au sujet du contenu des états mentaux : l'externalisme physique et l'externalisme social. Les deux versions font dépendre le contenu sémantique des attitudes propositionnelles de traits de l'environnement, respectivement physiques et sociaux, qui sont donc des traits externes à la sphère mentale du sujet. La défense de l'externalisme est ainsi couramment assumée par les tenants d'une approche matérialiste et d'une conception générale « anti-mentaliste » de l'esprit. Les arguments impliqués dans la défense de l'externalisme, élaborés dans les années 1970, ont acquis une certaine notoriété.

L'externalisme physique. Dans « The Meaning of 'Meaning' » (Putnam 1975) Putnam a proposé son célèbre argument de Terre-Jumelle en faveur de l'externalisme physique. L'expérience de pensée consiste en la donnée d'une planète, Terre-Jumelle, semblable en tous points à la Terre à ceci près que la substance qui possède les propriétés phénoménales de l'eau (et qui est appelée « eau ») est en fait de l'eau$_{TJ}$: elle est composée chimiquement non pas de H_2O mais d'une autre molécule, dont la structure est abrégée en XYZ.

On considère ensuite deux jumeaux micro-physiques, Oscar$_T$ sur Terre et Oscar$_{TJ}$ sur Terre-Jumelle. Ce sont deux êtres en tous points semblables au sens où ils partagent les mêmes propriétés (physiques) intrinsèques : la même masse et la même taille, le même taux d'alcoolémie, les mêmes états du cerveau aux mêmes instants, etc. Là où les jumeaux se distinguent essentiellement [1], c'est sur

1. Une différence entre les propriétés intrinsèques des deux jumeaux étant évidemment que l'eau H_2O d'Oscar$_T$ est remplacée par la même quantité de

le plan de leurs environnements respectifs, Terre et Terre-Jumelle, et par conséquent au niveau de leurs propriétés extrinsèques (ou relationnelles) : quand l'un est en relation avec de l'eau, l'autre est en relation avec de l'eau$_{TJ}$.

On considère finalement la situation où les deux jumeaux ont, chacun face à soi, un verre de liquide, de l'eau pour Oscar$_{T}$ et de l'eau$_{TJ}$ pour Oscar$_{TJ}$. Chacun des jumeaux perçoit son propre verre et déclare : « Ceci est un verre d'eau ». En supposant que les conditions pragmatiques usuelles de sincérité de l'assertion sont réunies, les deux jumeaux expriment ici leurs croyances qu'il y a un verre d'« eau » devant eux. Or les contenus des attitudes ne sont pas les mêmes : Oscar$_{T}$ croit qu'il y a un verre d'eau devant lui, Oscar$_{TJ}$ qu'il y a un verre d'eau$_{TJ}$. Le terme « eau » possède une indexicalité au même titre que « ceci » : sa référence dépend du contexte d'énonciation. D'où il faut conclure que les contenus de pensées sont au moins en partie déterminés par la constitution de l'environnement : ils ne dépendent pas uniquement des propriétés intrinsèques des agents.

À la suite de Kripke (1972), Putnam traite les termes d'espèces naturelles comme « eau » ou « tigre » à la manière des noms propres, à savoir comme des désignateurs rigides : des termes dont l'intension est constante, autrement dit des termes qui désignent la même extension dans tous les mondes possibles – le même individu pour les noms propres, la même classe d'individus pour les prédicats, voire la même somme méréologique d'échantillons pour les termes de masse. Un terme comme « eau » doit ainsi posséder la même extension dans tous les mondes possibles, la somme des échantillons de H_2O. Donc Oscar$_{T}$ et Oscar$_{TJ}$ n'emploient pas strictement le même terme.

L'écart entre les deux significations de « eau » sur Terre et sur Terre-Jumelle est alors semblable à la variation de référence d'un nom propre entre deux mondes possibles. Si Hollande et Sarkozy échangeaient leurs noms dans un monde possible, nous dirions de Sarkozy qu'il porte le nom « Hollande » dans ce monde en affirmant par exemple : « Sarkozy aurait pu s'appeler "Hollande" », donc en utilisant « Sarkozy » comme désignateur rigide : ce n'est pas

substance XYZ chez Oscar$_{TJ}$. Cela dit cette différence n'intervient pas de façon pertinente dans l'argument, même si de nombreux commentateurs ont relevé que le choix par Putnam du terme « eau » n'était pour cette raison certainement pas le plus judicieux.

parce que les habitants de ce monde possible contrefactuel appellent Sarkozy « Hollande » que Sarkozy cesse de s'appeler « Sarkozy » pour nous, même dans ce monde.

De façon analogue, nous pouvons affirmer que : « Le liquide composé de XYZ aurait pu s'appeler "eau" », sans pour autant cesser de considérer « XYZ » ou « eau » comme des désignateurs rigides. C'est précisément le cas auquel nous avons affaire avec Oscar_{TJ} : une situation où le terme « eau » est employé dans une autre acception, propre à son idiolecte.

L'histoire ne peut cependant pas s'arrêter là. Car en passant d'un jumeau à l'autre, et par là d'un idiolecte à l'autre, on n'a pas procédé à une modification arbitraire de la signification du terme « eau » – Oscar_{TJ} n'emploie pas « eau » pour désigner du vin : il emploie « eau » pour désigner un liquide qui possède toutes les propriétés phénoménales de l'eau. Cela signifie que lorsque Oscar_{T} et Oscar_{TJ} pensent respectivement à l'eau et à l'eau_{TJ}, ils entretiennent deux pensées possédant ce que l'on pourrait appeler un dénominateur phénoménal commun : ce que Putnam appelle un stéréotype.

L'externalisme social. Tandis que l'expérience de pensée de Putnam plaide en faveur de l'externalisme physique, celle que Burge expose dans son article « Individualism and the Mental » (Burge 1979) vise à établir l'externalisme social, c'est-à-dire l'idée selon laquelle les contenus mentaux sont (au moins en partie) déterminés par l'environnement social – *i.e.* les conventions linguistiques de la communauté – de l'agent.

L'écart entre les deux mondes de Burge, notons-les Terre et Terre*, ne réside plus cette fois dans leurs constitutions physiques respectives, mais dans les conventions linguistiques en vigueur. Sur Terre, le terme « arthrite » a sa signification habituelle de maladie des articulations, l'arthrite ; sur Terre*, la convention linguistique du français* veut que le même terme désigne l'arthrite ou une douleur dans la cuisse, l'arthrite*. Si deux jumeaux, Oscar sur Terre et Oscar* sur Terre*, partagent le même état mental, par exemple si chacun d'eux souffre d'une douleur dans la cuisse et pense qu'il souffre d'« arthrite », alors Oscar aura un contenu de pensée erroné tandis que celui d'Oscar* sera vrai. Les contenus, c'est-à-dire les conditions de vérité sur Terre et sur Terre*, sont donc distincts, et cela bien que les mondes soient par hypothèse physiquement identiques.

Du point de vue des significations, le cas de Burge est analogue à celui de Putnam. La signification utilisée sur Terre est distincte de celle utilisée sur Terre*, toutes deux étant des constantes dans tous les mondes possibles. Ce qu'ajoute l'expérience de Burge à celle de Putnam, c'est qu'elle localise l'origine de l'écart des significations entre Terre et Terre* : contrairement à ce que pouvait laisser penser Putnam, la différence essentielle ne serait pas dans la constitution physique du monde mais dans les conventions linguistiques.

On peut en effet réinterpréter l'expérience putnamienne de Terre-Jumelle à la lumière de celle de Burge. L'écart de signification de « eau » entre les deux mondes ne repose pas tant sur la constitution physique des deux mondes que sur les conventions linguistiques : la convention sur Terre veut que « eau » désigne l'eau, celle sur Terre-Jumelle qu'elle désigne l'eau_{TJ}. Bien entendu, dans le cas du terme « eau » les conventions linguistiques dépendent à leur tour de l'environnement physique, puisque c'est le fait que l'environnement est constitué de H_2O qui a poussé les Terriens à adopter l'eau comme référence de « eau », et respectivement avec XYZ pour les Terre-Jumelliens. Comme l'analyse de Burge s'étend à des cas où l'environnement physique n'est pas modifié, et comme en outre elle s'applique à tous les prédicats et pas seulement aux termes d'espèces naturelles, elle apparaît évidemment plus puissante que celle de Putnam.

Les motivations pour le contenu étroit. Si Putnam et Burge ont raison, c'est-à-dire si le contenu d'un état mental ne dépend pas seulement des propriétés intrinsèques de l'agent, alors il doit être considéré comme causalement inerte puisque seules les propriétés intrinsèques sont généralement réputées efficaces dans la production causale d'un événement. C'est l'un des problèmes centraux de l'externalisme : comment combiner cette conception avec l'idée d'une efficacité causale du contenu de nos états mentaux ? Car il semble bien que le contenu des attitudes joue un rôle dans la production des actions. Faut-il y renoncer ? Plusieurs solutions ont été apportées à cette question.

Une solution externaliste pure et dure, défendue notamment par Pierre Jacob (2000), relève le défi de l'externalisme physique en considérant le système résultant de la réunion de l'agent et de son environnement : le contenu redevient alors exclusivement dépendant des propriétés intrinsèques du système, et s'il n'est plus question d'en faire une cause agissante séparable du comportement, Jacob l'intègre comme composante du comportement dans le cadre d'une analyse componentielle de l'action. L'inconvénient de ce type de solution est qu'on y fait totalement l'impasse sur l'externalisme social. Sans compter que le rôle causal du contenu est, dans l'élaboration des explications, purement historique [1].

Une autre solution consiste à admettre, à côté du contenu dépendant des relations entre l'agent et son environnement, rebaptisé « contenu large », un second contenu, dit « étroit », qui ne dépend que des propriétés intrinsèques de l'agent. Tandis que le contenu large prend en charge les conditions de vérité et, de façon plus générale, l'intension des expressions – au sens neutre de fonction attribuant une extension dans chaque monde possible – le contenu étroit est à même de remplir plusieurs des fonctions négligées par le contenu large, dont le rôle causal.

Parmi les autres motivations en faveur du contenu étroit, on relève l'argument de l'accès introspectif au contenu de nos pensées – possible pour le contenu étroit mais pas pour le contenu large – ou encore la préservation de la rationalité dans les cas d'attitudes distinctes et apparemment contradictoires vis-à-vis de pensées logiquement équivalentes, donc partageant le même contenu large, *cf.* (Brown 2011) – le contenu étroit étant de façon plus générale un bon candidat comme support de la méprise représentationnelle [2]. Ce contenu reprend ainsi plusieurs aspects du sens frégéen, mais il s'en distingue sur un point essentiel : tandis que le sens détermine la référence, le contenu étroit est indépendant du contenu large – il ne le détermine pas ni n'est déterminé par lui. Pour reprendre la terminologie de Pacherie (1993), le contenu étroit constitue la dimension horizontale du sens, et cette dimension est orthogonale à celle, verticale, de la référence.

1. Si une cause de tel type est sélectionnée comme composante d'un comportement donné, cela peut être en vertu de ses propriétés sémantiques (extrinsèques) même si elle ne peut être causalement efficace que du fait de ses propriétés non sémantiques (intrinsèques). Les propriétés sémantiques jouent par conséquent dans l'explication du comportement un rôle historique et indirectement causal.

2. C'est le cas quand Oscar croit qu'il y a un verre d'eau devant lui parce qu'il a une hallucination ; sur ce point, le contenu étroit (similaire dans le cas de la perception et dans celui de l'hallucination) apporte une réponse immédiate et simple là où la conception frégéenne est en difficulté.

2.2. *Fodor et Putnam : deux traitements de l'externalisme*

Les deux conceptions développées par Fodor et Putnam sont en conflit sur plusieurs points, notamment sur la question centrale de ce qui doit compter comme constituant la signification. Le traitement de l'expérience de Terre-Jumelle n'est pas le même pour chacun de ces auteurs : pour Fodor les deux jumeaux partagent la même pensée (étroite) au sujet de l'« eau », tandis que selon Putnam, les contenus sont essentiellement « hors de nos têtes » et donc distincts dans le cas d'Oscar_{T} et Oscar_{TJ}.

Il semble cependant que l'on peut interpréter le désaccord entre les deux auteurs comme étant principalement un écart de pondération, autrement dit une divergence quant au choix du composant le plus important pour la constitution de la signification. Cette divergence ne paraît pas insurmontable et c'est ce que je tenterai d'établir. Avant de présenter les deux conceptions de Fodor et de Putnam, on récapitule ici les propriétés usuellement prêtées au contenu étroit.

Les propriétés attendues du contenu étroit. Le contenu étroit est supposé prendre en charge plusieurs traits de la signification pour résoudre les problèmes soulevés par l'externalisme radical. Ce faisant, il est présumé posséder certaines propriétés spécifiquement liées à sa nature de contenu étroit, qu'il faut séparer d'autres propriétés, plus générales, généralement considérées comme étant essentielles à tout contenu. Parmi ces dernières, on compte l'expressivité (un contenu ne doit pas être ineffable), et la capacité à déterminer l'extension. J'ai déjà évoqué le fait que cette capacité n'était pas nécessairement au cœur du dispositif des théories duelles qui, à l'inverse, postulent le plus souvent l'indépendance des deux composantes de la signification. Je reviendrai sur ces deux propriétés plus bas, au sujet de la conception de Fodor.

Ce qui fait d'un contenu un contenu étroit semble pouvoir être caractérisé d'au moins deux manières : (1) ce qu'il y a de commun entre les contenus mentaux d'Oscar_{T} et de son Jumeau Oscar_{TJ} lorsqu'ils considèrent l'énoncé « l'eau est plate », ou encore ce qu'il y a de commun entre les contenus mentaux d'Oscar et Oscar* quand ils considèrent l'énoncé « Paul a de l'arthrite dans la cuisse », et (2) ce qui ne dépend que des propriétés intrinsèques du porteur de l'état mental. On considère généralement que les deux caractéristiques coïncident, puisque dans chacun des cas les deux jumeaux ne diffèrent que par le contexte où ils se trouvent, et pas par leurs propriétés intrinsèques.

La situation n'est cependant pas triviale dès que l'on rapproche les deux expériences de pensée. Dans le cas d'Oscar$_T$ et Oscar$_{TJ}$, le contenu étroit de « eau » conduit à deux extensions distinctes (ou deux contenus larges distincts), l'eau–H_2O ou l'eau$_{TJ}$–XYZ. La situation est différente avec l'expérience de Burge : quand Oscar et Oscar* pensent à l'« arthrite » cela les conduit à une extension (un contenu large) identique – qui inclut les cas d'arthrite et des cas de douleurs dans la cuisse. Ce qui distingue Oscar d'Oscar*, c'est la manière dont ce contenu large est qualifié : il s'agit bien d'« arthrite » chez Oscar*, mais pas chez Oscar. On a dès lors le choix entre deux options :

(i) faire porter la différence sur le contenu large lui-même : c'est l'interprétation habituelle des tenants de l'externalisme social selon laquelle Oscar et Oscar* ont simplement deux contenus larges distincts ;

(ii) faire porter la différence sur le contenu étroit : considérer que le contenu étroit, défini comme tel par un critère physicaliste, est ensuite individué de différentes manières suivant un critère social.

L'option (ii) consiste à définir le rapport entre contenu étroit et contenu large par référence à l'externalisme physique. Ainsi, Oscar$_T$ et Oscar$_{TJ}$ partagent le même contenu étroit mais divergent sur le contenu large, tandis que Oscar et Oscar* partagent les mêmes contenus étroit et large. Ensuite le contenu mental étroit peut être caractérisé différemment selon l'environnement social : le contenu étroit d'Oscar est individué comme étant celui d'un état mental (erroné) à propos de l'arthrite, celui d'Oscar* comme associé à un état mental (correct) à propos de l'arthrite*. Posséder tel ou tel contenu étroit dépend alors de l'environnement social des agents.

Ce qui fait pencher en faveur de l'option (ii) c'est l'intuition que l'écart entre les contenus mentaux entre Oscar$_T$ et Oscar$_{TJ}$ d'une part, et celui entre les contenus mentaux d'Oscar et Oscar* d'autre part, ne sont pas du même ordre. Il en ressort une légère tension entre externalisme physique et externalisme social, puisque le contenu étroit est d'une certaine façon physiquement intrinsèque mais socialement extrinsèque. En adoptant cette option, on en vient à découpler les deux propriétés caractéristique des contenus étroits, et à privilégier la première – ce qui est commun aux deux jumeaux – dans une version physicaliste, au détriment de la seconde – ce qui est (pleinement) intrinsèque.

La conception que je proposerai dans la sous-section 2.3 assume cette tension résultant de l'option (ii). Avant de l'exposer, je vais présenter brièvement la conception de Fodor puis celle que l'on peut prêter à Putnam. Il s'agit dans un cas comme dans l'autre de conceptions particulières qui, pour reprendre la terminologie des informaticiens, « implémentent » la notion de contenu étroit, et qui par conséquent sont supposées exemplifier les propriétés attendues que je viens de présenter.

La fonction sur les contextes de Fodor. Plusieurs conceptions spécifiques quant à la nature du contenu étroit ont été proposées : un faisceau de descriptions ; un rôle conceptuel ou contenu opérationnel[1] ; un prototype perceptuel ; plus récemment, une proposition diagonale en sémantique bidimensionnelle. Ici, je m'attacherai à une conception : celle défendue par Fodor entre 1987 et 1991 – et pour certains, une conception à laquelle il n'aurait pas tant renoncé qu'il le prétend[2].

L'idée est que le contenu étroit d'un concept est une application (mapping) qui fournit l'extension du concept en fonction du contexte. Cette conception du contenu comme application répond aux cas de Terre-Jumelle pour peu que le contexte impliqué soit suffisamment large pour contenir le contexte d'acquisition du concept en question : en arrivant sur Terre-Jumelle Oscar_{T} doit continuer à référer à de l'eau quand il parle d'« eau », alors que si le contenu étroit devait être une fonction s'appliquant au seul contexte immédiat Oscar_{T} se mettrait du jour au lendemain à parler d'eau_{TJ}.

La conception de Fodor du contenu étroit peut être appréhendée comme équivalant à une extension de la notion de caractère de Kaplan (1979). Selon ce dernier, les indexicaux comme « Je » ou

1. Il s'agit de conceptions suivant lesquelles le contenu étroit est défini par son rôle inférentiel. Je défendrai ici une conception du contenu étroit indépendante du rôle inférentiel, mais d'où le rôle inférentiel peut être dérivé.

2. Voir Aydede (1997), qui défend la thèse d'une continuité de Fodor avant et après *The Elm and the Expert* (Fodor 1995), la nouvelle conception fodorienne du contenu large reprenant le contenu de sa conception antérieure de contenu étroit.

« Ceci » ont une intension qui varie d'un contexte à l'autre, mais ils ont une composante constante : leur caractère, une fonction qui attribue une intension à chaque contexte, et par voie de conséquence une extension à chaque contexte et chaque monde possible (ou situation). Par exemple le caractère de « Je » est la fonction qui attribue le locuteur de la phrase pour chacune de ses occurrences.

Plusieurs critiques ont été formulées à l'encontre de la conception fodorienne. Son contenu est ineffable, puisqu'en parler exigerait de recourir à des expressions synonymes mais des expressions synonymes partagent la même intension, et précisément pas le même caractère. Autre reproche : le contenu étroit de Fodor ne détermine pas le contenu large (les conditions de vérité) puisqu'il est une fonction du contexte, et donc il ne mériterait pas le label de « contenu » – ce serait un contenu sans contenu. On pourrait voir dans la fonction de Fodor un composant, une « forme étroite » du contenu (large) habituel plutôt qu'un contenu à part (Pacherie 1993), ou un « contenu schématique » (Ludwig 2001).

Cette discussion doit être discernée d'une vaine querelle terminologique. L'appellation de « contenu » est certainement discutable pour les deux raisons invoquées, mais je la maintiendrai ici. La question véritable est de savoir : quelles propriétés sommes-nous prêts à attribuer à ce prétendu contenu étroit ? Or si l'on se focalise sur les cas d'Oscar$_T$ et Oscar$_{TJ}$, comme sur ceux d'Oscar et Oscar*, le contenu étroit peut être caractérisé avant tout comme ce qui est commun aux deux jumeaux dans ces deux cas. À cette caractérisation, la notion de Fodor répond très adéquatement.

Le stéréotype de Putnam. Putnam a vigoureusement critiqué la notion de contenu étroit comme composante de la signification (Putnam 1988). Il semble toutefois qu'il se soit opposé à des propositions spécifiques quant à la nature du contenu étroit, notamment à l'idée de rôle conceptuel, plutôt qu'à la notion de contenu étroit en tant que telle. Car son idée de stéréotype remplit au moins partiellement la même fonction, *cf.* (Marconi 1997, sec. 34). Le stéréotype étant ce qui est commun à Oscar$_T$ et à son jumeau micro-physique quand tous deux pensent à la substance qu'ils appellent « eau », l'eau pour Oscar$_T$ et l'eau$_{TJ}$ pour son jumeau, il comporte en effet certains traits habituellement associés à l'eau : liquide incolore, transparent, sans goût, qui étanche la soif, remplit les mers et les baignoires, etc. De façon générale, Putnam envisage le stéréotype comme étant :

> ... une description standardisée de traits de l'espèce qui sont typiques, « normaux » ou stéréotypiques à un certain degré. Les traits centraux du stéréotype sont généralement des *critères* – des traits qui dans des situations normales constituent des moyens de reconnaître si une entité appartient à l'espèce ou, au moins, des conditions nécessaires (ou nécessaires de façon probabiliste) à l'appartenance à l'espèce. Tous les critères utilisés par la communauté linguistique comme corps collectif ne sont pas inclus dans le stéréotype, et dans certains cas le stéréotype peut être très faible. ... Dans les cas extrêmes, le stéréotype peut être *seulement* un marqueur : le stéréotype du molybdène peut être *seulement* que le molybdène est un *métal*. (Putnam 1975, p. 230) [trad. MR]

Cette présentation du stéréotype en fait un candidat de choix pour jouer le rôle du contenu étroit : il est à première vue, dans l'expérience de pensée de Putnam, déterminé par les propriétés intrinsèques de l'agent – je discute toutefois ce point plus loin – et il semble pouvoir jouer un rôle causal pertinent dans la détermination du comportement des agents.

Pour Putnam [1] comme pour Kripke la référence est directe, ce qui signifie que l'extension n'est pas déterminée par le stéréotype. Le stéréotype intervient au niveau des locuteurs, il leur permet de déterminer plus ou moins précisément l'extension des expressions qu'ils emploient, mais cette extension est constituée indépendamment de cela. Référence et stéréotype correspondent ainsi à deux aspects de la signification, l'aspect sémantique et l'aspect épistémique, rendus indépendants alors qu'ils étaient mélangés dans le Sinn frégéen [2].

Proposer le stéréotype comme implémentation du contenu étroit, c'est cependant devoir affronter une objection déjà avancée contre la

1. En fait, Putnam propose de concevoir la signification comme un « vecteur » à quatre composantes, des marqueurs syntaxiques et sémantiques venant s'ajouter à l'extension et au stéréotype – mais les deux paramètres supplémentaires ne jouent pas un rôle important pour notre discussion ici.

2. Chez Frege, l'aspect épistémique (ce qui doit être saisi par un locuteur) coïncide avec l'aspect sémantique (ce qui détermine la *Bedeutung*). Avec le stéréotype de Putnam, il n'y a pas cette dépendance de l'un à l'autre : le stéréotype peut conduire à autre chose qu'à l'extension, ce qui n'empêche pas l'extension d'être parfaitement déterminée.

conception de Fodor : le stéréotype ne détermine pas l'extension, ce qui devrait d'emblée le disqualifier comme prétendant « contenu ». La situation du stéréotype est en fait même plus dramatique que celle de la fonction fodorienne puisque cette dernière peut au moins déterminer l'extension une fois fourni un contexte, ce qui n'est même pas le cas du stéréotype. Il semble cependant que cet échec à déterminer l'extension et plus généralement l'autonomie mutuelle complète des contenus étroit et large constituent un trait important des théories duelles de la signification, et j'indiquerai plus loin en quoi cet échec permet de résoudre certaines difficultés maintenues dans la conception de Fodor.

2.3. *Le contenu étroit comme mécanisme et comme classe de fonctions*

Dans cette sous-section je présente une conception particulière du contenu étroit qui prend fortement appui sur les deux approches de Fodor et de Putnam : au premier j'emprunte la notion de fonction appliquée au contexte, au second le « découplage » des contenus étroit et large.

La combinaison des deux approches aboutit à l'idée générale d'un stéréotype qui sélectionne une approximation socialement acceptable de l'extension en fonction du contexte. D'un point de vue abstrait, on a affaire à des fonctions du contexte, mais au niveau de l'implémentation concrète il s'agit de mécanismes de recherche de l'extension.

Cette orientation vers l'implémentation concrète conduit à adopter un conception particulière du contexte : celle d'une limitation du domaine. Il s'agit ni plus ni moins que de la conception adoptée en sémantique formelle pour analyser les expressions quantifiées sous-déterminées comme « Tout le monde a faim » ou « La table est mise » : le seul moyen d'obtenir des conditions de vérité qui coïncident avec notre compréhension d'assertions de ces deux phrases est de postuler un mécanisme qui restreigne le domaine de quantification en fonction du contexte[1]. Le contexte n'est pas ici un monde possible alterne centré comme dans l'approche de

1. *Cf.* (Reimer 1998). Le contexte peut aussi être vu, à la manière de l'approche de la théorie des représentations de discours (DRT) de Kamp & Reyle (1993), comme un modèle partiel du monde.

Stalnaker, mais plutôt une partie propre du monde (également centrée) : dans l'expérience de Terre-Jumelle, cette dernière est simplement une planète éloignée de la Terre, mais dans le monde actuel.

Cette conception du contexte produit assurément une interprétation particulière de la conception de Fodor. Plus spécifiquement, elle éloigne la conception fodorienne des approches de Kaplan, Stalnaker ou Chalmers suivant lesquelles le contenu étroit est défini, à la manière de l'intension, sur des ensembles de mondes possibles[1]. Cette prise de distance d'avec les approches bidimensionnelles est toutefois salutaire une fois assumée, dans la lignée de l'idée de stéréotype, la non-détermination de l'extension par le contenu étroit.

Types et tokens de contenus. Le contenu étroit est le support de l'externalisme social[2]. L'idée de stéréotype, qui est une conception possible du contenu étroit, présuppose la communauté linguistique comme on le voit dans l'extrait de Putnam cité plus haut. Avoir une attitude propositionnelle comme la croyance que l'eau est plate, c'est avoir une attitude dont le contenu étroit contient le stéréotype de l'eau ; mais ce contenu étroit ne dépend pas seulement des propriétés intrinsèques de l'agent : que le caractère inodore et incolore, ou que la composition chimique soient ou non constitutifs du stéréotype, cela dépend de la communauté linguistique.

Comme je l'ai indiqué plus haut, certaines intuitions sur l'expérience de Burge conduisent à combiner le caractère physiquement intrinsèque avec le caractère socialement extrinsèque du contenu. Un moyen pour y parvenir consiste à dissocier type et exemplaire (token). Ce qui conduit à une première (hypo)thèse :

> **Thèse 1** : Posséder l'exemplaire (*token*) d'un contenu étroit donné est une propriété intrinsèque de l'agent ; posséder un *type* de contenu étroit (*i.e.* posséder un exemplaire de contenu étroit de tel *type*) est une propriété extrinsèque de l'agent[3].

1. *Cf.* (Ludwig 2001) pour une présentation systématique des approches citées.

2. Esfeld (2005) défend cette idée en l'associant à une conception interprétationniste de l'externalisme social. Je crois que l'idée peut être défendue indépendamment de l'interprétationnisme.

3. La formulation employée ici, suivant laquelle un contenu étroit est caractérisé comme tel parce que sa possession par un agent est une propriété

On a coutume de distinguer entre types et tokens d'états mentaux. Ici il est bien question des types et tokens de *contenus* d'état mentaux. Une manière de l'envisager consiste à dire que les tokens d'états mentaux sont structurés de manière correspondante à leur type : si un token d'état mental est analysé comme étant du type « la croyance que l'eau est plate », alors quelque chose dans le token doit correspondre au mode (croyance), et quelque chose d'autre doit correspondre au contenu (l'eau est plate) : le token de contenu étroit.

Évidemment, cette distinction type/token n'apparaît pas d'emblée comme étant naturellement réalisable à partir des conceptions courantes du contenu étroit. Prenons le rôle conceptuel : si le contenu étroit est défini par le rôle conceptuel, on voit mal comment distinguer le type de l'occurrence du rôle conceptuel (on ne peut pas recourir à l'acteur qui joue le rôle : le contenu étroit n'est pas l'acteur qui joue le rôle, il est le rôle d'après cette conception). Même problème avec l'approche « descriptiviste » du contenu étroit (le contenu étroit ne peut pas être ce qui satisfait la description, sous peine d'être assimilé au contenu large).

Une première étape dans la réalisation de la distinction consiste à envisager le type comme relevant de la communauté, et le token comme relevant de l'individu. Il faut noter cependant que même ainsi, le token de rôle conceptuel reste une idée plutôt opaque : un rôle conceptuel reste un rôle conceptuel chez un individu (il est même basiquement défini de cette manière). Les choses ne paraissent pas plus claires pour les descriptions.

Une seconde étape consiste alors à rompre avec le présupposé que le contenu étroit doit être une entité abstraite. Je propose ici la

> **Thèse 2** : Le (token de) contenu étroit est une entité concrète dans le cerveau ; c'est un mécanisme ou un ensemble de mécanismes de recherche de l'extension.

intrinsèque de l'agent, semble être un abus de langage (que j'emprunte à Stalnaker (1990)). Une autre formulation (courante et plus rigoureuse) consiste à dire qu'un contenu est étroit parce qu'il est entièrement déterminé par les propriétés intrinsèques de l'agent ; or un contenu peut ne pas être étroit dans ce dernier sens (p.ex. un contenu disjonctif) tout en étant étroit au premier sens, *cf.* (Weatherson 2014). Cependant je ne crois pas que ces écarts de formulation aient une importance pour mon propos, et j'emploierai indifféremment l'une ou l'autre.

Qu'un état intentionnel donné possède un contenu étroit, c'est avant toute chose le fait d'une relation entre l'état et cette entité concrète[1]. Posséder un token de contenu étroit est alors bien une propriété intrinsèque de l'agent.

Comment les types de contenus sont-ils alors individués ? Par la fonction que les mécanismes en question réalisent. L'idée est ici à nouveau proche de celle de Fodor, qui envisage que des mécanismes dans le cerveau réalisent les applications–contenus étroits :

> – Les états mentaux sont supposés causer le comportement. Comment une fonction peut-elle causer quelque chose ? – Certaines fonctions sont implémentées dans les cerveaux ; et les cerveaux causent des choses. Vous pouvez concevoir un état mental étroit comme déterminant une classe d'équivalence de mécanismes, où le critère d'appartenance à la classe est *sémantique*. (Fodor 1987, p. 52) [trad. MR]

Un des avantages de cette idée, c'est évidemment que plusieurs mécanismes peuvent réaliser une même application[2].

La conception fodorienne rencontre toutefois des embarras difficilement surmontables. Le cas de Terre-Jumelle est bien traité : Oscar et son jumeau disposent du même contenu étroit pour le terme « eau », qui est l'application :

(4) $\{\langle \text{terre}, H_2O\rangle, \langle \text{terre-jumelle}, XYZ\rangle\}$

(ou une extension de cette application). À chacun des deux contextes incriminés l'application attribue l'extension attendue. Mais sur les exemples de type frégéen la conception fodorienne est en moins bonne posture. Les deux noms propres « Johnny Hallyday » et « Jean-Philippe Smet » ont en effet la même extension quel que soit le contexte ; les applications censées constituer le contenu étroit de chacun des deux noms sont par conséquent identiques :

(5) $\{\langle c_1, \text{johnny}\rangle, \langle c_2, \text{johnny}\rangle, ...\}$

1. J'emploie ici « entité » et « mécanisme » dans un sens générique. Concrètement, cela peut correspondre à des configurations cérébrales très complexes, dont la « mécanique » est bien entendu très peu mécaniste. L'idée est de concevoir le contenu étroit comme un processus ou une routine cognitive ancrés dans le cerveau de l'agent.

2. L'approche fodorienne est toutefois différente : le mécanisme n'est pas chez lui explicitement un token de contenu. C'est l'un des deux composants du token d'état mental, l'autre composant étant un symbole de Mentalais ; le (type de) contenu étroit du token d'état mental est alors individué par la fonction réalisée par le mécanisme.

Ainsi conçu, le contenu étroit n'est donc pas en mesure de discriminer les attitudes propositionnelles au sujet de « Johnny Hallyday » de celles au sujet de « Jean-Philippe Smet » [1].

Le découplage des contenus. Le fond du problème réside dans le fait que la sémantique de Fodor n'est pas plus authentiquement dualiste que la sémantique de Frege [2]. Quand la conception frégéenne échoue sur Terre-Jumelle, la conception fodorienne échoue sur les exemples à la Frege et d'une certaine manière, les deux conceptions sont symétriques : l'extension (dénotation) est entièrement déterminée par l'intension (sens) chez Frege, tandis que le contenu étroit est entièrement déterminé par le contenu large chez Fodor. C'est finalement l'essentiel de l'acquis de la référence directe qui est perdu par l'approche fodorienne : la dissociation de la constitution de la référence (ou de l'extension) – mécanisme objectif, non médiatisé par l'esprit – de la recognition de la référence par un agent [3].

Je propose d'assumer l'idée de l'indépendance mutuelle des deux composantes du contenu. Cette indépendance est présente dans l'approche de Putnam, le stéréotype d'un terme d'espèce naturelle étant susceptible de conduire à des erreurs, c'est-à-dire à reconnaître comme relevant de l'espèce des individus ou échantillons en fait situés en dehors de l'extension du terme. Il faut alors concevoir le

1. L'objection est similaire à celle adressée par Schiffer (1990) à l'idée que le caractère de Kaplan puisse jouer le rôle de « mode de présentation ». Comme l'expose Aydede (1997), Fodor contourne sa propre notion de contenu étroit pour rendre compte des exemples de type frégéen – il recourt à une différence syntaxique entre symboles du Mentalais. Le « mode de présentation » chez Fodor est donc indépendant du contenu étroit.

2. Sur vrai et faux dualismes, voir (Marconi 2005).

3. Fodor exprime clairement son rejet de la dissociation en question dans son interprétation de l'exemple de Putnam : « The Twin-Earth examples don't break the connection between content and extension; they just relativize it to context » (Fodor 1987, p. 47) (souligné par l'auteur). Et plus loin : « We now see why we ought to reject both of the following two suggestions found in Putnam, "The Meaning of 'Meaning'" : That we consider the extension of a term (/concept/thought) to be an independent component of its "meaning vector"; and that we make do, in our psychology, with stereotypes instead of contents. The first proposal is redundant, since, as we've just seen, contents (meanings) determine extensions given a context. The second proposal is unacceptable, because unlike contents, stereotypes don't determine extensions. » (Fodor 1987, pp. 48–49).

(type de) contenu étroit non plus comme une application conduisant du contexte à l'extension, mais au minimum comme une application (qu'on appellera *fonction de piochage*) associant à chaque contexte une approximation socialement acceptable de l'extension ; d'autre part, il faut prendre au sérieux la distinction entre type et token de contenu (j'y reviendrai).

L'idée s'appuie sur le fait que le stéréotype peut fortement varier selon les idiolectes. L'expert en hydrologie n'associera pas le même stéréotype au terme « eau » que le profane buveur d'eau. Reste à savoir jusqu'à quel point le profane a le droit d'être ignorant. En d'autres termes : qu'est-ce qu'une approximation socialement acceptable ? Si l'on en croit Putnam, un locuteur qui confond les ormes et les hêtres est considéré comme compétent, tandis que :

> Supposons que notre locuteur pointe une boule de neige et demande : « Est-ce un tigre ? ». Manifestement, il ne sert pas à grand-chose de discuter de tigres avec *lui*. Pour qu'il y ait communication significative, il faut que les gens connaissent quelque chose à ce dont ils parlent. ... Toutefois, le niveau minimal de compétence requis dépend pour une large part de la culture et de l'objet. ... Leur communauté linguistique exige des francophones qu'ils sachent distinguer les tigres des léopards, elle n'exige pas d'eux qu'ils sachent distinguer les ormes des hêtres. (Putnam 1975, tr.fr. pp. 77–78)

L'individuation du type de contenu étroit est donc socialement déterminée. C'est la communauté linguistique qui fixe les conventions suivant lesquelles tel ou tel mécanisme de recherche (*i.e.* tel token de contenu étroit) relève ou non de tel ou tel type de contenu étroit. Le mécanisme qui rassemble indistinctement les tigres et les léopards ne sera pas rattaché au type de contenu étroit de « tigre ». Mais le mécanisme qui rassemble indistinctement les hêtres et les ormes sera rattaché aux deux types. C'est donc la communauté linguistique qui détermine les types – en décidant d'identifier les types pour « hêtre » et « orme », mais pas pour « tigre » et « léopard ».

Il faut finalement envisager les types de contenus étroits comme des classes de fonctions de piochage réalisées par des mécanismes de recherche de l'extension, plutôt que comme des fonctions de piochage isolées. Ce qui correspond assez à l'idée que l'on peut disposer de plusieurs mécanismes pour « calculer » l'extension d'un terme. Certaines des fonctions produisent effectivement l'extension, d'autres non ; certaines classes ont entre elles une intersection non vide, d'autres pas. En décidant d'intégrer telle ou telle fonction de piochage dans telle ou telle classe, la communauté linguistique délimite donc les (types de) contenus étroits associés aux termes.

Le caractère extrinsèque du contenu étroit est déjà présent dans la conception fodorienne du contenu comme application. Mais chez Fodor l'externalisme du contenu étroit est uniquement physique : le contenu étroit hérite simplement de l'externalisme du contenu large du fait que ce dernier le détermine complètement. Le cas du contenu étroit comme fonction de piochage est différent : son caractère extrinsèque est un cas d'externalisme social, et il est indépendant de l'externalisme (physique) du contenu large.

Autre différence entre les deux approches : la conception que je propose est une forme d'interprétationnisme appliqué aux types de contenus étroits. Tandis qu'un token (un mécanisme du cerveau) est bien (intrinsèquement) possédé par son porteur, le type de contenu correspondant est attribué par ses interlocuteurs en situation d'interprétation [1]. Ce n'est pas le cas de la conception fodorienne, à nouveau du fait la dépendance du contenu étroit vis-à-vis du contenu large – qui lui n'est pas le fruit d'une interprétation.

On peut résumer la conception présentée ici par la

> **Thèse 3** : Le (type de) contenu étroit d'un terme est une classe de fonctions de piochage qui associent à chaque contexte une approximation socialement acceptable de l'extension du terme. L'individuation d'un type de contenu étroit est sociale et le produit d'une interprétation (elle est donc extrinsèque).

Où en sommes-nous ? À partir d'arguments externalistes connus, et d'idées de Fodor et de Putnam, j'ai défendu dans cette section une conception duelle de la signification. Cette conception suppose d'adjoindre au contenu large (la signification proprement dite, ce qui la constitue), un contenu étroit, qui prend en charge la dimension épistémique du langage (ce que les locuteurs compétents saisissent du contenu large). Dans ma proposition, la notion de contenu étroit est articulée sur deux plans :

1. Le token n'est pas intrinsèquement possédé par son porteur *en tant que token*. C'est le mécanisme du cerveau qui est intrinsèquement possédé par son porteur, mais son caractère de *token* d'un contenu suppose le *type* correspondant, donc une détermination extrinsèque.

— sur un plan « concret », le token de contenu étroit d'une expression linguistique est un ensemble de mécanismes de recherche de l'extension, localisés dans le cerveau ; son individuation est intrinsèque à l'agent ;
— sur un plan plus « abstrait », le type de contenu étroit d'une expression est une classe de fonctions de piochage qui déterminent l'extension de cette expression en fonction du contexte, selon une approximation socialement acceptable ; son individuation est extrinsèque à l'agent.

L'articulation effective entre les deux plans s'opère en situation d'interprétation. Lorsqu'un interprète attribue à Solange la connaissance du fait que son voisin est un opthalmologiste (3.a) en supposant que cette connaissance mobilise celle, linguistique, du prédicat « ophtalmologiste », la composante linguistique consiste en l'attribution d'une classe de fonctions de piochage déterminant approximativement l'extension du prédicat. Cette attribution est une manière de typer certains mécanismes cognitifs concrets possédés (de manière intrinsèque) par Solange. L'attributeur considère ainsi que Solange dipose de mécanismes de recherche qui lui permettent de déterminer avec une approximation socialement acceptable les individus que l'on appelle des ophtalmologistes[1].

Dans ce qui suit, je vais me concentrer sur le plan des fonctions de piochage, avec l'objectif d'en proposer une analyse formelle. Je vais pour cela m'appuyer sur la théorie sémantique des jeux, les fonctions de piochage correspondant aux composantes de stratégies dans des jeux sémantiques. Le clivage entre contenu large et contenu étroit réapparaîtra sous la distinction entre *signification eGTS* et *stéréotype*.

1. Cela signifie que l'attributeur postule qu'elle dispose d'un token de ce contenu (un ensemble de mécanismes). Si demain les technologies d'imagerie cérébrale le permettent, elles permettront de « voir » le token uniquement au sens où l'on *postulera* « voici le contenu étroit » en face d'une configuration particulière du cerveau.

3. Sémantique des jeux (GTS) et version étendue (eGTS)

Cette section est consacrée à la présentation de l'appareillage technique utilisé pour ma conception : les versions standard (3.1) et étendue (3.2) de GTS pour les langages formels du premier ordre, ainsi que la compréhension des fonctions de Skolem comme composants des stratégies gagnantes. Au passage, je présenterai très brièvement la logique IF, dont les idées seront utilisées dans les chapitres suivants [1].

La théorie sémantique des jeux (GTS) fut créée par Hintikka à la fin des années 1950 avec l'intention d'offrir une formalisation des remarques de Wittgenstein sur les jeux de langage. À l'instar d'autres connexions formelles tracées entre logique et théorie des jeux [2], GTS incorpore plusieurs traits philosophiques intéressants à la théorisation sémantique : la dimension dynamique du langage, le langage conçu comme activité, et le langage comme une affaire collective. La théorie sémantique des jeux apporte une perspective spécifique grâce à la notion de *signification stratégique* (*strategic meaning*). Je propose d'utiliser cette notion pour définir la constitution de la signification comme sa dimension épistémique, mobilisée par l'interprétation linguistique. On apportera ainsi des réponses précises à plusieurs des énigmes auxquelles les théories de la signification sont toutes confrontées, particulièrement les énigmes impliquant une dimension épistémique.

Ma proposition s'organise en deux étapes : (1) l'extension des jeux sémantiques aux composants subatomiques des énoncés, et (2) un changement dans nos critères habituels d'individuation des fonctions. L'idée générale peut être résumée comme suit : outre les conditions de vérité d'une phrase, qui sont données par l'existence d'une stratégie gagnante pour le vérificateur initial d'un jeu sémantique (abstrait), on prend en considération les stratégies particulières (implémentées) utilisées par les locuteurs

1. Cette section et la suivante (4) sont une reprise de l'article (Rebuschi 2012*a*).

2. Un rapide tour d'horizon des traditions alliant logique et théorie des jeux est proposé dans un article co-écrit avec Tero Tulenheimo (Rebuschi & Tulenheimo 2004).

(concrets). Lorsqu'elles sont corrélées avec les expressions non logiques d'une langue naturelle, ces stratégies consistent en fonctions qui sélectionnent l'extension des expressions relativement à un contexte donné, exactement comme le contenu étroit de Fodor (1987). Cependant, il n'est pas exigé de ces fonctions qu'elles réalisent des stratégies gagnantes dans tous les contextes. Ce qui est requis est qu'elles offrent une approximation socialement acceptable de l'extension visée. Un locuteur connaissant une expression donnée est donc censé disposer d'un ensemble de telles fonctions associé à cette expression, que nous appellerons son stéréotype, et qui est une réalisation de la notion de contenu étroit développée dans la section 2. Les notions de contenus étroit et large vont ainsi trouver un contenu formel précis dans le cadre théorique de GTS. Cette application de GTS aux langues naturelles sera exposée dans la section suivante (4).

3.1. *Rapide présentation de GTS standard*

La théorie sémantique des jeux est définie pour les langages logiques du premier ordre relativement à des structures de Tarski. Ces deux notions étant bien connues je ne les présente pas mais renvoie le lecteur aux notations présentées dans les annexes, respectivement dans les sections 1.1 et **??**.

Jeux sémantiques. L'idée générale de GTS[1] est d'associer à chaque formule close du premier ordre φ, évaluée relativement à une structure donnée $\mathbf{M} = \langle D, V\rangle$, un jeu sémantique, noté $G(\varphi, \mathbf{M})$, conduit entre deux joueurs abstraits, le vérificateur initial ($\exists$*loise*) et le falsificateur initial ($\forall$*belard*). Les règles des jeux sémantiques sont définies de telle sorte qu'il y a une stratégie gagnante pour $\exists$*loise* si et seulement si la formule est vraie dans $\mathbf{M}$, et symétriquement une stratégie gagnante pour $\forall$*belard* si et seulement si la formule est fausse. Les règles sont définies pour toutes les constantes logiques (et uniquement pour elles) :

(R.At) Si α est un énoncé atomique vrai dans $\mathbf{M}$, alors le vérificateur gagne $G(\alpha, \mathbf{M})$, et le falsificateur perd. Si α est un énoncé atomique faux dans $\mathbf{M}$, les résultats sont inversés.

1. Voir (Hintikka & Sandu 1997) pour une vue d'ensemble. En dehors de quelques notations, je n'ai strictement rien inventé dans l'exposé de cette sous-section.

(R.$\vee$) Dans le jeu $G(\varphi_1 \vee \varphi_2, \mathbf{M})$ le vérificateur choisit un indice $i \in \{1,2\}$. La suite du jeu est comme $G(\varphi_i, \mathbf{M})$.
(R.$\wedge$) Dans le jeu $G(\varphi_1 \wedge \varphi_2, \mathbf{M})$ le falsificateur choisit un indice $i \in \{1,2\}$. La suite du jeu est comme $G(\varphi_i, \mathbf{M})$.
(R.$\exists$) Le jeu $G(\exists x\ \varphi(x), \mathbf{M})$ débute avec le choix par le vérificateur d'un objet du domaine $d \in D$, et d'un nouveau nom $\mathbf{c}$ pour le désigner ; la suite du jeu est comme $G(\varphi(\mathbf{c}), \mathbf{M})$.
(R.$\forall$) Le jeu $G(\forall x\ \varphi(x), \mathbf{M})$ est similaire au précédent, sauf que les choix sont effectués par le falsificateur.
(R.$\neg$) Le jeu $G(\neg\varphi, \mathbf{M})$ est comme $G(\varphi, \mathbf{M})$, sauf que les rôles des deux joueurs (tels qu'ils sont définis par les règles) sont inversés.

Avec de telles règles, on peut définir la vérité et la fausseté selon GTS :

$\mathbf{M} \vDash^{+}_{\mathsf{GTS}} \varphi$ (φ est GTS-vraie dans $\mathbf{M}$) ssi il y a une stratégie gagnante pour le vérificateur initial ($\exists$*loise*) dans $G(\varphi, \mathbf{M})$.
$\mathbf{M} \vDash^{-}_{\mathsf{GTS}} \varphi$ (φ est GTS-fausse dans $\mathbf{M}$) ssi il y a une stratégie gagnante pour le falsificateur initial ($\forall$*belard*) dans $G(\varphi, \mathbf{M})$.

Exemple. Considérons une structure de Tarski $\mathbf{M} = \langle D, V \rangle$, dont le domaine contient deux éléments, $D = \{\alpha, \beta\}$. Pour l'évaluation de la formule suivante :

(6) $\varphi_1 = \forall x \exists y\ \neg(x = y)$

on procède à un jeu dont le déroulement d'une partie serait celui-ci :

> La constante logique principale étant le quantificateur universel, c'est $\forall$*belard*, le falsificateur initial, qui doit jouer : $\forall$*belard* choisit une valeur pour x, disons α, et un nom pour la dénoter, $\mathbf{a}$. Le jeu continue comme $G(\exists y\ \neg(\mathbf{a} = y), \mathbf{M})$.
>
> On s'occupe maintenant du quantificateur existentiel : $\exists$*loise* choisit une valeur pour y, β, et un nom pour la dénoter, $\mathbf{b}$. Le jeu continue comme $G(\neg(\mathbf{a} = \mathbf{b}), \mathbf{M})$.
>
> Pour la négation, les deux joueurs inversent leurs rôles : $\forall$*belard* devient le vérificateur et $\exists$*loise* le falsificateur. Le jeu continue comme $G((\mathbf{a} = \mathbf{b}), \mathbf{M})$.
>
> On a cette fois atteint une formule atomique, $\mathbf{a} = \mathbf{b}$. La formule est fausse dans $\mathbf{M}$, donc le falsificateur courant, $\exists$*loise* (qui est le vérificateur initial), gagne cette partie.

Comme $\exists$*loise* pourrait gagner de façon analogue l'autre partie possible (qui débuterait par le choix de β par $\forall$*belard*), elle dispose d'une stratégie gagnante pour $G(\varphi_1, \mathbf{M})$. Donc $\mathbf{M} \vDash^{+}_{\mathsf{GTS}} \varphi_1$.

Skolémisation. L'assertion des conditions de vérité GTS pour un énoncé, *i.e.* de l'existence d'une stratégie gagnante pour $\exists$*loise* dans le jeu associé, est exprimable dans le fragment Σ_1^1 de la logique du second-ordre. Chaque stratégie peut être représentée par une suite finie de fonctions de Skolem correspondant aux coups joués par le vérificateur (règles (R.$\exists$) et (R.$\vee$)) relativement à ceux joués par le falsificateur. Cela donnera par exemple :

(7) $\mathbf{M} \vDash^{+}_{\mathrm{GTS}} \forall x \exists y \, R(x,y) \Longleftrightarrow \mathbf{M} \vDash \exists f \forall x \, R(x, f(x))$

(8) $\mathbf{M} \vDash^{+}_{\mathrm{GTS}} \forall x \, (\varphi_1 \vee \varphi_2)$
$\Longleftrightarrow \mathbf{M} \vDash \exists f \forall x \, ((f(x) = 0 \wedge \varphi_1) \vee (f(x) \neq 0 \wedge \varphi_2))$

(Dans le second exemple on suppose que le modèle contient au moins deux éléments, et que l'un d'entre eux est dénoté par '0'.)

La skolémisation est en fait une transformation bien connue des formules du premier ordre. Dans une formule en forme normale prénexe φ, on remplace chaque quantificateur existentiel $\exists x_i$ par un symbole de fonction (inédit) $\mathbf{f}_i$ dont les variables sont celles de φ qui sont liées par les quantificateurs universels dans la portée desquels $\exists x_i$ se trouve. Le symbole $\mathbf{f}_i$ dénote une *fonction de Skolem* ; il permet d'expliciter la dépendance sémantique du quantificateur existentiel vis-à-vis de certains quantificateurs universels. À la suite de Hintikka, on peut étendre l'introduction de symboles de fonctions aux disjonctions (pour les modèles contenant au moins deux éléments). Dans ce qui suit, $\mathbf{Sk}[\varphi]$ sera employé pour dénoter une formule résultant de φ après ce type de transformation[1] :

(9) $\mathbf{Sk}[\forall x \exists y \, R(x,y)] = \forall x \, R(x, \mathbf{f}(x))$

(10) $\mathbf{Sk}[\forall x \exists y \forall z \exists u \, \varphi(x,y,z,u)] = \forall x \forall z \, \varphi[x, \mathbf{f}_1(x), z, \mathbf{f}_2(x,z)]$

(11) $\mathbf{Sk}[\forall x \, (\varphi_1 \vee \varphi_2)] = \forall x \, ((\mathbf{f}(x) = 0 \wedge \varphi_1) \vee (\mathbf{f}(x) \neq 0 \wedge \varphi_2))$

Une *forme de Skolem du second-ordre* d'une formule donnée φ, que l'on symbolisera par $\mathbf{2Sk}[\varphi]$, est obtenue à partir d'une forme de Skolem (du premier ordre) de φ dans laquelle chaque symbole de fonction de Skolem a été remplacé par une variable de fonction existentiellement quantifiée. Ainsi, pour reprendre le cas de l'exemple (9), on obtient la forme de Skolem du second-ordre suivante :

1. En débutant avec une formule donnée du premier ordre il n'y a généralement pas d'unicité du résultat puisque plusieurs formes normales prénexes sont parfois disponibles. C'est le cas avec $\exists x Ax \rightarrow \exists y By$ qui conduit à deux formes normales prénexes, $\forall x \exists y (Ax \rightarrow By)$ and $\exists y \forall x (Ax \rightarrow By)$, et ainsi à deux skolémisations distinctes : respectivement $\forall x (\neg Ax \vee B\mathbf{f}(x))$ et $\forall x (\neg Ax \vee B\mathbf{a})$, où $\mathbf{a}$ est un symbole de (fonction) constante.

(12) $\mathbf{2Sk}[\forall x \exists y R(x, y)] = \exists f \forall x R(x, f(x))$

En supposant l'axiome du choix et la sémantique standard ("*full*") de la logique du second-ordre, les formules φ et $\mathbf{Sk}[\varphi]$ sont équisatisfaisables, et φ et $\mathbf{2Sk}[\varphi]$ sont équivalentes.

Conditions de vérité. En supposant l'axiome du choix et la sémantique standard de la logique du second-ordre, la définition de la vérité GTS dans un modèle est équivalente à la définition standard :

(13) $\mathbf{M} \vDash^{+}_{\mathsf{GTS}} \varphi \Longleftrightarrow \mathbf{M} \vDash \varphi.$

Cette équivalence entre GTS et la sémantique à la Tarski conduit au fait inévitable que pour tout énoncé du premier ordre, il y a toujours une stratégie gagnante pour l'un des deux joueurs : la bivalence de la logique du premier ordre correspond au fait que les jeux sémantiques classiques sont déterminés. On aura l'occasion de le voir plus loin (avec l'exemple p. 64) que cette propriété est mise en cause par l'extension IF de la logique du premier ordre.

GTS offre une interprétation intuitive de la skolémisation : les fonctions de Skolem représentées dans $\mathbf{Sk}[\varphi]$ sont conçues selon GTS comme les composantes des stratégies gagnantes d'$\exists$*loise* pour le jeu $G(\varphi, \mathbf{M})$. Par exemple, dans le modèle $\mathbf{M} = \langle D, V \rangle$, où le domaine $D = \mathbb{N}$ et où le symbole « $<$ » a son interprétation habituelle, la formule $\varphi = \forall x \exists y (x < y)$ est évidemment vraie. Elle admet une forme de Skolem, $\mathbf{Sk}[\varphi] = \forall x \ (x < \mathbf{f}(x))$, où le symbole de fonction nouvellement introduit $\mathbf{f}$ peut recevoir plusieurs valeurs, chacune d'elles correspondant à une stratégie gagnante disponible pour $\exists$*loise* : $\mathbf{f}_1(x) = x + 1$, $\mathbf{f}_2(x) = 2x + 1$, etc. Les conditions de vérité GTS de φ sont données par $\mathbf{2Sk}[\varphi] = \exists f \forall x \ (x < f(x))$.

La logique IF. Comme je l'ai indiqué plus haut (dans l'Introduction, section 2), on peut présenter l'idée générale de la logique IF à partir de GTS par l'introduction d'information imparfaite dans les jeux sémantiques usuels : on envisage des jeux où le vérificateur n'a pas accès à certains choix préalablement opérés par le falsificateur. Un autre point de vue pour atteindre la logique IF consiste à introduire des restrictions sur les arguments des fonctions de Skolem obtenues par la skolémisation de formules du premier ordre standard. Dans les deux cas, information imparfaite dans les jeux sémantiques ou modification des fonctions de Skolem, les formules obtenues ne peuvent en général pas être traduites en logique du premier ordre standard.

Voici un exemple de formule IF obtenue à partir d'une formule du premier ordre standard et de sa forme de Skolem :

(14) $\varphi = \forall x \exists y \forall z \exists u\, R[x, y, z, u]$

(15) $\mathbf{Sk}[\varphi] = \forall x \forall z\, R[x, \mathbf{f}(x), z, \mathbf{g}(x, z)]$

Les arguments de la seconde fonction de Skolem peuvent être restreints à la seule variable z :

(16) $\mathbf{Sk}[\varphi]^{\star} = \forall x \forall z\, R[x, \mathbf{f}(x), z, \mathbf{g}'(z)]$

ce qui signifie que dans le jeu d'évaluation correspondant – puisque les fonctions de Skolem encodent des stratégies gagnantes pour $\exists$*loise* – le choix d'une valeur pour u sera dorénavant fait indépendamment de la valeur choisie pour x. Cette indépendance informationnelle peut être signalée dans la syntaxe par des quantificateurs branchants (aussi connus sous l'appellation de quantificateurs de Henkin), comme avec la formule suivante :

(17) $$\begin{array}{l} \forall x \exists y \searrow \\ \qquad\qquad R(x, y, z, u) \\ \forall z \exists u \nearrow \end{array}$$

Pour exprimer l'indépendance informationnelle, Hintikka et Sandu introduisent le symbole *slash* (barre oblique) au niveau du quantificateur. On obtient ainsi une formule IF équivalente à la précédente (et non exprimable dans le premier ordre standard) :

(18) $\psi = \forall x \exists y \forall z (\exists u / \forall x)\, \mathrm{R}[x, y, z, u]$

Avec ces quantificateurs indépendants et des indépendances similaires des disjonctions à l'égard des quantificateurs universels, on atteint donc l'extension IF de la logique du premier ordre. En faisant le chemin inverse des formules IF aux formes de Skolem, ce que l'on pourrait qualifier de « formes de Skolem restreintes » d'une formule du premier ordre fournit les formes de Skolem des formules IF résultantes – dans mon exemple, $\mathbf{Sk}[\varphi]^{\star} = \mathbf{Sk}[\psi]$.

En effet la logique IF ne requiert pas de nouvelle théorie sémantique[1] : GTS s'étend naturellement aux formules IF, qui

1. C'est du moins vrai tant que l'on n'exige pas de notre théorie sémantique qu'elle soit compositionnelle. Si ce requisit est imposé, on ne peut pas employer GTS (qui ne l'est pas) mais on ne peut pas non plus utiliser la sémantique tarskienne. Il faut alors envisager une sémantique plus complexe, comme la *trump semantics* de Hodges (1997).

supposent simplement des jeux à information imparfaite, et $\mathbf{2Sk}[\varphi]$ exprime les conditions de vérité de n'importe quelle formule IF φ exactement comme pour les formules du premier ordre. Ce qui est en revanche nouveau, c'est que du fait de son appartenance au fragment Σ_1^1, la forme de Skolem du second-ordre $\mathbf{2Sk}[\varphi]$ pourra être traduite en une formule IF qui sera la formule d'origine, à savoir φ elle-même. Nous pouvons introduire une nouvelle notation pour la traduction en logique IF d'une skolémisation (du second-ordre) $\mathbf{2Sk}[\varphi]$ d'une formule du premier ordre standard ou IF φ : $_{\text{IF}}\mathbf{Sk}[\varphi]$. Ainsi, pour toute formule IF φ qui n'est pas équivalente à une formule du premier ordre standard, nous obtenons : $_{\text{IF}}\mathbf{Sk}[\varphi] = \varphi$. La logique IF permet donc d'exprimer directement les conditions de vérité de ses propres formules, mais l'apparente trivialité du résultat statique (l'identité entre une formule et l'expression de ses conditions de vérité) ne doit pas occulter la richesse du processus qui y conduit [1].

Exemple. On peut prendre un exemple proche de celui de la formule (6) p. 60. Ainsi, le jeu pour :

(19) $\quad \varphi_2 = \forall x(\exists y_{/\forall x})\,\neg(x = y)$

relativement à la structure à deux éléments $\mathbf{M} = \langle D, V\rangle$, avec $D = \{\alpha, \beta\}$, donnerait lieu à cette partie modifiée :

> $\forall$*belard* choisit une valeur pour x, disons α, et un nom pour la dénoter, **a**. Le jeu continue comme $G((\exists y_{/\forall x})\neg(x = y)|_{x:=\mathbf{a}}, \mathbf{M})$ [2]. C'est au tour d'$\exists$*loise* de choisir une valeur pour y, *sans savoir quelle est la valeur pour* x. Supposons qu'elle choisisse β, et le nom **b** pour la dénoter. Le jeu continue comme $G(\neg(x = y)|_{x:=\mathbf{a},\ y:=\mathbf{b}}, \mathbf{M})$, soit $G(\neg(\mathbf{a} = \mathbf{b}), \mathbf{M})$. La partie se termine comme celle pour (6), et $\exists$*loise* gagne.

Mais on ne peut pas conclure que la formule est GTS-vraie : $\exists$*loise* a gagné par hasard. La partie aurait pu bifurquer au choix de la valeur pour y :

1. La possibilité d'exprimer la vérité d'un langage IF en son propre sein n'est pas sans limites. J'ai discuté ailleurs des mérites et limites de la conception de la vérité selon Hintikka (Rebuschi 2010). Pour une présentation générale et récente de la logique IF, voir (Mann *et al.* 2011). Sur ses implications philosophiques, se reporter à (Hintikka 1996*b*).

2. La notation $\varphi|_{x:=\mathbf{a}}$ désigne la formule obtenue à partir de φ en substituant **a** à toutes les occurrences libres de x. L'intérêt de cette notation apparaît immédiatement dans la continuation du jeu.

$\forall$*belard* choisit une valeur pour x, disons α, et un nom pour la dénoter, $\mathbf{a}$. Le jeu continue comme $G((\exists y_{/\forall x})\neg(x = y)|_{x:=\mathbf{a}}, \mathbf{M})$.

Sans savoir quelle est la valeur pour x, $\exists$*loise* choisit α comme valeur pour y. Le jeu continue comme $G(\neg(\mathbf{a} = \mathbf{a}), \mathbf{M})$.

Les deux joueurs inversent leurs rôles : $\forall$*belard* devient le vérificateur et $\exists$*loise* le falsificateur. Le jeu continue comme $G((\mathbf{a} = \mathbf{a}), \mathbf{M})$.

La formule atomique $\mathbf{a} = \mathbf{a}$ est vraie dans $\mathbf{M}$, donc le vérificateur courant, $\forall$*belard*, gagne cette partie.

Sur cet exemple, on voit aisément qu'aucun des deux joueurs ne dispose d'une stratégie gagnante : $\mathbf{M} \nvDash^{+}_{\mathsf{GTS}} \varphi_2$ et $\mathbf{M} \nvDash^{-}_{\mathsf{GTS}} \varphi_2$, *i.e.* la formule n'est ni vraie ni fausse.

3.2. *Extension de GTS aux constantes non logiques*

Dans la version habituelle de GTS, les fonctions de Skolem remplacent les quantificateurs existentiels et les disjonctions. D'un point de vue métasémantique, elles correspondent à ce qui est pris en charge par l'assignation dans la sémantique à la Tarski. Je propose d'étendre ce rôle des fonctions de Skolem à ce qui est géré par la *fonction de valuation* V d'une structure modèle-théorétique $\mathbf{M} = \langle D, V \rangle$. Pour le dire autrement, tandis que les règles du jeu de GTS sont associées avec les constantes logiques, GTS étendue (que l'on désignera par eGTS dans la suite) associe de nouvelles règles au vocabulaire non logique [1]. La notion de jeu sémantique se trouve ainsi étendue aux énoncés atomiques.

Jeux atomiques. Dans la sémantique des jeux étendues, eGTS, chaque énoncé φ évalué relativement à une structure $\mathbf{M}$ est associé à un jeu, $eG(\varphi, \mathbf{M})$. Ce nouveau jeu est identique au jeu $G(\varphi, \mathbf{M})$ joué suivant les règles standard de GTS tant qu'il est un *jeu moléculaire*, *i.e.* tant que φ est une formule complexe. Si φ est une formulé atomique on atteint un *jeu atomique*. La règle originale pour les

1. Une telle extension a de fait été suggérée par Hintikka lui-même, *cf.* (Hintikka 2003, p. 51). Pourtant, cette suggestion est essentiellement liée à des applications en logique épistémique et aucune version étendue de GTS n'a effectivement été proposée. Hintikka & Kulas (1985) argumentaient déjà que des règles du jeu devraient être associées au constantes individuelles des langues naturelles.

énoncés atomiques (R.At) doit alors être remplacée par quatre nouvelles règles (voir l'annexe 3.2.)

Tout d'abord, si $\exists$*loise* est le vérificateur courant et que l'énoncé atomique est faux, ou si elle est le falsificateur courant et que l'énoncé est vrai, alors $\forall$*belard* gagne la partie et $\exists$*loise* perd. Si cela n'est pas le cas, alors $\forall$*belard* choisit une des constantes non logiques de l'énoncé : une constante individuelle a_i, un symbole de fonction f_j ou un symbole de relation R_k, et le jeu continue avec la constante choisie[1]. Si $\forall$*belard* choisit une constante individuelle a_i, $\exists$*loise* doit sélectionner un objet du domaine ; si elle a choisi la bonne valeur, *i.e.* l'extension même de a_i, alors elle gagne la partie et $\forall$*belard* perd. Si $\forall$*belard* choisit un symbole de fonction n-aire f_j, il doit en outre choisir un n-uplet d'objets du domaine et $\exists$*loise* doit choisir un objet du domaine : si ce dernier est identique à la valeur de f_j pour le n-uplet donné, alors $\exists$*loise* gagne et $\forall$*belard* perd. Si $\forall$*belard* choisit un symbole de relation n-aire R_k, il doit en outre sélectionner un n-uplet d'objets du domaine et $\exists$*loise* doit vérifier si R_k s'applique à ce n-uplet ; si elle y parvient avec succès, *i.e.* si elle répond `oui` quand R_k s'applique au n-uplet et `non` sinon, alors elle gagne la partie et $\forall$*belard* perd.

Dans eGTS, nous avons ainsi de nouvelles définitions de la vérité et de la fausseté relatives à une structure $\mathbf{M} = \langle D, V \rangle$:

$\mathbf{M} \vDash^{+}_{\mathsf{eGTS}} \varphi$ (φ est eGTS-vraie dans $\mathbf{M}$) ssi il y a une stratégie gagnante pour le vérificateur initial ($\exists$*loise*) dans $eG(\varphi, \mathbf{M})$ joué suivant les règles eGTS.

$\mathbf{M} \vDash^{-}_{\mathsf{eGTS}} \varphi$ (φ est eGTS-fausse dans $\mathbf{M}$) ssi il y a une stratégie gagnante pour le falsificateur initial ($\forall$*belard*) dans $eG(\varphi, \mathbf{M})$ joué suivant les règles eGTS.

Il est remarquable que les règles eGTS ont été construites de telle sorte que seuls des objets individuels sont manipulés par les joueurs, *i.e.* aucune entité d'ordre supérieur n'est impliquée.

1. Si on a atteint un jeu atomique cela implique qu'il n'y a plus de variable résiduelle dans la formule : comme les jeux eGTS sont joués exclusivement pour des énoncés (formules closes), chaque variable est liée et se trouve remplacée par une nouvelle constante pendant le jeu moléculaire. On pourrait bien sûr définir GTS pour les formules ouvertes avec une légère complication – des jeux relatifs à une formule, un modèle et une assignation. Ce n'est cependant pas nécessaire ici.

Extension de la skolémisation aux constantes non logiques. On peut définir très directement une version étendue de la skolémisation qui corresponde à eGTS : ce ne sont plus seulement les variables existentiellement quantifiées et les disjonctions, mais dorénavant également les constantes individuelles a_i de même que les symboles de relation R_j qui doivent être remplacées par des symboles de fonction (pour simplifier la présentation, je ne vais plus considérer de symboles de fonction dans le langage objet initial). Dans ce qui suit on va examiner un exemple simple – une définition précise est donnée en annexe. Rappelons ce que sont les formes de Skolem de premier et de second-ordre, $\mathbf{Sk}[\varphi]$ and $\mathbf{2Sk}[\varphi]$:

(20) $\varphi = \forall x \exists y\, R_4(x, y, a_2)$

(21) $\mathbf{Sk}[\varphi] = \forall x\, R_4(x, \mathbf{f}(x), a_2)$

(22) $\mathbf{2Sk}[\varphi] = \exists f \forall x\, R_4(x, f(x), a_2)$

Introduisons maintenant quelques notations supplémentaires. Dans $\mathbf{eSk}[\varphi]$ (23) les constantes non logiques sont remplacées par des symboles de fonction : l'une correspond à une fonction de choix $\mathbf{g}$ pour la constante individuelle a_2, et l'autre, $\mathbf{h}$, à la fonction indicatrice[1] de la relation R_4 ; comme nous voulons que $\mathbf{eSk}[\varphi]$ soit équivalente à $\mathbf{Sk}[\varphi]$, les symboles nouvellement introduits sont rendus égaux à leur valeurs attendues[2] :

(23) $\mathbf{eSk}[\varphi] = \forall x\, [\mathbf{h}(x, \mathbf{f}(x), \mathbf{g}) = 1] \wedge [\mathbf{g} = a_2] \wedge [\mathbf{h} = \mathbf{1}_{R_4}]$

Ensuite dans $\mathbf{2eSk}[\varphi]$ les nouveaux symboles de fonction sont existentiellement quantifiés :

(24) $\mathbf{2eSk}[\varphi] = \exists g\, \exists h\, \exists f\, [\forall x\, [h(x, f(x), g) = 1] \wedge [g = a_2] \wedge [h = \mathbf{1}_{R_4}]]$

1. Ici encore, on doit supposer que le domaine contient au mons deux éléments, l'un étant dénoté par 1. Utiliser des symboles de relations et des variables de prédicats en lieu et place des fonctions indicatrices et des symboles de fonctions aurait conduit à des formes de Skolem plus lisibles. L'usage unifome des fonctions (du type de fonctions de Skolem) au niveau métalinguistiques est cependant compatible avec le fait que les jeux sémantiques ne manipulent aucune entité d'ordre supérieur. La formulation retenue ici est ontologiquement plus économe. Incidemment, ce traitement uniforme nous permettrait de traduire les formules résultantes, qui relèvent du fragment Σ_1^1, en logique IF du premier ordre.

2. Les deux espèces de fonctions sont liées aux *fonctions de choix* au sens strict : chaque fonction de constante individuelle $\mathbf{g}_{a_i}$ pourrait être définie relativement à un domaine D de telle sorte que $\mathbf{g}_{a_i}(D) \in D$; chaque fonction indicatrice pour une relation $\mathbf{h}_{R_j}$ détermine complètement un fonction $\mathbf{h}'_{R_j}$ telle que $\mathbf{h}'_{R_j}(D^n) \in D^n$.

En supposant la sémantique standard pour la logique du second-ordre, toute formule du premier ordre

(25) $\varphi = \Phi(R_1, \ldots, R_k, a_1, \ldots, a_l, x_1, \ldots, x_m)$

est équivalente à la forme de Skolem $\mathbf{2eSk}[\varphi]$ [1].

Conditions de vérité. A première vue les nouvelles règles du jeu n'apportent pas de coups intéressants aux parties puisqu'elles disent qu'une partie doit se terminer de la même manière que ce qui était indiqué dans la règle originale (R.At) : le vérificateur gagne si l'atome est vrai, tandis que le falsificateur gagner s'il est faux. Et en fait, l'équivalence suivante est trivialement déduite des définitions de la vérité :

(26) $\mathbf{M} \vDash^{+}_{\mathsf{eGTS}} \varphi \Longleftrightarrow \mathbf{M} \vDash^{+}_{\mathsf{GTS}} \varphi.$

Toutefois, les bénéfices spécifiques de GTS n'étaient eux non plus pas évidents une fois connue son équivalence avec les théories sémantiques à la Tarski. En ce qui concerne eGTS, des différences pertinentes vont apparaître au niveau du pouvoir du vérificateur initial, puisque la maîtrise d'une stratégie gagnante est devenue ici une tâche plus complexe que ce qui était exigé en GTS standard. L'idée sous-jacente aux jeux atomiques est celle d'un requisit supplémentaires pour $\exists$*loise* : elle doit être capable de déteminer la valeur sémantique des expressions contenues dans les assertions qu'elle défend. Cela est clairement rendu si nous cherchons à décrire ses stratégies gagnantes :

> Une stratégie gagnante pour $\exists$*loise* dans un jeu GTS (inétendu) $G(\varphi)$ est une panoplie de fonctions de Skolem, chacune reliée à chacun des choix qu'elle doit faire dans le jeu $\overline{\mathbf{f}_\varphi} = \langle \mathbf{f}^1_\varphi, \mathbf{f}^2_\varphi, \ldots \mathbf{f}^n_\varphi \rangle$; de façon correspondante, une stratégie gagnante pour $\exists$*loise* dans le jeu eGTS $eG(\varphi)$ est une panoplie $\overline{e\mathbf{f}_\varphi} = \langle \mathbf{f}^1_\varphi, \mathbf{f}^2_\varphi, \ldots \mathbf{f}^n_\varphi, [\mathbf{f}_{\mathtt{atom}}] \rangle$ où $[\mathbf{f}_{\mathtt{atom}}]$ est l'ensemble des fonctions de Skolem corrélées avec les constantes individuelles et symboles de relation apparaissant dans φ : $[\mathbf{f}_{\mathtt{atom}}] = \{\mathbf{g}_{a_1}, \ldots, \mathbf{g}_{a_k}, \mathbf{h}_{R_1}, \ldots, \mathbf{h}_{R_l}\}$.

Si l'on considère la formule φ de l'exemple (22), ses conditions de vérité eGTS sont données par (24) tandis que les stratégies gagnantes pour $\exists$*loise* sont fournies par chaque interprétation des variables de fonction **f**, **g** et **h** dans (23). Bien entendu, tant que les joueurs des jeux sémantiques sont des agents idéaux, infinitaires

1. Pour plus de details, *cf.* (Rebuschi 2012*a*, pp. 180–181).

et omniscients, ces exigences nouvelles ne peuvent pas enclencher d'issue fatale : la contrainte extensionnelle exercée sur chacune des fonctions de $[\mathbf{f}_{\mathtt{atom}}]$ est que leurs valeurs coïncident avec celles de la fonction d'interprétaiton I de la structure. Plus précisément, chaque fonction $\mathbf{h}_{R_i} \in [\mathbf{f}_{\mathtt{atom}}]$ doit être extensionnellement équivalente à $\mathbf{1}_{R_i}$, si bien que $\mathbf{h}_{R_i}$ est entièrement déterminée par $I|_{\{R_i\}}$; et de manière similaire, chaque fonction (constante) $\mathbf{g}_{a_j} \in [\mathbf{f}_{\mathtt{atom}}]$ doit être complètement déterminée par $I|_{\{a_j\}}$. La réunion des éléments de $[\mathbf{f}_{\mathtt{atom}}]$ donne ainsi exactement les mêmes valeurs que la restriction de la fonction de valuation V aux constantes non logiques impliquées dans φ.

L'apport particulier des fonctions de Skolem sera alors d'offrir un nouveau point de vue sur l'interprétation d'un langage. Tandis que I est une fonction statique, fixée une fois pour toutes, les fonctions de Skolem de $[\mathbf{f}_{\mathtt{atom}}]$ sont supposées encoder les moyens utilisés par le vérificateur initial pour trouver la valeur sémantique des constantes du langage. La contribution spécifique de eGTS appaîtra ainsi clairement quand on introduira des restrictions sur les pouvoirs des agents. La situation est analogue à celle de GTS (inétendue), qui offre un apport authentique quand l'information imparfaite entre en jeu [1].

4. Applications philosophiques

Dans cette section les idées de eGTS sont appliquées à la philosophie du langage. On définit deux types de contenus : la signification-eGTS (contenu large), comme ensemble de stratégies gagnantes implémentées, et le stéréotype-eGTS (contenu étroit),

1. Il s'agit de la logique IF. Jackson (1988) propose une autre extension de GTS aux formules atomiques dans le contexte de la gestion de bases de connaissances (*knowledge-base management*) : de nouvelles règles du jeu sont introduites pour vérifier si un atome donné est une conséquence déductive de la base de connaissances considérée. La théorie s'écarte de la base modèle-théorétique et admet des formules indéterminées. On peut voir cette contribution comme une implémentation de joueurs non omniscients, où la connaissance du vérificateur initial est restreinte au contenu de la base de connaissances. Pour une application linguistique, voir (Clark 2012) qui propose des jeux lexicaux pour fixer l'interprétation des expressions ambiguës.

comme ensemble de stratégies (pas toujours gagnantes) également implémentées. On utilise ces notions théoriques pour les appliquer à l'analyse linguistique ainsi qu'à quelques énigmes philosophiques.

4.1. *Signification-eGTS et stéréotype-eGTS*

Le recours aux stratégies pour affiner notre notion de signification. Il a été suggéré par van Benthem (2006) d'employer la sémantique des jeux pour définir une notion fine de signification. En effet, deux énoncés logiquement équivalents de logique du premier ordre peuvent diverger dans leur structure syntaxique de telle sorte que les jeux d'évaluation correspondant vont exiger des stratégies totalement dissemblables. Il serait ainsi possible de définir la signification d'une phrase φ non seulement comme l'ensemble des mondes possibles où φ est vraie, mais comme l'ensemble des couples $\langle \mathbf{M}, ws \rangle$ tels quel $\mathbf{M}$ est un monde possible où φ est vraie, et ws l'ensemble des stratégies gagnantes pour $\exists$*loise* dans $G(\varphi, \mathbf{M})$.

Cependant, même si cela semble une bonne idée pour les constantes logiques et GTS inétendue, la situation est différente avec les constantes non logiques et les jeux atomiques eGTS : maintenant, chaque composant des stratégies gagnantes est censé coïncider avec la fonction de valuation. Alors si deux prédicats (ou constantes individuelles) sont coextensifs dans chaque monde possible, ajouter les stratégies gagnantes eGTS qui leur sont corrélées ne peut pas ajouter d'information supplémentaire susceptible de les distinguer. On ne peut donc espérer aucun affinement immédiat de la signification à partir de ces stratégies.

Comment individuer les fonctions de Skolem ? Nous avons besoin d'une caractérisation intensionnelle des fonctions. C'est le premier défi que doit relever eGTS si elle veut éviter de se réduire à GTS en version standard. Deux fonctions coextensives seront considérées comme distinctes à partir du moment où elles seront associées à des processus distincts pour déterminer leurs valeurs. Bien sûr, les conditions d'identité des processus méritent d'être définis [1], mais ce qui est requis ici c'est uniquement la *possibilité* d'une caractérisation intensionnelle des fonctions basée sur l'idée de processus, quelle qu'elle soit.

1. Et ce n'est pas tâche facile, *cf.* p.ex. (Blass *et al.* 2009).

Cette idée est proche de la conception de Moschovakis (1994) du *sens* frégéen comme un algorithme, une idée qui a aussi été élaborée par Muskens (2005). Ce qui est spécifique dans mon approche, c'est la nature des fonctions concernées, qui en l'occurrence sont les composantes de stratégies gagnantes dans des jeux. Cependant rien ne nous oblige à adhérer à la vision des algorithmes ou des programmes. Les fonctions de Skolem sont ce qui est supposé être au moins partiellement maîtrisée par les locuteurs compétents, et elles peuvent être réalisées par des dispositifs totalement disparates. Je vais m'intéresser ici aux *fonctions de Skolem implémentées* en général, même si je parlerai parfois de façon informelle en termes d'*algorithmes*.

Notre description des fonctions de Skolem doit être *intensionnelle* en un sens distinct de l'interprétation habituelle en terme de mondes possibles. À la suite de Muskens (2007), on peut définir des modèles intensionnels pour des langages typés sans recourir aux mondes possibles : l'idée est d'assouplir la contrainte d'extensionnalité en autorisant que la fonction de valuation V d'un modèle $\mathbf{M} = \langle D, V\rangle$ (qui projette les symboles de fonctions et de relations sur des n-uplets d'objets) soit *non injective* : deux symboles de fonctions authentiquement distinctes $\mathbf{f}_1$ et $\mathbf{f}_2$ peuvent ainsi avoir la même interprétation objectuelle, *i.e.* être projetés sur le même n-uplet d'objets. Le cadre général de Muskens serait ainsi utile si nous devions formaliser un métalangage permettant une manipulation fine les stratégies. Cela va cependant au-delà de la portée de la présente discussion, car mon propos ici est seulement de donner du sens à l'usage des fonctions de Skolem pour eGTS.

Introduisons un nouveau symbole pour l'identité extensionnelle – $f \equiv g$ pour $\forall\vec{x} f(\vec{x}) = g(\vec{x})$ – et conservons le symbole d'identité habituel pour l'identité intensionnelle entre fonctions, *i.e.* pour l'identité entre fonctions implémentées. Les conditions de vérité d'un énoncé φ seront maintenant exprimées par une formule obtenue à partir de $\mathbf{2eSk}[\varphi]$ après une changement dans les énoncés d'identité en énoncés de coextensivité, pour les fonctions de Skolem corrélées aux constantes ($[g_i \equiv a_i]$) comme pour celles corrélérées aux relations ($[h_i \equiv \mathbf{1}_{R_i}]$). Cette exigence est donc plus faible que celle de l'identité entre fonctions implémentées.

Signification-eGTS. Pourquoi ne pas simplement reprendre la théorie de Muskens et nous débarrasser des jeux atomiques?

Parce que nous perdrions alors le cadre théorique unificateur des jeux sémantiques et des fonctions de Skolem. Plusieurs théories sémantiques pour les langues naturelles emploient des fonctions de choix et des fonctions de Skolem pour rendre compte des pronoms indéfinis ou anaphoriques (Reinhart 1997; Winter 2004). Schlenker (2006) et Clark (2007) offrent même des connexions explicites entre les fonctions de choix ou de Skolem utilisées en sémantique pour les langues naturelles, et les jeux sémantiques de GTS. En fait, l'idée même a déjà été développée par Hintikka avec les quantificateurs branchants. La proposition donc est ici d'étendre l'usage des fonctions de Skolem – et des jeux GTS corrélés – au vocabulaire, c'est-à-dire aux noms et prédicats des langues naturelles. Cela offre une interprétation naturelle des fonctions intensionnellement caractérisées de Muskens, corrélées aux noms et prédicats, comme des stratégies ou des fonctions de Skolem implémentées.

Comme en général une expression linguistique E est corrélée à de nombreuses fonctions implémentées (co-extensionnelles), je vais dénoter par $||E||$ l'ensemble des fonctions de Skolem implémentées associées à E, et je l'appellerai la *signification eGTS* de E. Par exemple, s'il y a deux algorithmes (*i.e.* deux types de mécanismes ou de dispositifs concrets) pour identifier les chiens, alors les fonctions correspondantes $\mathbf{h}_1$ et $\mathbf{h}_2$ seront des éléments de ||`Chien`|| ; ces deux fonctions sont extensionnellement équivalentes ($\mathbf{h}_1 \equiv \mathbf{h}_2$), mais intensionnellement distinctes ($\mathbf{h}_1 \neq \mathbf{h}_2$). On a donc affaire à trois niveaux : celui des fonctions abstraites ou en extension, celui des fonctions implémentées ou algorithmes, enfin celui des mécanismes qui réalisent physiquement les fonctions. Le concept de signification eGTS ainsi défini est relatif à un modèle, et il sera utilisé par défaut comme implicitement relatif au monde actuel.

« Signification stratégique ». Comme cela a été indiqué plus haut, pour toute formule du premier ordre φ il y a une équivalence entre **2eSk**$[\varphi]$ et **2Sk**$[\varphi]$, et cela implique qu'une contribution spécifique sur les conditions de vérité ne peut être apportée par nos nouveaux jeux (atomiques). On obtient une nouvelle perspective si on examine attentivement ce qui est attendu de la part du vérificateur initial. Ses stratégies gagnantes pour les jeux moléculaires sont dorénavant enrichies avec des fonctions pour les jeux atomiques impliqués. Comme on l'a déjà noté, cela ne change pas pour elle les conditions

pour disposer de stratégies gagnantes : il y a une stratégie gagnante pour ∃*loise* dans le jeu moléculaire ssi il y a une stratégie gagnante pour elle dans le jeu entier, y compris le jeu atomique.

Les jeux atomiques sont pertinents dès lors que l'on veut savoir *quelles fonctions particulières* sont contenues dans une stratégie gagnante. C'est le cas lorsque des joueurs bornés sont supposés jouer un jeu sémantique ou, mieux, quand quelque agent (humain, concret) est supposé savoir quelque chose ou utiliser une partie de la stratégie gagnante d'un joueur (abstrait). Pour le dire vite, la question n'est plus alors de savoir *de dicto* s'il y a une stratégie gagnante mais de savoir *de re* quelle stratégie sera gagnante.

Ce type de connaissance est ce que Hintikka (1987) a appelé la *signification stratégique* (*strategic meaning*). On la trouve impliquée dans l'analyse sémantique quand la *signification abstraite* (*i.e.* les conditions de vérité) n'est plus suffisante, comme dans les cas de résolution de certaines ambiguïtés ou d'anaphores. Selon Hintikka de nombreux traits peuvent jouer un rôle dans la détermination des stratégies gagnantes : des données contextuelles, les connaissances d'arrière-plan, des marqueurs syntaxiques, etc. La signification stratégique est un bonus gratuit offert par GTS, au-delà du contenu vériconditionnel habituel. Elle peut parfois être appréhendée par les locuteurs dans l'interprétation de phrases particulières dans des discours ou conversations. Par conséquent, la signification stratégique peut être considérée comme relevant de la dimension pragmatique du langage. Pourtant, comme Hintikka y insiste, elle n'est qu'un produit dérivé d'une théorie sémantique, et on doit la considérer comme telle.

L'ajout d'une dimension : l'interprétation. L'idée de signification stratégique suggère d'opérer un mouvement depuis la constitution de la signification vers l'interprétation (ou la compréhension) linguistique, pas seulement au niveau des énoncés complexes mais aussi à celui des énoncés atomiques. On rend compte de la constitution de la signification par les jeux sémantiques joués entre deux joueurs abstraits sur une structure modèle-théorétique. L'interprétation linguistique est un autre type de jeu : il concerne des locuteurs réels, limités, dans des contextes concrets. Cela nous conduit à une relativisation contextuelle des notions de eGTS, ainsi qu'à des approximations des fonctions de Skolem. Comme exiger la saisie complète d'une signification (donc des extensions) par les locuteurs compétents n'est pas réaliste, il est nécessaire de modifier la théorie présentée jusqu'ici et d'enrégimenter les trois idées suivantes à propos de la *connaissance linguistique* : (*i*) c'est une connaissance *contextuelle* : il y a généralement élimination d'algorithmes ; (*ii*) c'est une connaissance *partielle* : il y a une élimination d'algorithmes spécifique relativement à l'agent ; (*iii*) c'est une connaissance *approximative* : la connaissance linguistique peut contenir des fonctions qui ne sont pas toujours des (composants de) stratégies gagnantes, *i.e.* pas toujours des fonctions de Skolem.

(i) Une connaissance contextuelle. La capacité à déterminer l'extension des expressions linguistiques pour comprendre un acte de langage est relative au contexte de cet acte. La manière dont le contexte lui-même est déterminé, et la question de savoir comment ce qui est important dans le contexte agit effectivement au cours de l'interprétation, sont des questions générales que je ne vais pas traiter ici. En restant à un niveau très général, je me contente de poser que le contexte est supposé jouer un rôle spécifique pour les fonctions de Skolem : *le contexte doit restreindre la classe des fonctions de Skolem pertinentes*, et donc disponibles aux interlocuteurs.

Mon affirmation souligne un rôle qui est très souvent attribué au contexte dans la littérature, à savoir la restriction du domaine de quantification (voir (Stanley & Szabó 2000) pour une vue d'ensemble). Les sémanticiens ont relevé le défi pragmatiste soulevé par Strawson (1950) contre l'analyse russellienne des descriptions définies : si une description définie incomplète comme « la table » peut être utilisée avec succès pour faire référence à un objet donné, on peut considérer que cela est rendu possible par une restriction implicite du domaine de quantification qui n'est plus l'univers tout entier, mais l'une de ses parties propres pertinente. Reimer (1998) argumente de façon convaincante que pour expliquer l'interprétation des expressions quantifiées incomplètes – donc pas exclusivement les descriptions définies – des restrictions contextuelles doivent être imposées non seulement aux individus, mais également aux propriétés d'un domaine.

Les théories sémantiques qui recourent plus spécifiquement aux fonctions de Skolem prennent aussi en compte les restrictions contextuelles. C'est le cas de la conception de *signification stratégique* de Hintikka (1987), suivant laquelle le contexte restreint la classe des stratégies gagnantes disponibles. Dans un autre cadre théorique, von Heusinger (2002) propose une représentation sémantique uniforme des pronoms :

> Pronouns are understood as referring to the most salient individual in the context so far, and are represented as indexed epsilon terms that are interpreted by a choice function [which] reconstructs the salience structure of the context.

Le rôle joué par le contexte dans l'établissement des fonctions de choix pertinentes paraît ainsi être un aspect très général des théories sémantiques des langues naturelles qui impliquent de telles fonctions.

(ii) Une connaissance partielle. Il existe en général des liens entre le locuteur et les individus et propriétés auxquels il fait référence dans ses actes de langages. Dans eGTS, ces liens correspondent aux fonctions de Skolem de $[\mathbf{f}_{\mathtt{atom}}]$. Si ces liens sont individués au niveau de leur implémentation, alors ils peuvent devenir sensibles au contexte : tel algorithme sera disponible dans tel contexte, mais pas forcément dans tel autre contexte. Par exemple, le locuteur étant un élément du contexte, des considérations de complexité peuvent entrer en ligne de compte et impliquer des restrictions sur les moyens disponibles. Plus généralement, la localisation (spatio-temporelle) d'une assertion peut jouer un rôle important sur la sélection des moyens à disposition pour déterminer l'extension d'une expression. On peut penser au calcul de l'extension de « Eau » dans un désert, $\mathbf{h}^{c_1}_{\mathbf{eau}}$ qui peut diverger du calcul correspondant dans une cuisine, $\mathbf{h}^{c_2}_{\mathbf{eau}}$.

Dans le cadre de eGTS, cela signifie que relativement à un contexte donné c, un locuteur concret n'aura accès qu'à un sous-ensemble contextuellement déterminé $||E||^c$ de l'ensemble $||E||$ des stratégies gagnantes (implémentées) du vérificateur initial. Certaines de ces restrictions sont dues à la localisation du locuteur, mais pas nécessairement toutes. Pour quelque assertion d'une phrase, il peut n'y avoir aucune fonction de Skolem disponible même si la phrase est vraie dans le modèle – *i.e.* même s'il y a actuellement de telles fonctions pour le vérificateur initial du jeu sémantique correspondant.

(iii) Une connaissance approximative. Les locuteurs sont loin d'être omniscients. Putnam (1975) a argumenté qu'un locuteur qui ne

saurait pas faire la distinction entre les « hêtres » et les « ormes » pourrait cependant être considéré comme un locuteur compétent. Une quantité limitée d'approximation est en effet acceptable pour la communauté linguistique – cette quantité étant conventionnellement fixée. Par exemple selon Putnam, comme on l'a déjà vu, un locuteur qui ne distinguerait pas entre une « boule de neige » et un « tigre » ne serait pas être considéré comme compétent, à la différence du précédent.

Les locuteurs compétents peuvent donc employer des fonctions implémentées (et en dernière analyse des moyens concrets) pour déterminer l'extension des prédicats, dont les résultats ne coïncident pas obligatoirement avec la fonction de valuation du modèle sous-jacent. Par conséquent, ces fonctions ne sont pas nécessairement les fonctions de Skolem de eGTS, même si *certaines* d'entre elles peuvent en être. Ce sont les *fonctions de piochage* dont il a été question dans la section 2.3, et dont je conserverai l'appellation. Elles constituent les stratégies utilisées par les locuteurs concrets s'ils doivent calculer l'extension des prédicats et des noms propres qu'ils emploient : des stratégies parfois gagnantes, parfois perdantes.

Stereotype-eGTS. L'ensemble des fonctions de piochage finalement associé à une expression E par un locuteur compétent i peut ainsi s'écarter très clairement de la signification-eGTS $||E||$: il peut résulter à la fois d'une contraction de l'ensemble des fonctions de Skolem, et d'un élargissement à nombre de stratégies perdantes. L'idée en étant très largement inspirée par la conception de Putnam, on appelle donc cet ensemble le *stéréotype-eGTS de E pour i*, et on le note $\dagger E\dagger_i$. De même que pour l'ensemble de fonctions de Skolem, nous devons utiliser une restriction contextuelle $\dagger E\dagger_i^c$ pour modéliser le stéréotype d'un agent i dans un contexte c. Les stéréotypes sont spécifiques aux idiolectes des agents. Dans la suite, on réservera l'appellation de stéréotype aux ensembles de fonctions de piochage acceptables selon les normes linguistiques. Ce qui compte pour un stéréotype socialement acceptable ne relève plus du champ de l'analyse philosophique, mais doit être l'objet de recherches empiriques sur les langues naturelles.

On a finalement atteint une conception bidimensionnelle de la signification (au sens large), dont une présentation schématique est donnée par la figure p. 77 : la signification-eGTS et le stéréotype-eGTS, sans avoir eu besoin de recourir à la sémantique des

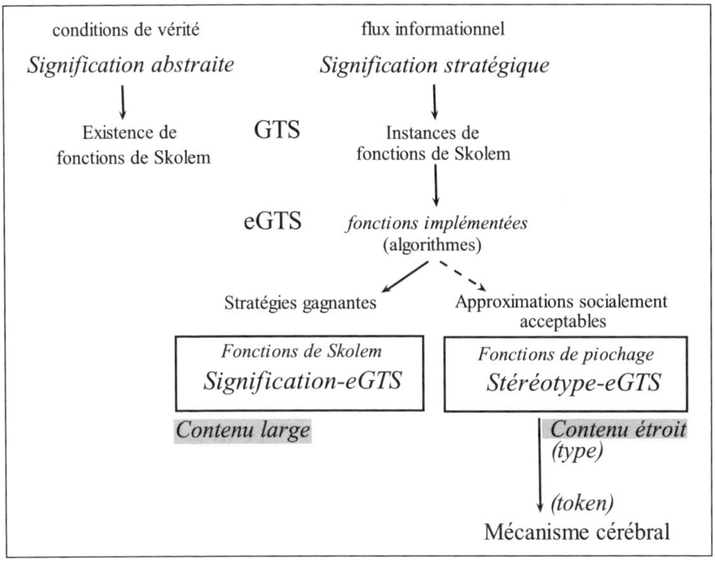

FIGURE I. *Présentation schématique des deux contenus*

mondes possibles. L'intensionnalité est intervenue au niveau de l'individuation des fonctions, et un second raffinement est venu du niveau de l'interprétation.

4.2. *Application à l'analyse linguistique*

Signification : le contenu large. Le moment est venu d'examiner comment eGTS permet d'aborder des cas concrets. Considérons ce discours[1] très simple :

(27) Un homme marche. Il entarte Nicolas.

Son analyse selon GTS est relativement standard, *cf.* (Hintikka & Kulas 1985; Sandu 1997; Clark 2007) ; selon eGTS, le jeu sémantique doit aller plus loin. Une partie se déroulerait *grosso modo* comme suit :

1. On parle de *discours* dès que l'unité considérée est une suite finie de phrases, même si cette suite est très limitée.

Le jeu global eG est joué relativement à un modèle donné $\mathbf{M} = \langle D, V \rangle$. Il est scindé en deux sous-jeux, un pour chaque phrase – *i.e.*, $eG = eG(S_1, \mathbf{M}); eG(S_2, \mathbf{M})$, où S_1 représente « Un homme marche », et S_2 « Il entarte Nicolas ». Dans $eG(S_1, \mathbf{M})$ $\exists$*loise* choisit un individu dans le domaine D pour l'indéfini initial « Un », disons b, et elle le place dans l'*ensemble de choix* (*choice set*) CS ; le jeu se poursuit comme $eG(b$ est un homme et b marche, $\mathbf{M})$. $\forall$*belard* choisit alors un des termes de la conjonction, disons « *b est un homme* », et le jeu se poursuit comme $eG(b$ est un homme, $\mathbf{M})$.

Nous avons maintenant atteint une formule atomique : si elle est vraie, *i.e.* si $\exists$*loise* a effectivement choisi un homme avec b, alors $\forall$*belard* ne peut plus rien faire d'intelligent [1] sinon choisir le prédicat « homme » et sélectionner un individu arbitraire, disons b', du domaine D ; $\exists$*loise* répond alors **Oui** si b' est un homme, et **Non** si ce n'est pas le cas – une tâche qu'elle peut accomplir avec succès puisqu'elle est omnisciente. En passant à $eG(S_2, \mathbf{M})$, $\exists$*loise* choisit un individu *dans l'ensemble de choix CS* pour traiter le pronom anaphorique « Il ». Elle sélectionne ainsi b, et le jeu continue comme $eG(b$ entarte Nicolas, $\mathbf{M})$. Il s'agit d'une formule atomique. Si elle est vraie, *i.e.* si l'individu choisi par $\exists$*loise* dans le sous-jeu précédent entarte effectivement Nicolas, alors $\forall$*belard* choisit l'une des deux constantes non logiques, disons « Nicolas ». $\exists$*loise* doit alors trouver l'extension de la constante (le porteur du nom) dans D, une tâche qu'elle réalise sans peine puisqu'elle est omnisciente.

Si le discours (27) est vrai, alors il y a une stratégie gagnante pour $\exists$*loise* dans eG. À quoi ressemblerait une telle stratégie ? Ce serait une suite (d'ensembles) de fonctions de Skolem implémentées :

(28) $\langle \mathbf{f}_1, \{\mathbf{h}_1, \mathbf{h}_2\}, \mathbf{f}_2, \{\mathbf{h}_3, \mathbf{g}_1\} \rangle$

où : $\mathbf{f}_1 \equiv \mathbf{f}_2$ sélectionne un homme marchant et entartant Nicolas, $\mathbf{h}_1 \in \|\texttt{homme}\|$, $\mathbf{h}_2 \in \|\texttt{marcher}\|$, $\mathbf{h}_3 \in \|\texttt{entarter}\|$, et $\mathbf{g}_1 \in \|\texttt{nicolas}\|$. Par conséquent, les stratégies gagnantes d'$\exists$*loise* reposent directement sur les significations-eGTS des prédicats et du nom propre ayant des occurrences dans le discours. La stratégie visée par $\exists$*loise* est en fait :

(29) $\langle \mathbf{f}_1, \{\|\texttt{homme}\|, \|\texttt{marcher}\|\}, \mathbf{f}_2, \{\|\texttt{entarter}\|, \|\texttt{nicolas}\|\} \rangle$.

Cette suite constitue un point de départ pour analyser la signification-eGTS de l'ensemble du discours. Une telle analyse

1. À strictement parler, $\forall$*belard* pourrait aussi choisir la constante individuelle b et perdre immédiatement.

requiert d'ajouter des règles spécifiques pour combiner les significations élémentaires (celles qui apparaissent dans (29)) d'une manière plus subtile et sensible à la syntaxe qu'une simple suite. Mon propos n'est cependant pas d'offrir une théorie détaillée de la signification linguistique, mais seulement une conception générale de la signification et de la connaissance linguistique, si bien que je n'avancerai pas d'hypothèse supplémentaire quant à la constitution de la signification.

Interprétation : le contenu étroit. Lorsqu'on passe de la constitution de la signification à l'interprétation, les contextes d'assertion, les limitations des agents et l'approximation entrent en scène. Conséquence immédiate : il faut s'interroger sur la connaissance linguistique minimale exigée d'un locuteur pour le considérer comme compétent.

À titre d'exemple, examinons l'interprétation du discours (27) par un auditeur i : à la différence de $\exists loise$, i n'aura pas besoin de maîtriser une seule des stratégies gagnantes du jeu sémantique eG. Ce dont l'auditeur doit avoir la maîtrise s'appuie sur la suite finie suivante :

(30) $\langle \mathbf{f}^i_1, \{\dagger\mathtt{homme}\dagger_i, \dagger\mathtt{marcher}\dagger_i\}, \mathbf{f}^i_2, \{\dagger\mathtt{entarter}\dagger_i, \dagger\mathtt{nicolas}\dagger_i\}\rangle$.

où les fonctions implémentées de $\exists loise$, $\mathbf{f}_1$ et $\mathbf{f}_2$, ont été remplacée par une autre paire, $\mathbf{f}^i_1$ et $\mathbf{f}^i_2$ respectivement, et où les significations-eGTS ont été remplacées par les stéréotypes-eGTS correspondants pour l'agent i.

Très rapidement dit, i doit savoir que la valeur produite par $\mathbf{f}^i_2$ doit être la même que celle sélectionnée par $\mathbf{f}^i_1$, *i.e.* $\mathbf{f}^i_2 \equiv \mathbf{f}^i_1$, ce qui correspond à la compréhension du pronom anaphorique – mais l'auditeur n'a pas besoin de savoir quoi que ce soit à propos de la fonction $\mathbf{f}^i_1$ elle-même (celle qui correspond à l'indéfini « Un homme »), sauf qu'elle doit prendre ses valeurs parmi les hommes. De plus, un auditeur compétent doit disposer d'un stéréotype socialement acceptable $\dagger\mathtt{homme}\dagger_i$, mais aucune connaissance particulière n'est requise à propos de « Nicolas » sinon peut-être que c'est un nom propre, *i.e.* $\dagger\mathtt{nicolas}\dagger_i$ peut contenir les mêmes fonctions que $\dagger\mathtt{homme}\dagger_i$; si l'auditeur ne reconnaît pas qu'il a affaire à un nom propre, alors le stéréotype est vide [1].

1. La proposition ici s'éloigne de celle de l'article (Rebuschi 2012*a*) où j'envisageais des stéréotypes vides pour tous les cas où le locuteur ne connaîtrait

Cela signifie que la connaissance *minimale* exigée d'un locuteur compétent peut varier d'une catégorie grammaticale à l'autre. Bien entendu, un agent peut avoir une connaissance qui va au-delà de la connaissance minimale et utiliser la signification stratégique pour interpréter un discours. Dans l'exemple cité, l'agent peut ainsi connaître la valeur des fonctions (*i.e.*, l'agent peut savoir *qui* est l'homme qui entarte Nicolas), et son stéréotype-eGTS $\dagger\mathtt{nicolas}\dagger_i$ peut être un sous-ensemble de la signification-eGTS correspondante (*i.e.* il peut contenir des fonctions implémentées qui sélectionnent de fait le porteur du nom propre « Nicolas »).

Dans le reste de cette sous-section, je passe en revue trois catégories d'expressions linguistiques : les noms propres, les prédicats (ou termes de relations), et les descriptions définies. Sur chacune de ces catégories, on examine ce qui doit être connu des locuteurs compétents pour leur permettre la compréhension des discours impliquant ces expressions.

Les noms propres. Une fonction de Skolem implémentée associée à un nom propre a est un type de mécanisme $\mathbf{g}_a$ qui produit le référent du nom. Elle représente un mode d'identification du porteur du nom. Une assertion mobilisant un nom propre peut cependant faire référence avec succès au porteur du nom sans que le locuteur ne maîtrise une seule des fonctions de Skolem de $||a||$. Pour qu'un locuteur compétent i puisse déclarer avec succès : « Il entarte Nicolas », et faire donc référence à Nicolas, il est uniquement requis que les conditions de vérité de la phrase soient réalisées, autrement dit que la paire ordonnée constituée de l'individu sélectionné par « Il » et du porteur du nom « Nicolas », quels qu'ils soient, soit dans l'extension V(Entarter) de la relation d'entartage, quelle que soit cette extension. Si le locuteur n'a aucune idée de qui est le porteur du nom, alors $\dagger\mathtt{Nicolas}\dagger_i$ est simplement identique à $\dagger\mathtt{Homme}\dagger_i$ [1]. Bien sûr, le fait de savoir qui est le porteur du nom accroît la compréhension de la phrase où le nom apparaît, mais cette connaissance supplémentaire n'est pas indispensable.

pas le porteur du nom ; les raisons en apparaîtront clairement lorsqu'on utilisera cette théorie de la signification avec les modalités épistémiques, chapitre 2 section 4.1.

1. Si le lecteur ne partage pas mon intuition, un acte de référence réussi est plus évident dans des cas comme celui de l'assertion : « Je ne sais pas qui est Nicolas ». Voir p.ex. (Hintikka 1987, p. 498).

La sémantique basée sur les fonctions de Skolem et de piochage est parfaitement compatible avec la théorie kripkéenne de la référence directe pour les noms propres, tout autant que pour les prédicats d'espèces naturelles. Tandis que la fonction de valuation V et les fonctions de Skolem interviennent dans la constitution de la signification (*contenu large*), les fonctions de piochage jouent un rôle épistémique (*contenu étroit*) : elles encodent les modes de reconnaissance des extensions, données indépendamment, des expressions linguistiques. Différents locuteurs connaissant le porteur d'un nom propre ne partageront pas, en général, les mêmes fonctions de piochage.

Les prédicats. Dans le monde actuel, un locuteur peut avoir deux fonctions (implémentées) voire plus pour déterminer l'extension de « Orme ». C'est la raison principale pour laquelle les stéréotypes-eGTS sont définis comme des *ensembles* de fonctions de piochage, plutôt que comme des fonctions isolées. Par exemple une fonction sera basée sur la connaissance et l'apprentissage passé de l'agent à reconnaître les espèces d'arbres ; une autre consistera à demander à un expert ce que sont les Ormes. Ces deux fonctions sont assurément distinctes au niveau de l'implémentation, même quand elles fournissent les mêmes valeurs.

Les fonctions impliquées dans le stéréotype-eGTS sont manifestement différentes des intensions. Ces dernières sont habituellement théorisées comme des fonctions des mondes possibles vers les extensions. Ici, les fonctions de piochage sont définies dans le monde actuel, sans idée *a priori* sur leur applicabilité dans d'autres mondes possibles. Néanmoins, ces fonctions peuvent servir à modéliser les concepts exprimés par des prédicats. Deux prédicats coextensifs (ou considérés tels) comme les célèbres *Créature possédant un cœur* (Cx) et *Créature possédant un rein* (Rx) donneront lieu à deux ensembles distincts de fonctions de Skolem, *i.e.* deux significations-eGTS, $||C||$ et $||R||$. Chaque fonction est alors supposée encoder un mode opératoire de production de l'extension, c'est-à-dire déterminer si un objet donné lui appartient ou non. On peut concevoir cela comme l'encodage des *concepts* associés de *Posséder un cœur* et *Posséder un rein*, qui jouent un rôle essentiel dans la capacité du locuteur à produire l'extension des prédicats. Cette distinction entre prédicats coextensifs est ainsi tracée sans recourir aux mondes possibles ni à aucune notion modale.

Comme je l'ai dit plus haut, un locuteur compétent est supposé posséder un stéréotype composé de fonctions de piochage qui sélectionnent une approximation socialement acceptable de l'extension. Ainsi un locuteur i incapable de faire la distinction entre les Ormes et les Hêtres, *i.e.* tel que $\dagger\mathtt{ormet}_i = \dagger\mathtt{hetret}_i$, peut néanmoins être considéré comme compétent, et cela bien que $\dagger\mathtt{ormet}_{Expert} \cap \dagger\mathtt{hetret}_{Expert} = \emptyset$. À l'opposé, un locuteur j qui ne pourrait pas discriminer entre « Ormes » et « Tigres » ne serait pas considéré comme compétent en français, une exigence minimale étant : $\dagger\mathtt{ormet}_j \cap \dagger\mathtt{tigret}_j = \emptyset$[1]. Au-delà de l'exigence minimale de la possession d'au moins une fonction de piochage, la compréhension d'un prédicat sera plus fine si le locuteur dispose de plusieurs fonctions de piochage, et si la plupart d'entre elles sont des fonctions de Skolem, s'il peut les utiliser avec succès dans de nombreuses situations contrefactuelles, et ainsi de suite.

Les descriptions définies. Avec les descriptions définies nous sommes renvoyés à un cas similaire à celui de GTS non étendue du fait de la présence de quantificateurs. L'interaction entre quantificateurs et jeux atomiques mérite toutefois une attention particulière.

Considérant un énoncé tel que :

(31) Le président français élu en 2012 est chauve.

la description $\iota x.Px$ (« le président français élu 2012 ») est paraphrasée par un énoncé existentiel, et la phrase complète est formalisée comme suit :

(32) $\exists x(Px \wedge \forall y(Py \rightarrow y = x) \wedge Bx)$

avec Bx pour « x est chauve ». Ici, les conditions de vérité GTS reposent sur l'existence d'une stratégie gagnante pour le vérificateur initial, *i.e.* sur l'existence d'une fonction de Skolem $\mathbf{f}_x = a$ telle que $\exists$*loise* dispose d'une stratégie gagnante pour chacun des trois jeux associés aux formules conjointes :

(33) $Pa \wedge \forall y(Py \rightarrow y = a) \wedge Ba.$

1. Pour être plus précis dans l'écriture des contraintes, on devrait relativiser les stéréotypes aux contextes usuels de manière à écarter les situations fantaisistes mais théoriquement possibles où, par exemple, un orme et un tigre seraient bouillis, broyés, puis mélangés à de la farine et de l'encre noire, de telle sorte que l'agent ne pourrait plus les distinguer. Cette relativisation est ici implicite.

$\exists$*loise* doit ainsi posséder deux fonctions de Skolem associées aux prédicats et coïncidant avec la fonction de valuation, $\mathbf{h}_P$ et $\mathbf{h}_B$, de telle sorte qu'elle puisse gagner les jeux atomiques *Pa* et *Ba*, ainsi que le jeu associé à $\forall y(Py \rightarrow y = a)$ [1]. Encore une fois, l'existence d'une stratégie gagnante pour le vérificateur initial d'un jeu sémantique (la signification abstraite) est indépendante de la connaissance d'une stratégie particulière par le locuteur (la signification stratégique).

Une connaissance complète de la stratégie correspondant à la description définie dans l'exemple inclut la connaissance de deux fonctions, $\mathbf{f}_x$ $(= a)$ et $\mathbf{h}_P$. Un locuteur compétent n'est cependant pas supposé maîtriser ces deux fonctions : disposer d'une fonction qui permette de déterminer approximativement l'extension du prédicat ($\mathbf{h}_P$) – *i.e.* posséder un stéréotype-eGTS acceptable $\dagger P \dagger_i$ – est suffisant ; savoir quel est l'individu qui satisfait la description ($\mathbf{f}_x$) accroît la compréhension de la phrase, mais n'est pas essentiel. Le cas est en partie similaire à celui des noms propres. Comme une description définie implique généralement une combinaison de prédicats et de variables quantifiées, les exigences minimales qu'elle impose aux locuteurs compétents suivent de celles imposées par ses composants : aucune signification stratégique n'est attendue pour les quantificateurs, mais un stéréotype-eGTS conventionnellement déterminé est supposé être employé dans le cas des prédicats.

4.3. *Application aux énigmes philosophiques*

Avec les significations-eGTS et les stéréotypes-eGTS, ainsi que la compréhension de ces derniers comme types de mécanismes de recherche de l'extension, on dispose de deux leviers pour résoudre les énigmes classiques posées aux différentes approches du contenu : identités informatives, concevabilité d'impossibilités, etc. C'est l'objet de la présente sous-section.

1. Cette sous-formule est équivalente à $\forall y(\neg Py \vee y = a)$, si bien que $\exists$*loise* a une stratégie gagnante si, pour toute valeur choisie pour y par $\forall$*belard*, elle peut sélectionner l'une des expressions disjointes, *i.e.* soit nier P de cette valeur, soit l'identifier à a ; il est bien entendu supposé que la fonction $\mathbf{h}_P$ ne change pas durant la partie. Finalement, une stratégie gagnante pour le vérificateur initial dans le jeu global associé à la formule (32) est un n-uplet où $\mathbf{h}_P$ apparaît à deux reprises – une fois pour chaque occurrence de P : $\mathbf{f}_{(32)} = \langle \mathbf{f}_x, \langle \{\mathbf{h}_P\}, \langle \mathbf{f}_\vee, \{\mathbf{h}_P\} \rangle, \{\mathbf{h}_B\} \rangle \rangle$.

Identités informatives. Les énoncés d'identité à la Frege (1971, pp. 102 *sq.*) peuvent être traités à l'aide des significations-eGTS :

(34) a. Hesperus est identique à Phosphorus
b. Hesperus est identique à Hesperus

Qu'est-ce qui rend l'identité (34a) plus informative que (34b) ? Notons tout d'abord que les algorithmes (fonctions de Skolem implémentées) qui correspondent aux deux noms propres sont extensionnellement équivalents (ils produisent tous la même valeur), mais qu'ils ne sont pas identiques :

(35) si $\mathbf{g}_H \in \|\mathtt{Hesperus}\|$ et $\mathbf{g}_P \in \|\mathtt{Phosphorus}\|$, alors $\mathbf{g}_H \equiv \mathbf{g}_P$ mais $\mathbf{g}_H \neq \mathbf{g}_P$.

Il en résulte une divergence entre les significations-eGTS, ces dernières étant des classes de fonctions de Skolem implémentées :

(36) $\|\mathtt{Hesperus}\| \neq \|\mathtt{Phosphorus}\|$

Les fonctions de Skolem prennent ainsi en charge une partie de la notion de Sens frégéen : elles représentent les modes d'accès aux extensions pour $\exists$*loise*.

Les fonctions de piochage jouent un rôle similaire pour les locuteurs ordinaires. Mais bien entendu, ces dernières ne sont pas des Sens frégéens : elle ne déterminent pas l'extension au niveau sémantique ou constitutif. Elles permettent cependant de rendre compte du caractère informatif de certaines identités. Un locuteur compétent n'est pas censé connaître quoi que ce soit au sujet des porteurs des noms propres qu'il emploie [1]. Apprendre une identité, c'est par conséquent restreindre la classe des fonctions de piochage admissibles donc modifier les stéréotypes que l'on associe aux noms. En apprenant (34a), un agent *i* sera conduit à corréler ses fonctions de piochage :

(37) a. si $\mathbf{g} \in \dagger\mathtt{Hesperus}\dagger_i$ alors $\exists \mathbf{g}' \in \dagger\mathtt{Phosphorus}\dagger_i$, telle que $\mathbf{g} \equiv \mathbf{g}'$
b. si $\mathbf{g}' \in \dagger\mathtt{Phosphorus}\dagger_i$ alors $\exists \mathbf{g} \in \dagger\mathtt{Hesperus}\dagger_i$, telle que $\mathbf{g} \equiv \mathbf{g}'$

donc à modifier ses deux stéréotypes [2]. À l'inverse, en établissant (34b) l'agent n'acquiert aucune information nouvelle.

1. Comme l'écrit Putnam : « ... des noms comme "tigre" et "eau" sont très différents des noms propres. On peut utiliser le nom propre "Sanders" correctement sans rien savoir de sa dénotation sinon qu'elle s'appelle Sanders, et encore. » (Putnam 1975, p. 75 tr.fr). Voir aussi (Perry 1997) sur l'usage compétent d'un nom propre sans en connaître le porteur.

2. Contrairement à ce que laisse entendre la formulation que j'en ai donnée dans (Rebuschi 2012*a*, p. 176), l'apprentissage d'une identité ne doit pas être

Désignation rigide. En nous penchant sur des questions modales nous pouvons suivre Kripke (1972) et considérer que les noms propres « Hesperus » et « Phosphorus » sont des désignateurs rigides, *i.e.* des noms qui réfèrent à la même entité dans tous les mondes possibles. Comment peut-on alors rendre compte de la possibilité de l'ignorance de l'identité (34a), autrement dit du fait que certains locuteurs peuvent concevoir la situation impossible où les deux noms ne référeraient pas au même objet ? Cette énigme a conduit à plusieurs stratégies comme la sémantique bidimensionnelle (Chalmers 2004) ou le recours aux mondes impossibles (Rantala 1982). Suivant la conception proposée ici, la structure des mondes (métaphysiquement) possibles est laissée intacte sans adjonction d'un composant *ad hoc*, les fonctions de Skolem suffisant à rendre compte de ces cas problématiques.

Considérons deux fonctions implémentées comme dans (35), $\mathbf{g}_H$ et $\mathbf{g}_P$. En tant que fonctions de Skolem, elles apparaissent dans les stratégies gagnantes pour $\exists$*loise* dans les jeux sémantiques $G(\varphi, \mathbf{M})$, où φ est remplacée par une phrase contenant les noms propres « Hesperus » et « Phosphorus », et où $\mathbf{M}$ est un modèle du premier ordre correspondant au *monde actuel.* Rappelons que de telles fonctions peuvent diverger sur un autre modèle $\mathbf{N}$ qui correspondrait à un autre monde possible, *i.e.* $\mathbf{g}_H \not\equiv \mathbf{g}_P$ dans $\mathbf{N}$, même si les noms propres continuent de désigner le même objet dans $\mathbf{N}$ [1].

Les fonctions de Skolem se comportent ainsi comme les lignes de mondes de Hintikka (1969*b*) ou comme des concepts individuels : elles relient des individus de monde à monde suivant des points de vue spécifiques, et indépendamment de la nature même de ces individus [2]. Cela est rendu possible par le fait général qu'il n'est pas exigé d'une stratégie, gagnante dans le jeu $G(\psi, \mathbf{M})$, qu'elle soit

compris comme une acquisition de savoir métalinguistique *au sujet* de nos fonctions de piochage. C'est fondamentalement un apprentissage au sujet des porteurs des noms qui fait usage de nos fonctions de piochage, donc l'acquisition d'un savoir (simplement) linguistique.

1. C'est lié au fait que l'intensionnalité des fonctions n'est pas analysée en termes de mondes possibles mais d'implémentations, en levant la contrainte d'injectivité de la valuation à la manière de Muskens (2007).

2. Cela signifie que dans une structure de Kripke standard, la relation d'accessibilité entre mondes possibles est doublée de lignes de mondes entre objets. Hintikka est cependant en désaccord avec la combinaison de ses propres idées avec l'idée de désignation rigide. Je discute ce point dans (Rebuschi 2009).

gagnante dans un autre jeu $G(\psi, \mathbf{M}')$, *i.e.* dans le jeu corrélé à la même phrase mais joué relativement à un autre modèle.

Synonymie. L'ignorance de prédicats synonymes et, par voie de conséquence, l'ignorance de l'équivalence entre phrases contenant des occurrences de tels prédicats, sont traitées de la même manière que les cas similaires impliquant des noms propres coréférentiels. Pour reprendre l'exemple (3) du début de ce chapitre, même si l'extension des deux prédicats « ophtalmologiste » (O) et « docteur des yeux » (D) coïncide dans tous les mondes possibles, les signification-eGTS qui sont des classes de fonctions de Skolem implémentées divergent : $||O|| \neq ||D||$; et bien entendu, les stéréotype correspondant divergent également : $\dagger\mathtt{O}\dagger \neq \dagger\mathtt{D}\dagger$. Cela suffit à rendre compte d'attitudes possiblement distinctes relativement à des phrases dont l'équivalence est due à la synonymie. Solange peut croire que son voisin est un « docteur des yeux » mais ne pas croire qu'il est « ophtalmologiste », sans pour autant être inconsistante : sa première croyance mobilise un mécanisme donc une fonction implémentée de $\dagger\mathtt{D}\dagger_S$, tandis que la seconde croyance mobiliserait un autre mécanisme donc une autre fonction issue de $\dagger\mathtt{O}\dagger_S$. Par conséquent les *contenus* des attitudes ne sont pas les mêmes [1].

Terre-Jumelle. Oscar$_{\mathrm{T}}$ le Terrien et Oscar$_{\mathrm{TJ}}$ le Terre-Jumellien sont des jumeaux microphysiques : quand ils pensent à l'« eau » ils partagent les mêmes mécanismes neuronaux, donc la même classe de fonctions de piochage, c'est-à-dire le même contenu étroit :

(38) $\dagger\mathtt{eau}\dagger_{\mathtt{Oscar}_{\mathrm{T}}} = \dagger\mathtt{eau}\dagger_{\mathtt{Oscar}_{\mathrm{TJ}}}$

et cela, bien que Oscar$_{\mathrm{T}}$ fasse référence à H_2O et Oscar$_{\mathrm{TJ}}$ à XYZ. Les *restrictions* des fonctions de piochage à chacun des contextes terrien et terre-jumellien produisent les extensions attendues, à savoir respectivement H_2O et XYZ. Pourtant, les fonctions de piochage ne sont pas des fonctions de Skolem [2] : elles ne fournissent pas toutes les deux la bonne extension de « eau » en français-terrien, ni

1. Cette solution n'est pas très éloignée de celle d'Egré (2014), qui est basée sur une sémantique des contreparties. L'avantage de la proposition avancée ici est qu'elle évite la quantification d'ordre supérieur, puisque les fonctions (de même que les stratégies) sont toujours du premier ordre.

2. L'un des deux stéréotypes tout au plus peut contenir des fonctions de Skolem.

celle de « eau » en français-terre-jumellien. Concernant les fonctions de piochage du stéréotype d'Oscar$_{\mathrm{T}}$, seules leurs restrictions au contexte terrien coïncident avec celles des fonctions de Skolem :

(39) $\dagger\mathtt{eau}\dagger^{\mathtt{Terre}}_{\mathtt{Oscar_T}} \subseteq \|\mathtt{eau}\|^{\mathtt{Terre}}$

En utilisant le même stéréotype sur Terre-Jumelle, Oscar$_{\mathrm{TJ}}$ sélectionnera un autre type d'extension, à savoir XYZ. Donc les extensions dépendent de l'environnement (ce qui est l'hypothèse de départ), tandis que le le stéréotype est partagé par les jumeaux.

L'arthrite.* Le cas de l'arthrite dans la cuisse est immédiat : les tokens de contenus étroits (les mécanismes) d'Oscar et d'Oscar* sont identiques ; ils peuvent donc être interprétés comme réalisant une seule fonction de piochage (celle qui sélectionne les cas d'arthrite *et* les cas de douleur dans la cuisse) ; la communauté d'Oscar rattache cette fonction à la classe de fonctions (*i.e.* au type de contenu) associée au terme « arthrite » qui désigne l'arthrite, tandis que la communauté d'Oscar* rattache la même fonction à la classe associée au terme « arthrite » du français* qui désigne l'arthrite*. C'est donc au niveau de la signification-eGTS que l'écart intervient, puisque ses délimitations sont fixées par convention. La variabilité des conventions linguistiques illustrée par l'exemple de l'arthrite est ici appréhendée comme variabilité des stéréotypes-eGTS associés aux expressions linguistiques.

Noms propres vides. Je clos cette sous-section avec une courte remarque au sujet des noms propres vides. Leur traitement est compliqué pour la théorie de la référence directe puisque précisément, ces noms n'ont pas de référence, de même que pour les théories néo-frégéennes : à moins d'assumer une forme de Meinongianisme, il n'y a pas d'objets sur lesquels ces noms viennent s'ancrer. Mais les stéréotypes offrent la perspective d'une solution facile aux énigmes habituelles impliquant les noms propres vides. Il suffit pour cela d'autoriser les fonctions de piochage partielles, *i.e.* les fonctions de piochage qui ne sont pas définies dans dans le monde actuel (ou alternativement, on peut postuler que les trous sont remplis avec un *null individual*). Ces fonctions sont toutes trivialement coextensionnelles, c'est-à-dire que pour deux quelconques d'entre elles, $\mathbf{f}$ et $\mathbf{f'}$, on aura $\mathbf{f} \equiv \mathbf{f'}$, mais elles ne seront pas pour autant (intensionnellement) identiques. On pourra donc préserver une différence entre Shrek et Pinocchio au moyen des stéréotypes, tout en considérant qu'il s'agit bien de noms propres fictionnels. D'autre part, on peut imposer aux fonctions de piochage constitutives des stéréotypes qu'elles ne coïncident dans aucun des mondes possibles où elles sont définies. De telles fonctions pourraient naturellement rendre compte de la signification du discours fictionnel. On y reviendra au chapitre 3.

5. Conclusion

Ce chapitre a permis de montrer qu'une extension de la théorie sémantique des jeux permettait de produire des résultats intéressants pour une théorie de la signification linguistique. On peut atteindre ces résultats à condition de ne pas s'arrêter à l'approche habituelle, statique et extensionnelle des fonctions comme *mappings*, mais d'adopter un critère fin d'individuation des fonctions – plus précisément, à condition de regarder les fonctions au niveau de l'implémentation. Ici, des moyens concrets doivent être introduits pour rendre compte de l'*interprétation* linguistique par des agents limités, par contraste avec les jeux sémantiques joués par des agents abstraits, omniscients et illimités. Ainsi, après la constitution de la signification à l'aide de la sémantique des jeux étendue vient le moment de la compréhension linguistique, où le contexte, l'approximation et d'autres aspects épistémiques entrent en scène.

La conception défendue dans ce chapitre peut être vue comme une élaboration des idées de Putnam sur la signification. Le point central en est la stricte séparation entre constitution de la signification et compréhension linguistique. Tout en la distinguant, Putnam a rattaché sa notion de stéréotype à celle de signification (pour un idiolecte donné). Dans le présent cadre, il y a une coupure entre les ensembles de fonctions de Skolem et les ensembles de fonctions de piochage. Les agents limités sont faillibles, et quand ils interprètent le langage, ils ne disposent pas automatiquement des fonctions qui fournissent les bonnes extensions. C'est pourquoi les moyens dont disposent des locuteurs ordinaires ne sont pas des Sens frégéens (bien que l'idée ne soit pas sans rapport), mais plutôt inspirés des stéréotypes putnamiens.

La conception résultante est une théorie non modale de la signification et de l'interprétation : les fonctions de Skolem et de piochage sont définies dans un seul monde. L'individuation fine de ces fonctions requiert l'intensionnalité mais celle-ci reste confinée au métalangage. En outre, la conception est basée sur une interprétation informelle des fonctions comme mécanismes concrets, sans lien avec la sémantique des mondes possibles. Les locuteurs ne sont pas censés saisir des fonctions définies sur des ensembles de mondes, mais uniquement disposer de mécanismes concrets qui peuvent être interprétés comme des réalisations d'algorithmes, eux-mêmes implémentant des fonctions.

Ce chapitre clôt le préliminaire sur la signification linguistique, qui sera utile essentiellement dans le prochain chapitre. Bien des énigmes relatives à l'attribution d'attitudes, et cela dès l'article « On denoting » de Russell (1905), supposent pour leur solution une conception déterminée de la nature et de la connaissance des significations. Les discussions portant sur l'informativité des identités ou la concevabilité de situations impossibles montrent l'entrelacement des questions d'épistémologie et de philosophie du langage. Pour la suite, on tentera cependant de contingenter les questions d'attitudes proprement liées au langage dans le chapitre suivant. Une fois le terrain dégagé, on pourra aller de l'avant vers des questions plus fondamentale au sens où elles ne dépendent pas de connaissance *de lingua*, mais peuvent se poser avec ou sans l'attribution d'une compétence linguistique aux agents.

CHAPITRE II

DE DICTO VERSUS DE FACTO

Dans ce chapitre, on explore certains traits liés à la connaissance linguistique. Les attributions d'attitudes dites *de dicto* contiennent un contenu complexe : le contenu proprement dit, propositionnel, et un mode de donation linguistique. Je propose un formalisme qui permet de dissocier explicitement ces deux aspects de nos attributions. En traitant tout d'abord le cas des constantes individuelles, le chapitre introduit dans un premier temps une sémantique à base de lignes de mondes, et dans un second temps une version de la sémantique des jeux adaptée aux langages modaux et notamment épistémiques. L'approche est ensuite étendue aux prédicats.

1. INTRODUCTION

Les modalités *de dicto* sont classiquement introduites par contraste avec les modalités *de re*, comme se distinguant pour une question de portée. Si l'on s'intéresse aux modalités aléthiques, on distinguera ainsi :

(1) a. *de re* : $\exists x \Box Px$
b. *de dicto* : $\Box \exists x Px$.

De manière analogue, on peut contraster ces deux cas quand la modalité aléthique est remplacée par un opérateur d'attitude, par exemple l'opérateur de connaissance :

(2) a. *de re* : $\exists x \mathbf{K}_i Px$
b. *de dicto* : $\mathbf{K}_i \exists x Px$

Le problème qui se pose alors est le suivant : dans le cas *de dicto*, quel est le *dictum* ? Selon la sémantique standard $\mathbf{K}_i\exists xPx$ est vraie dans un monde possible v si et seulement si $\exists xPx$ est vraie dans chaque monde possible w accessible depuis v, *i.e.* dans chaque monde w compatible avec ce que l'agent sait au monde v. Le contenu du savoir de l'agent est alors l'ensemble des mondes possibles où $\exists xPx$ est vraie. Le contenu est par conséquent ce que l'on appelle habituellement une proposition plutôt qu'un *dictum* [1].

Je vais partir de l'idée intuitive que le savoir d'un *dictum* exige plus que le savoir d'une proposition : le savoir d'un *dictum* doit incorporer une forme de connaissance linguistique. En reprenant la terminologie de Fiengo & May (2006), on appellera connaissance *de lingua* cette composante spécifiquement linguistique de la connaissance requise par une attribution *de dicto*. Ce que l'on appelle usuellement connaissance *de dicto* ne mérite pas, ou du moins pas toujours cette appellation. La composante *de lingua* de la connaissance est d'ailleurs tout autant mobilisable pour les attributions de savoir *de re* que pour les attributions dites *de dicto*. On procède à des attributions d'attitudes *de re* + *de dicto* (les attitudes *de re* sensibles au mode de présentation linguistique), et d'autres simplement *de re*.

Quand on a affaire à une connaissance simplement propositionnelle, je parlerai de connaissance *de facto*. Il s'agit de la connaissance d'une proposition (forcément vraie), donc de la connaissance d'un fait. Si Igor sait que les ophtalmologistes sont des médecins, sans connaître ni le terme d'« ophtalomologiste », ni celui de « médecin », mais qu'il connaît les significations d'« oculiste » et de « docteur », et qu'il approuve l'énoncé : « Les oculistes sont des docteurs », on pourra dire d'Igor (i) qu'il sait *de facto* que les ophtalmologistes sont des médecins, (ii) qu'il ne le sait pas *de dicto*, mais (iii) qu'il sait *de dicto* que les oculistes sont des docteurs.

Le problème n'est évidemment pas nouveau pour la sémantique des attitudes propositionnelles. En revanche, le label *de dicto* n'a, à ma connaissance, jamais été contesté pour des attributions d'attitudes qui manifestement ne font aucune référence particulière à la dimension linguistique du *dictum*. L'objet de ce chapitre est précisément de proposer une formalisation en logique épistémique

1. Hintikka (1996*a*) introduit une terminologie qui contraste *connaissance de propositions* et *connaissance d'objets*.

du premier ordre dotée d'une sémantique qui permette de distinguer entre attitudes *de dicto* et simples attitudes *de facto*.

Plan du chapitre. L'objectif de ce chapitre est d'offrir une formalisation des comptes rendus d'attitudes qui rende compte des distinctions entre attributions *de facto*, *de re* et *de dicto*. L'exposé se limite dans un premier temps à une application de la distinction aux constantes individuelles. Dans la section 2 j'introduis une sémantique à base de lignes de mondes, originalement conçue par Kraut pour rendre compte de la distinction entre attributions *de re* et non *de re*, en l'enrichissant pour appréhender le contenu linguistique des attributions *de dicto*. Dans la section suivante, 3, je propose d'utiliser la sémantique des jeux et la logique IF pour rendre compte des mêmes distinctions, tout en renvoyant les lignes de mondes au plan métalinguistique. La section 4 établit le lien entre l'attribution de connaissance *de dicto* et la possession des stéréotypes eGTS introduits au chapitre précédent. Cette section propose également une extension aux prédicats de la sémantique des jeux et de la formalisation en logique IF étendue.

2. Sémantique à base de lignes de mondes

Cette section reprend la proposition de Robert Kraut d'interpréter les variables non pas en termes d'objets mais en termes de lignes de mondes. Kraut fonde la distinction entre attributions *de re* et non *de re* sur la distinction entre lignes constantes et lignes variables. L'idée est ici enrichie de manière à analyser les attributions *de dicto*.

2.1. *Attitudes de facto*

On qualifie de *de facto* les attributions de savoir qui ne sont pas *de re*, mais qui ne sont pas non plus *de dicto* au sens où elles ne supposent pas un savoir *de lingua* spécifique de la part de l'agent. Je vais étendre cette appellation aux attributions d'attitudes autres que le savoir, comme les croyances et les désirs. C'est évidemment contestable puisque les croyances et désirs sont non factifs : il arrive que leur contenu propositionnel ne soit pas réalisé, et il est alors erroné de parler de *fait*. On peut cependant parler de fait *supposé*, ou de fait *désiré*, et c'est avec ce sens moins strict et engagé que je parlerai de croyances ou de désir *de facto*[1].

Un exemple pour contraster les attitudes. Pour présenter les différentes analyses des attitudes propositionnelles et distinguer les types *de dicto*, *de re*, *de facto*, je vais utiliser l'exemple d'une attribution de savoir dont le contenu est relaté par un énoncé singulier :

(3) Isabel sait que Ian Khama est un pilote qualifié.

Cette attribution peut correspondre à quatre types de contextes :

(1) *de re* : Isabel a vu Ian Khama, elle a pu l'identifier (qu'elle connaisse ou pas son nom), et elle a appris qu'il était un pilote qualifié ; on peut parler d'un *savoir qui*.

(2) *de dicto* (sans *de re*) : Isabel a appris que Ian Khama était un pilote qualifié en le lisant dans le journal, sans savoir quoi que ce soit d'autre au sujet de Ian Khama ; il s'agit d'un *savoir en tant que* (*knowing as*).

(3) *de dicto* et *de re* : Isabel a appris que Ian Khama était un pilote qualifié en le lisant dans le journal, tout en sachant par ailleurs de qui il s'agit pour l'avoir rencontré ; il y a combinaison d'un *savoir qui* et d'un *savoir en tant que*.

(4) *de facto* : Isabel a appris que Ian Khama était un pilote qualifié en lisant dans le journal la phrase : « Ian a Sêrêtsê est un pilote qualifié », sans savoir qui est Ian a Sêrêtsê, ni qu'il est également nommé Ian Khama ; un autre cas serait celui où Isabel apprend que l'homme qu'elle a vu la veille est un pilote qualifié, sans connaître son nom ni être capable de réidentifier l'homme en question ; on a alors affaire à un *savoir minimal*, qui n'implique ni le *savoir qui*, ni le *savoir en tant que*.

L'attribution *de facto* peut passer pour un artefact de la typologie proposée, qui ne correspond pas à un sens précis de la part des attributeurs[2]. L'interprétation *de facto* est en effet certainement

1. L'appellation *de objecto* introduite au chapitre 3 repose de façon semblable sur un usage relâché du terme « objet », l'idée étant délestée de l'engagement ontologique qui l'accompagne habituellement.

2. Je remercie Gerhard Heinzmann de m'avoir signalé cette difficulté.

moins évidente dans cet exemple que dans l'énoncé général donné précédemment (« Les ophtalmologistes sont des médecins »), et je la propose ici avant tout pour pouvoir offrir une analyse systématique sur les constantes individuelles et sur les prédicats. Je crois cependant qu'elle correspond à des attributions réelles de connaissances générales effectuées à l'aide d'énoncés singuliers.

La connaissance *de facto* est une connaissance non singulière et indépendante de la connaissance linguistique. On peut attribuer des connaissances *de facto* aux animaux et aux bébés. On pourrait ainsi attribuer à un chien le savoir *de facto* qu'il y a un chat devant lui : cela suppose d'attribuer au chien un (proto-)concept de chat, sans évidemment lui attribuer la maîtrise d'une expression linguistique exprimant ce (proto-)concept. On peut de la même manière attribuer un savoir *de facto* en utilisant un énoncé singulier : « Iliana sait que tu es à côté », quand Iliana est un bébé incapable de savoir qui est « tu », pour lui attribuer le savoir qu'il y a quelqu'un à côté d'elle [1].

2.2. *La stratégie de Kraut*

Kraut (1983) rejette les attitudes *de dicto* (*i.e. de facto* dans la terminologie ici employée) et considère qu'une forme logique unique de type *de re* suffit à rendre compte des différents types d'attitudes, la distinction entre ces derniers apparaissant au niveau métalinguitique. De cette manière, l'ambiguïté d'une phrase comme (3) conduit à une forme unique qui sera désambiguïsée en fonction du contexte :

(4) a. L'agent i sait que $\varphi(a)$.
b. $\exists x\ (x = a \ \wedge\ \mathbf{K}_i\varphi(x))$

Cette formalisation suppose que les valeurs des variables ne sont pas les individus habituels de la sémantique standard, mais que ce sont ce que Hintikka appelle des *lignes de mondes* (*worldlines*), ou encore *fonctions individuantes* (*individuating functions*). Il s'agit de

1. Je ne veux pas m'aventurer dans une discussion sur la pensée des animaux et des enfants qui n'ont pas encore le langage. Le fait est que nous attribuons des attitudes aux animaux et aux bébés sans leur prêter de savoir linguistique. Je ne crois pas que ces attributions soient foncièrement différentes de celles que nous effectuons à propos des personnes douées de langage : nous ne décrivons rien et ne faisons qu'interpréter.

fonctions qui associent à chaque monde possible un individu existant dans ce monde. Ces entités sont parfaitement identifiées par les sémanticiens qui les appellent usuellement *concepts individuels*. La connotation d'une telle appellation est cependant sujette à caution. Ici on s'inspire plus directement de l'interprétation de Hintikka (1970), pour qui chacune de ces fonctions correspond à un *mode d'identification* (*way of identification*) d'un individu dans différents mondes possibles.

Selon l'approche de Kraut, des restrictions contextuelles sont imposées à la classe des lignes de mondes disponibles qui permettent de restaurer la distinction entre interprétations *de facto* (qu'il appelle *de dicto*) et interprétations *de re* d'une phrase du type (4a), à partir de la forme unique (4b). Les attitudes *de facto* ne supposent aucune restriction, tandis que les attitudes *de re* requièrent d'avoir affaire à des lignes de mondes rigides, autrement dit à des lignes qui pointent sur le même individu dans tous les mondes possibles.

En m'inscrivant dans cette stratégie générale, je propose ici de traiter les cas de connaissance *de dicto* en ajoutant une condition de *disponibilité* ou *awareness*[1] sur les lignes de mondes, à la manière de ce que l'on trouve en logique épistémique à la suite de Fagin & Halpern (1988). L'intuition qui sous-tend ma proposition est la suivante : une ligne de mondes ℓ est disponible à un agent relativement à un nom a (qui la dénote), si l'agent a une connaissance *de lingua* à propos de a. Mais c'est insuffisant : il faut en outre que cette connaissance *de lingua* soit mobilisée pour la connaissance du *dictum* $\varphi(a)$ pour que l'on puisse parler d'une connaissance *de dicto*. La disponibilité de la ligne ℓ n'est donc pas seulement relative à a, mais aussi à la phrase $\varphi(a)$ qui exprime, dans la bouche de l'attributeur, le contenu de l'attitude de l'agent.

On note $\mathcal{A}_i(a, \varphi(a))$ l'ensemble (possiblement vide) de telles lignes de mondes associées à a et $\varphi(a)$ pour l'agent i. Ainsi l'agent qui sait (*de re*) qui est Ian Khama, ou qui sait que Ian Khama est le quatrième président du Botswana, cet agent disposera d'une ou plusieurs lignes de mondes lui permettant d'identifier Ian Khama dans différents mondes possibles. Pour que ces lignes soient des éléments de $\mathcal{A}_i(\texttt{IanKhama}, \varphi(\texttt{IanKhama}))$, il faut en outre que l'agent

1. Littéralement l'*awareness* est la conscience. Comme son usage en logique épistémique est précis, j'emploierai le terme en anglais.

associe ces modes d'identification au nom propre « Ian Khama » dans les contextes appropriés.

Je renvoie à une section ultérieure (4.1) l'explicitation de cette notion d'*awareness*, en lien avec la conception de la signification défendue au chapitre 1. Dans l'immédiat je voudrais proposer une sémantique qui prolonge l'idée de Kraut sans introduire d'aspect lié à la sémantique des jeux, de manière à focaliser sur la distinction entre les différents types d'attitudes. Dans la section 3, j'introduirai une syntaxe et une sémantique qui rendront l'idée de Kraut compatible avec les aspects développés dans les autres chapitres.

2.3. *Langage épistémique du premier ordre*

J'introduis ici un langage épistémique du premier ordre dont la syntaxe est tout à fait standard. Je présente ensuite une sémantique qui, elle, ne l'est pas, et qui permet de différencier les types d'attributions d'attitudes entre les cas *de facto* et *de re*, et la combinaison avec *de dicto*.

Syntaxe. Le vocabulaire Σ est la réunion d'un ensemble de constantes individuelles (`Cons`) et d'un ensemble de prédicats (`Pred`). Le langage $\mathcal{L}(\Sigma, \mathbf{K}_i)$ est un langage épistémique du premier ordre, dont les termes et formules sont définis comme suit :

Termes : $t ::= x \mid a$

Formules : $\varphi ::= \top \mid (t_1 = t_2) \mid Pt_1 \dots t_n \mid \exists x\, \varphi \mid \neg\varphi \mid (\varphi \wedge \varphi) \mid \mathbf{K}_i\varphi$

x étant une variable individuelle, a une constante individuelle de `Cons`, et P un prédicat n-aire de `Pred`. On note `Form` l'ensemble des formules.

Pour simplifier les formules on n'a pas inclus les fonctions dans la définition des termes. La définition du langage ne comporte qu'un seul opérateur d'attitude, $\mathbf{K}_i$, qui représente *savoir* pour l'agent i. On pourrait l'étendre avec des opérateurs correspondant à autant d'agents, mais aussi envisager d'autres types d'attitudes. On se contente donc ici de cet unique opérateur modal.

Modèles de Kripke. Un *modèle de Kripke avec lignes de monde* pour un langage épistémique du premier ordre $\mathcal{L}(\Sigma, \mathbf{K}_i)$ est un n-uplet $\mathbf{M} = \langle W, R_{\mathbf{K}_i}, \{D_w\}_{w \in W}, \mathsf{WL}, \mathcal{A}_i, V \rangle$, où :

- W est un ensemble non vide de mondes possibles ;
- $R_{\mathbf{K}_i} \subseteq W \times W$ est la relation d'accessibilité entre mondes possibles ;

- D_w est un ensemble non vide d'individus (le *domaine local* de w), avec : $D := \bigcup_{w \in W} D_w$ (le *domaine global*) ;
- WL est l'ensemble des *lignes de mondes* : $\mathsf{WL} = \{\ell : X \to D \mid X \subseteq W;\ \forall w(w \in X \to \ell(w) \in D_w)\}$, avec RWL, le sous-ensemble de *lignes de mondes rigides* : $\mathsf{RWL} := \{\ell \in \mathsf{WL} \mid \forall w \forall w'((w \in \mathtt{dom}(\ell) \land w' \in \mathtt{dom}(\ell)) \to \ell(w) = \ell(w'))\}$, où $\mathtt{dom}(\ell)$ est le domaine de ℓ ;
- $\mathcal{A}_i$ est une fonction (*fonction d'awareness*) qui envoie les couples formés d'une constante individuelle et d'une formule, sur un ensemble (éventuellement vide) de lignes de mondes : $\mathcal{A}_i : \mathtt{Cons} \times \mathtt{Form} \to \wp(\mathsf{WL})$
- V est une fonction de *valuation* qui attribue :
  - une extension $V(P, w)$, *i.e.* un sous-ensemble de D^n à chaque prédicat n-aire P de $\mathtt{Pred}$ et monde possible w ;
  - une ligne de mondes $V(a) \in \mathsf{WL}$ à chaque constante individuelle a de $\mathtt{Cons}$, notée ℓ_a.

Commentaires :

– On retrouve les trois premières composantes (W, $R_{\mathbf{K}_i}$, D_w) de la définition, ainsi que la dernière (V), dans toutes les définitions des modèles de Kripke pour les langages modaux du premier ordre. L'ensemble des mondes possibles est muni d'une relation d'accessibilité propre à l'opérateur modal du langage considéré (ici $\mathbf{K}_i$), sachant que plusieurs modalités nécessiteraient plusieurs relations. Les domaines d'objets varient ici d'un monde à l'autre (D_w), la définition étant sur ce point compatible avec l'actualisme. Le domaine global, qui est la réunion des domaines locaux, n'intervient pas en tant que tel dans l'interprétation des formules.

– Les lignes de mondes qui composent WL sont des fonctions définies sur W, éventuellement partielles (*i.e.* leur domaine peut être un sous-ensemble propre de W), qui dans chaque monde w où elles sont définies, sélectionnent un objet dans le domaine local D_w. On pourrait en principe se dispenser de les mentionner dans la définition du modèle puisque l'ensemble WL dépend uniquement de W et $\{D_w\}_{w \in W}$, mais les indiquer dès la définition permet en pratique d'indiquer que l'évaluation repose essentiellement sur elles. Les lignes de mondes représentant les modes d'identification des objets disponibles à un agent i, l'évaluation fera intervenir des restrictions de l'ensemble initial WL. RWL est le sous-ensemble des lignes de mondes rigides, *i.e.* des fonctions constantes, de WL.

– La fonction d'*awareness* $\mathcal{A}_i$ associe un ensemble de lignes de mondes à chaque constante prise dans le contexte d'une formule.

Elle modélise le savoir de l'agent à propos d'un objet sous un mode de présentation linguistique donné. Si on ne veut pas attribuer ce savoir à l'agent, l'ensemble de lignes de mondes reste vide.

– La fonction de valuation V affecte une valeur sémantique aux éléments du vocabulaire dans chaque monde possible. Les prédicats n-aires sont interprétés dans chaque monde possible par des n-uplets d'objets du domaine global, suivant la sémantique de Fitting & Mendelsohn (1998) [1]. En revanche, la valuation s'écarte de la sémantique habituelle sur les constantes individuelles en leur affectant une ligne de mondes plutôt qu'un objet dans un monde. La sémantique ainsi définie est compatible avec une référence fixe pour les constantes individuelles (ce qui correspond à la rigidité des noms propres), en imposant que pour toute constante a, $\ell_a \in \mathsf{RWL}$. Mais cela reste une option, et la définition s'accommode également de désignateurs flexibles.

Assignation. Étant donné un modèle de Kripke avec lignes de mondes $\mathbf{M}$:

- une assignation g est une fonction qui assigne une ligne de mondes $g(x) \in \mathsf{WL}$ à chaque variable ;
- l'assignation $g[x_i/\ell]$ est une assignation qui coïncide avec g sauf éventuellement pour la variable x_i à laquelle elle assigne la ligne de mondes $\ell \in \mathsf{WL}$.

Évaluation. L'évaluation des termes et des formules est relative à un modèle de Kripke $\mathbf{M}$, un monde possible w, une assignation g, et pour les formules, à un contexte c.

Valeur des termes

$$[x]_{\mathbf{M},w,g} = g(x)(w), \text{ où } x \text{ est une variable ;}$$
$$[a]_{\mathbf{M},w,g} = \ell_a(w), \text{ où } a \text{ est une constante individuelle.}$$

Évaluation des formules

$\mathbf{M}, w, g \vDash_c Pt_1 \dots t_n$	ssi	$\langle [t_1]_{\mathbf{M},w,g}, \dots, [t_n]_{\mathbf{M},w,g} \rangle \in V(P, w)$
$\mathbf{M}, w, g \vDash_c (t_1 = t_2)$	ssi	$[t_1]_{\mathbf{M},w,g} = [t_2]_{\mathbf{M},w,g}$
$\mathbf{M}, w, g \vDash_c \neg\varphi$	ssi	$\mathbf{M}, w, g \nvDash_c \varphi$
$\mathbf{M}, w, g \vDash_c \varphi \wedge \psi$	ssi	$\mathbf{M}, w, g \vDash_c \varphi$ et $\mathbf{M}, w, g \vDash_c \psi$
$\mathbf{M}, w, g \vDash_c \mathbf{K}_i\varphi$	ssi	pour tout w', si $wR_{\mathbf{K}_i}w'$ alors $\mathbf{M}, w', g \vDash_c \varphi$
$\mathbf{M}, w, g \vDash_c \exists x\, \varphi$	ssi	$\exists \ell \in \mathsf{WL}^c$ tel que : $\mathbf{M}, w, g[x/\ell] \vDash_c \varphi$

1. Les raisons en faveur de cette sémantique sont exposées dans l'Introduction, section 3, p. 30 *sq.*

où $\mathsf{WL}^c \subseteq \mathsf{WL}$ est une restriction contextuelle de l'ensemble des lignes de mondes.
Commentaire : L'évaluation des formules est habituelle, sauf pour les énoncés quantifiés où l'ensemble des lignes de mondes WL et le contexte c jouent un rôle crucial. Un énoncé existentiel $\exists x\ \varphi$ est vrai (relativement à $\mathbf{M}, w, g$) ssi on peut assigner à x une ligne de mondes de l'ensemble contextuellement restreint WL^c de telle sorte que φ soit vraie (relativement à $\mathbf{M}, w, g$). Il faut examiner maintenant la nature des restrictions contextuelles imposées à l'ensemble WL.

2.4. *Rôle des lignes de mondes*

Considérons le cas particulier de la forme générale (4) où un agent attribue un prédicat simple à un objet :

(5) a. l'agent i sait que a est un P
b. $\exists x\ (x = a \ \wedge\ \mathbf{K}_i P(x))$

L'évaluation de la formule relativement à un modèle, un monde, une assignation et un contexte, est analysée comme suit :

(6) $\mathbf{M}, w, g \vDash_c \exists x(x = a \ \wedge\ \mathbf{K}_i Px)$
ssi $\exists \ell \in \mathsf{WL}^c$ t.q. : $\mathbf{M}, w, g[x/\ell] \vDash_c (x = a \ \wedge\ \mathbf{K}_i Px)$
ssi $\exists \ell \in \mathsf{WL}^c$ t.q. : $\ell(w) = \ell_a(w)$ et $\forall w'$, si $wR_{\mathbf{K}_i}w'$ alors $\ell(w') \in V(P, w')$

La condition de satisfaction de la formule (relativement au modèle, au monde w, etc.) est donc qu'il y ait une ligne de mondes ℓ, qui coïncide avec la valeur du nom propre a dans le monde w, et telle que dans toute alternative épistémique, la valeur de la ligne soit dans l'extension du prédicat P. Le contexte d'assertion de la phrase (5), et donc son contexte d'interprétation, peut conduire à imposer des contraintes sur le choix de la ligne ℓ. Quand le contexte conduit à une simple interprétation *de facto*, aucune exigence n'est imposée. S'il conduit à une interprétation *de re*, alors la ligne de mondes doit être *rigide*, *i.e.* elle doit sélectionner le même objet dans tous les mondes possibles accessibles. Si le contexte conduit à une interprétation *de dicto*, il faut ajouter la contrainte de disponibilité (*awareness*), *i.e.* ℓ doit être prise dans $\mathcal{A}_i(a, Pa)$. Quand le contexte conduit à additionner les contraintes *de re* et *de dicto*, la ligne doit être simultanément rigide et disponible.

On peut ainsi récapituler les quatre possibilités (pour le cas général (4)) :

de facto :	$\mathsf{WL}^f = \mathsf{WL}$	pas de restriction
de re :	$\mathsf{WL}^r = \mathsf{RWL}$	lignes rigides
de dicto :	$\mathsf{WL}^d = \mathcal{A}_i(a, \varphi(a))$	lignes disponibles
de re + de dicto :	$\mathsf{WL}^{rd} = \mathsf{RWL} \cap \mathcal{A}_i(a, \varphi(a))$	rigides et disponibles

Quelques conséquences (attendues). La présentation donnée ici n'est pas complètement satisfaisante : les interprétations *de dicto* mentionnent l'ensemble $\mathcal{A}_i(a, \varphi(a))$, donc la formule $\varphi(a)$, qui peut certes être reconstruite à partir de (4) mais qui n'en est pas une sous-formule. Avant d'aborder la présentation plus élégante permise par la logique IF, je vais introduire la notation inspirée de Lenzen (2002) :

(7) a. $[\mathbf{K}_i\varphi](a) := \exists x(x = a \wedge \mathbf{K}_i\varphi(x))$
b. $[\mathbf{K}_i\varphi](a,b) := \exists x \exists y(x = a \wedge y = b \wedge \mathbf{K}_i\varphi(x,y))$

Il s'agit d'une notation fonctionnelle qui correspond aux attributions d'attitudes *de re* [1], dont on rappelle qu'elle est systématique dans la formalisation choisie ici à la suite de Kraut.

Connaissance de facto. On peut maintenant envisager différentes conséquences de la sémantique proposée. Notons tout d'abord que la décontextualisation conduit à supprimer toute restriction sur le choix des lignes de mondes, et correspond aux cas d'attributions de savoir *de facto* : $\mathbf{M}, w, g \vDash [\mathbf{K}_i\varphi](a)$.

La connaissance *de facto* est *transparente*, *i.e.* elle se comporte comme la connaissance *de re* selon la sémantique standard. Elle autorise la Généralisation existentielle de même que la Substituabilité des identiques *salva veritate*, respectivement :

(8) $[\mathbf{K}_i\varphi](a) \Rightarrow \exists x[\mathbf{K}_i\varphi](x)$

(9) $[\mathbf{K}_i\varphi](a), (a = b) \Rightarrow [\mathbf{K}_i\varphi](b)$

La généralisation existentielle est une conséquence presque immédiate de la définition (7). Elle n'est pas étonnante pour la connaissance *de facto* étant donnée la factivité de la connaissance : si l'agent i connaît un fait au sujet de a, quel que soit le mode de présentation de ce dernier, alors ce fait doit être avéré donc a doit exister.

1. « This type of formal representation and the characterization of the epistemic predicates ... $[\mathbf{K}_i\varphi]$ as expressing *complex* properties – is meant to suggest that *de re* sentences are referentially *transparent.* » (Lenzen 2002, p. 21) (j'ai remplacé la notation originale de Lenzen, $K(a, \varphi)$, par la mienne, $[\mathbf{K}_i\varphi]$)

Le cas est presque aussi évident pour la substituabilité des identiques. L'attribution d'une connaissance *de facto* au sujet d'un individu a n'impliquant aucun mode de présentation particulier pour l'agent, le mode de désignation de l'individu par l'attributeur peut être modifié sans que cela n'ait d'impact sur la valeur de l'attribution. C'est l'intuition qui est sous-jacente à l'interprétation *de facto* de l'exemple (3) au début de ce chapitre.

Autre propriété : chaque agent a une connaissance *de facto* de n'importe quelle identité :

(10) $(a = b) \Rightarrow [\mathbf{K}_i =](a, b)$

La formule $[\mathbf{K}_i =](a, b)$ se développe en effet en :

(11) $\exists x \exists y (x = a \wedge y = b \wedge \mathbf{K}_i(x = y))$

qui est trivialement satisfaite dès que $(a = b)$: il suffit de sélectionner la même ligne de mondes pour x et y, qui coïncide avec a donc avec b dans le monde de l'évaluation. Le savoir attribué à l'agent est tout aussi trivial : c'est celui de l'identité d'un individu avec lui-même, quel que soit cet individu, indépendamment de son mode de présentation. Il est généralement admis qu'un agent rationnel doit savoir *de re* de tout individu qu'il est identique avec lui-même. On a aussi cette propriété pour la connaissance *de re*, la seule exigence additionnelle par rapport au cas *de facto* étant que la ligne choisie soit rigide. Mais le cas de la connaissance des identités *de facto* est plus général : à l'inverse de la connaissance *de re*, il n'exige pas de connaître l'individu concerné pour savoir qu'il est identique avec lui-même. Il s'agit donc d'une connaissance *a priori*, d'ordre logique et déconnectée de toute connaissance empirique.

Connaissance de dicto. Hormis la généralisation existentielle, les propriétés liées à la transparence disparaissent dans le cas des attributions *de dicto*. Les conditions de vérité vont en effet exiger des lignes de mondes qu'elles soient *disponibles* pour l'agent. Mais cette disponibilité est relative à une constante et à la phrase considérée. Pour deux termes coréférentiels a et b, il peut parfaitement se produire que :

(12) $\mathcal{A}_i(a, \varphi(a)) \cap \mathcal{A}_i(b, \varphi(b)) = \varnothing$

puisqu'aucune contrainte n'a été imposée sur la construction de la fonction d'*awareness*. Ainsi, l'agent qui pourra savoir que Phosphorus est un astre ($\varphi(a)$), et également que Hesperus est un astre ($\varphi(b)$) tout en n'ayant aucune idée de l'identité entre Hesperus et Phosphorus : les lignes de mondes permettant à l'agent d'accéder à l'astre, qui peuvent correspondre aux descriptions « étoile du matin » et « étoile du soir », n'ont alors pas de raison de coïncider. Un autre cas de figure serait offert par la situation d'un agent ne connaissant pas l'un des deux noms, disons b, ce qui conduit à avoir un ensemble $\mathcal{A}_i(b, \varphi(b))$ simplement vide. Quelle qu'en soit la raison, l'intersection vide (12) bloque la substituabilité des identiques (9).

La connaissance des identités (10) n'a également plus rien d'automatique dans le cas *de dicto*. Pour qu'il y ait une telle connaissance, il faut en effet éviter la configuration suivante :

(13) $\mathcal{A}_i(a, (a = b)) \cap \mathcal{A}_i(b, (a = b)) = \varnothing$

qui n'est pas *a priori* interdite par la sémantique : certaines conditions spécifiques doivent être réunies, qui relèvent de la connaissance *de lingua*.

3. Formalisation en Logique IF étendue

Je propose ici une autre formalisation, proche de celle de Lenzen, qui s'appuie sur l'idée de Kraut mais aussi sur la logique IF et la théorie sémantique des jeux. Je retiendrai in fine cette formalisation, non seulement parce que la logique IF et GTS constituent le cadre général d'analyse des attitudes dans ce travail, avec des développements dans les chapitres suivants, mais également du fait de l'expressivité accrue qu'elle offre immédiatement.

3.1. *Formes logiques*

À partir de Kraut, l'idée est tout d'abord d'« internaliser » le contexte. Devant l'ambiguïté de certaines attributions d'attitudes comme (3), on a en effet le choix entre (i) adopter une forme logique unique mais sous-spécifiée et faire intervenir le contexte ensuite à la manière de Kraut, ou (ii) distinguer plusieurs formes logiques dès le départ, donc faire intervenir le contexte en amont, et interpréter les formules sans référence au contexte par la suite. C'est la seconde stratégie que je vais suivre dorénavant, tout en conservant l'idée de Kraut d'une interprétation fondamentalement *de re* *i.e.* en termes de lignes de mondes.

Indépendamment de l'adoption du cadre de IF et GTS, notons que l'internalisation du contexte peut être motivée par la complexité de certaines attributions, comme dans l'exemple suivant :

(14) a. Isabel sait que Marie aime Ian Khama
b. $[\mathbf{K}_i L](m,k) \Leftrightarrow \exists x \exists y(x = m \wedge y = k \wedge \mathbf{K}_i L(x,y))$

On peut ici envisager toutes sortes de combinaisons pour le couple Marie/Ian Khama : *de re*/*de re*, *de re*/*de dicto*, *de re*+*de dicto*/*de facto*, etc. Ces combinaisons peuvent évidemment être traitées au seul niveau métalinguistique, mais une notation incorporée dès le langage-objet facilitera certainement la tâche. Provisoirement, contentons-nous d'ajouter un exposant à la constante pour marquer le type d'attitude concerné : $[\mathbf{K}_i P](a^f)$ (*de facto*), $[\mathbf{K}_i P](a^r)$ (*de re*), $[\mathbf{K}_i P](a^d)$ (*de dicto*), et $[\mathbf{K}_i P](a^{rd})$ (*de re*+*de dicto*). On pourra ainsi envisager les combinaisons complexes sur des attitudes impliquant plusieurs constantes comme dans (14) : $[\mathbf{K}_i L](m^r,k^r)$, $[\mathbf{K}_i L](m^r,k^d)$, etc.

Le contraste entre attributions *de facto* et *de re* a été envisagé par Fitting & Mendelsohn (1998) à l'aide de lambda-abstraction. En supposant que a n'est pas un désignateur rigide, Fitting et Mendelsohn ont en effet relevé que la notation $\mathbf{K}_i Pa$ est ambiguë entre attribution *de facto* (*de dicto*, dans leur terminologie) et *de re*[1]. Ils ont introduit les lambda-abstracteurs dans le langage-objet pour distinguer les deux interprétations :

(15) $[\mathbf{K}_i P](a^f)$ (*de facto*) $\mathbf{K}_i \langle \lambda x.Px \rangle (a)$

(16) $[\mathbf{K}_i P](a^r)$ (*de re*) $\langle \lambda x.\mathbf{K}_i Px \rangle (a)$

L'idée en jeu est en fait celle des portées relatives de la modalité épistémique $\mathbf{K}_i$ et de la constante a : tandis que dans (15) la constante est dans la portée de l'opérateur (et donc doit être évaluée en fonction de ce dernier, *i.e.* selon les mondes épistémiquement possibles considérés), dans (16) elle se trouve hors de portée de la modalité (et doit ainsi être évaluée dans le seul monde où la formule est évaluée). Ce jeu subtil sur les portées, où une constante peut se trouver dans la portée syntaxique d'un opérateur (comme dans la notation ambiguë $\mathbf{K}_i Pa$) tout en demeurant sémantiquement indépendante (comme dans l'interprétation *de re*) est au cœur de la logique IF (Hintikka 1997). On peut ainsi distinguer les interprétations *de facto* et *de re* à l'aide du marqueur d'indépendance de IF :

(17) $[\mathbf{K}_i P](a^f)$ (*de facto*) $\mathbf{K}_i Pa$

(18) $[\mathbf{K}_i P](a^r)$ (*de re*) $\mathbf{K}_i Pa_{/\mathbf{K}_i}$

1. Si a est un désignateur rigide, l'ambiguïté est trivialement levée et la seule lecture autorisée est l'interprétation *de re*.

La différence sémantique entre les deux formules ci-dessus réside dans le choix de la valeur pour a : relatif au monde possible atteint par la modalité $\mathbf{K}_i$ dans (17), il est indépendant du monde choisi dans (18).

Pour marquer d'autre part la connaissance *de dicto*, je vais utiliser dans la suite les coins de citation :

(19) $[\mathbf{K}_i P](a^d)$ (*de dicto*) $\mathbf{K}_i P \ulcorner a \urcorner$

(20) $[\mathbf{K}_i P](a^{dr})$ (*de dicto* + *de re*) $\mathbf{K}_i P \ulcorner a \urcorner_{/\mathbf{K}_i}$

3.2. *Sémantique des jeux*

Les jeux sémantiques offrent une interprétation naturelle des énoncés épistémiques IF. Ces jeux sont analogues à ceux de eGTS, présentés dans la section 3.2 du chapitre 1, mais ils concernent cette fois des formules modales. De même que dans le cas non modal, on se restreint ici aux énoncés (*i.e.* aux formules closes), l'idée de la sémantique des jeux étant de se dispenser de l'attirail des assignations de Tarki pour n'avoir que des choix d'objets réalisés par les joueurs. Je n'introduis ici que les règles concernant les constantes, celles relatives aux prédicats seront présentées plus loin, section 4.2.

Avec les jeux sémantiques, on va pouvoir se dispenser des lignes de mondes au niveau des modèles : on retourne à des modèles de Kripke standards, les constantes et variables prenant pour valeurs de simples objets dans chaque monde. Les lignes de mondes et les avantages qu'elles présentent seront alors récupérés au niveau des *stratégies*. Les fonctions de Skolem qui composent ces dernières peuvent en effet être uniformes ou non relativement aux modalités : de là sera reconstituée la distinction entre cas *de re* et *de facto*. La disponibilité (*awareness*) qui permet d'attribuer le supplément *de dicto* est alors également traitée au niveau des stratégies gagnantes et non plus au niveau du modèle.

Modèles de Kripke. Un *modèle de Kripke (standard)* pour un langage épistémique du premier ordre $\mathcal{L}(\Sigma, \mathbf{K}_i)$ est un n-uplet $\mathbf{M} = \langle W, R_{\mathbf{K}_i}, \{D_w\}_{w \in W}, V\rangle$, où :

- W est un ensemble non vide de mondes possibles ;
- $R_{\mathbf{K}_i} \subseteq W \times W$ est la relation d'accessibilité entre mondes possibles ;
- D_w est un ensemble non vide d'individus (le *domaine local* de w), avec : $D := \bigcup_{w \in W} D_w$ (le *domaine global*) ;
- V est une fonction de valuation qui attribue :

— une extension, *i.e.* un sous-ensemble $V(P,w)$ de D^n à chaque prédicat n-aire P de **Pred** et monde possible w ;
— un objet individuel $d_a \in D$ à chaque constante individuelle a de **Cons**.

Commentaire : Par rapport aux modèles de Kripke avec lignes de mondes définis p. 97, l'ensemble des lignes de mondes **WL** ainsi que la fonction de disponibilité $\mathcal{A}_i$ n'apparaissent plus, et la fonction de valuation V est évidemment modifiée. La nouvelle définition de V suppose de considérer les constantes individuelles comme des désignateurs rigides. D'autre part, elle permet l'octroi d'une valeur à une constante dans un monde w même si cette valeur n'est pas dans le domaine local D_w ; cela n'oblige pas à envisager que les énoncés atomiques contenant des constantes dans ce cas soient vrais, puisque la vérité des atomes dépend de l'extension locale du prédicat concerné, $V(P,w)$.

Règles des jeux moléculaires. Le plateau de jeu (*gameboard*) est un modèle de Kripke pointé, c'est-à-dire une paire $\langle \mathbf{M}, v\rangle$ composée d'un modèle et d'un monde distingué de l'ensemble des mondes de ce modèle. On peut concevoir le monde distingué comme étant le monde *considéré comme actuel.*

À chaque énoncé épistémique du premier ordre φ de $\mathcal{L}(\Sigma, \mathbf{K}_i)$, pour un modèle de Kripke pointé $\langle \mathbf{M}, v\rangle$ et un monde w donnés, on associe un jeu sémantique $eG_{\mathbf{M},v}(\varphi, w)$. Ce jeu est joué par $\exists$*loise* et $\forall$*belard* conformément aux règles eGTS pour la logique modale du premier ordre. Les règles des jeux moléculaires sont les suivantes :

(R.$\vee$) Dans le jeu $eG_{\mathbf{M},v}(\varphi_1 \vee \varphi_2, w)$ le vérificateur choisit un indice $i \in \{1,2\}$. La suite du jeu est comme $eG_{\mathbf{M},v}(\varphi_i, w)$.

(R.$\wedge$) Dans le jeu $eG_{\mathbf{M},v}(\varphi_1 \wedge \varphi_2, w)$ le falsificateur choisit un indice $i \in \{1,2\}$. La suite du jeu est comme $eG_{\mathbf{M},v}(\varphi_i, w)$.

(R.$\exists$) Le jeu $eG_{\mathbf{M},v}(\exists x\ \varphi(x), w)$ débute avec le choix par le vérificateur d'un objet $d \in D_w$, et d'un nouveau nom $\mathbf{c}$ pour le désigner ; la suite du jeu est comme $eG_{\mathbf{M},v}(\varphi(\mathbf{c}), w)$.

(R.$\forall$) Le jeu $eG_{\mathbf{M},v}(\forall x\ \varphi(x), w)$ est similaire au précédent, sauf que les choix sont effectués par le falsificateur.

(R.$\neg$) Le jeu $eG_{\mathbf{M},v}(\neg\varphi, w)$ est comme $eG_{\mathbf{M},v}(\varphi, w)$, sauf que les rôles des deux joueurs (tels qu'ils sont définis par les règles) sont inversés.

(R.$\mathbf{K}_i$) Le jeu $eG_{\mathbf{M},v}(\mathbf{K}_i\varphi, w)$ débute avec le choix par le falsificateur d'un monde w' accessible depuis w selon $R_{\mathbf{K}_i}$; la suite du jeu est comme $eG_{\mathbf{M},v}(\varphi, w')$.

Deux mondes interviennent dans la définition des jeux sémantiques, le premier étant le monde distingué et le second le monde courant. Le monde distingué ne joue aucun rôle ici, mais il interviendra dans les jeux atomiques. Les cinq premières règles sont semblables à celles des jeux de GTS inétendue dans le cas non modal (*cf.* p. 59). De façon attendue, la règle **(R.K$_i$)** traite la modalité épistémique comme un quantificateur universel sur les mondes possibles, en changeant le monde courant.

Règles de jeux atomiques. Dans le cas non modal, pour simplifier et décomposer les règles on avait fait dépendre la suite du jeu de la vérité de l'atome considéré. Ici la situation est cependant plus subtile. Les règles pour les jeux atomiques portent également sur les termes (et dans la section 4.2 sur les prédicats) qui entrent dans la composition des atomes, mais leur présentation est plus compacte.

Comme ∃*loise* n'est pas censée identifier la valeur de chaque terme à chaque *partie* (même si elle doit pouvoir identifier la valeur de chaque terme pour disposer d'une stratégie gagnante), il faut avant d'énoncer les règles définir la valeur des termes dans le modèle, *i.e.* simplement étendre la valuation aux constantes inédites introduites au fil du jeu :

Valeur des termes

$[a]_{\mathbf{M},w}$ = $V(a) \in D$, où a est une constante de Cons.

$[\mathbf{c}]_{\mathbf{M},w}$ = $d \in D$, où **c** est une constante introduite par ∃*loise* ou ∀*belard* pour désigner d au cours du jeu.

On peut maintenant expliciter les règles pour les jeux atomiques :

(R.At$_1^{1\ldots n}$) Dans le *jeu atomique* $eG_{\mathbf{M},v}(Pt_1 \ldots t_n, w)$, où $P \in$ **Pred** est un prédicat n-aire et les t_i sont n termes, ∀*belard* choisit un indice $i \in \{1, \ldots, n\}$; on a alors l'un des deux cas suivants :

(i) t_i est une constante individuelle inédite introduite au cours de la partie pour désigner un objet $d \in D$;
si $\langle [t_1]_{\mathbf{M},w}, \ldots, d, \ldots, [t_n]_{\mathbf{M},w} \rangle \in V(P, w)$ (d occupant la $i$ème place) alors ∃*loise* gagne, sinon c'est ∀*belard* gagne ;

(ii) t_i est une constante individuelle de Cons ; alors ∃*loise* choisit un objet $d \in D$; si
(ii.a) $\langle [t_1]_{\mathbf{M},w}, \ldots, d, \ldots, [t_n]_{\mathbf{M},w} \rangle \in V(P, w)$ (d occupant la $i$ème place), et si
(ii.b) $d = V(t_i)$ (si $w = v$),
alors ∃*loise* gagne ; sinon c'est ∀*belard* qui gagne.

(R.At$_2$) Dans le *jeu atomique* $eG_{\mathbf{M},v}(t_1 = t_2, w)$, où t_1 et t_2 sont deux termes, $\forall$*belard* choisit un indice $i \in \{1,2\}$; on a alors l'un des deux cas suivants :

(i) t_i est une constante individuelle inédite introduite au cours de la partie pour désigner un objet $d \in D$; si $[t_1]_{\mathbf{M},w} = [t_2]_{\mathbf{M},w}$ alors $\exists$*loise* gagne, sinon c'est $\forall$*belard* gagne ;

(ii) t_i est une constante individuelle de Cons ; alors $\exists$*loise* choisit un objet $d \in D$; si
(ii.a) $d = [t_2]_{\mathbf{M},w}$ (si $i = 1$) ou $[t_1]_{\mathbf{M},w} = d$ (si $i = 2$), et si
(ii.b) $d = V(t_i)$ (si $w = v$),
alors $\exists$*loise* gagne ; sinon c'est $\forall$*belard* qui gagne.

La complexité des règles est notamment due à la présence des clauses (ii.b). Il s'agit de vérifier que la valeur attribuée à une constante individuelle par $\exists$*loise* est bien la valeur de cette constante selon la valuation, mais uniquement *dans le monde distingué*, *i.e.* le monde d'évaluation de départ. Les règles sont en effet calquées sur la forme *de re* de Kraut donnée en (4)[1].

Il est utile de souligner ici que les jeux sémantiques permettent de concilier la rigidité des noms propres (*i.e.* une valeur constante pour $V(a)$) avec leur flexibilité dans les contextes épistémiques. C'est donc sur le plan des stratégies que cette flexibilité est implémentée.

Conditions de vérité. On peut définir la vérité-eGTS, exactement comme dans le cas non modal, en terme de stratégies gagnantes pour $\exists$*loise*. Pour une formule φ de $\mathcal{L}(\Sigma, \mathbf{K}_i)$ et un modèle pointé $\langle \mathbf{M}, v\rangle$, on a :

$\langle \mathbf{M}, v\rangle, w \vDash^{+}_{\mathsf{eGTS}} \varphi$ (φ est eGTS-vraie dans w) ssi il y a une stratégie gagnante pour le vérificateur initial ($\exists$*loise*) dans $eG_{\mathbf{M},v}(\varphi, w)$.

1. On aurait pu calquer les règles sur la forme *de dicto* défendue par Hintikka, qui s'appuie *grosso modo* sur l'équivalence entre Pa et $\exists x(x = a \wedge Px)$ pour analyser $\mathbf{K}_i Pa$ en $\mathbf{K}_i \exists x(x = a \wedge Px)$, le quantificateur existentiel $\exists x$ pouvant être indépendant de $\mathbf{K}_i$. Cette fomulation suppose que les constantes sont des désignateurs *non*-rigides, ce qui pose de multiples problèmes notamment lorsqu'on s'intéresse à la combinaison entre modalités épistémiques et modalités métaphysiques (Rebuschi 2009). De ce point de vue, la version de Kraut est plus neutre puisqu'elle est compatible avec des constantes rigides ou flexibles. Le minimalisme d'une évaluation des constantes individuelles dans le seul monde d'évaluation de départ, ponctuellement assimilable au monde actuel, est justifié par le fait que c'est dans le monde actuel que les objets sont désignés à l'aide de noms, même s'ils peuvent ensuite être considérés dans d'autres mondes possibles.

$\langle \mathbf{M}, v \rangle, w \vDash^{-}_{\mathsf{eGTS}} \varphi$ (φ est eGTS-fausse dans w) ssi il y a une stratégie gagnante pour le falsificateur initial ($\forall$*belard*) dans $eG_{\mathbf{M},v}(\varphi, w)$.

3.3. *Langage épistémique IF·$\mathcal{A}$*

Syntaxe de l'extension IF·$\mathcal{A}$. Étant donné un vocabulaire $\Sigma = \mathtt{Cons} \cup \mathtt{Pred}$), on définit le langage $\mathcal{L}_{IF\cdot\mathcal{A}}(\Sigma, \mathbf{K}_i)$ de la manière suivante :

Termes :	$t ::=$	$x \mid a \mid a_{/\mathbf{K}_i} \mid \ulcorner a \urcorner \mid \ulcorner a \urcorner_{/\mathbf{K}_i}$
Formules :	$\varphi ::=$	$\top \mid (t_1 = t_2) \mid Pt_1 \ldots t_n \mid \exists x\, \varphi \mid \exists x_{/\mathbf{K}_i} \varphi$
		$\mid \forall x_{/\mathbf{K}_i} \varphi \mid \neg\varphi \mid (\varphi \wedge \varphi) \mid \mathbf{K}_i \varphi$

x étant une variable individuelle, a une constante individuelle de `Cons`, et P un prédicat n-aire de `Pred`[1]. On appelle *formules régulières*[2] les formules dont les termes indépendants $t_{/\mathbf{K}_i}$ et les quantificateurs indépendants $\exists x_{/\mathbf{K}_i}$ ou $\forall x_{/\mathbf{K}_i}$ sont tous dans la portée syntaxique de l'opérateur $\mathbf{K}_i$. On note `Form` l'ensemble des formules régulières.

À chaque formule (régulière ou non) φ de $\mathcal{L}_{IF\cdot\mathcal{A}}(\Sigma, \mathbf{K}_i)$ on associe une formule de $\mathcal{L}(\Sigma, \mathbf{K}_i)$, la *forme bridée* de φ, que l'on note φ^{br} et qui est obtenue à partir de φ en transformant (i) les termes de la forme $\ulcorner t \urcorner$ en termes correspondants t, (ii) les termes de la forme $t_{/\mathbf{K}_i}$ en termes t, et les quantificateurs de la forme $\exists x_{/\mathbf{K}_i}$ (resp. $\forall x_{/\mathbf{K}_i}$) en quantificateurs $\exists x$ (resp. $\forall x$). Si φ est une formule épistémique du premier ordre standard, *i.e.* une formule de $\mathcal{L}(\Sigma, \mathbf{K}_i)$, alors elle est identique à sa forme bridée.

On envisagera au besoin l'une ou l'autre des deux restrictions de $\mathcal{L}_{IF\cdot\mathcal{A}}(\Sigma, \mathbf{K}_i)$: le fragment IF noté $\mathcal{L}_{IF}(\Sigma, \mathbf{K}_i)$ des formules qui ne contiennent aucun terme de la forme $\ulcorner t \urcorner$, et le fragment $\mathcal{A}$ noté $\mathcal{L}_{\mathcal{A}}(\Sigma, \mathbf{K}_i)$ des formules qui ne contiennent aucun terme de la forme $t_{/\mathbf{K}_i}$ ni aucun quantificateur indépendant $\exists x_{/\mathbf{K}_i}$ ou $\forall x_{/\mathbf{K}_i}$.

Sémantique : retour aux quatre exemples. Les formules régulières IF·$\mathcal{A}$ sont évaluées au moyen de jeux sémantiques sur des modèles de Kripke standard. Les jeux sémantiques des formules IF·$\mathcal{A}$ sont

1. L'extension IF est donc ici minimale, puisqu'on n'envisage pas de quantificateurs mutuellement indépendants du type $\exists x_{/\forall y}$ mais uniquement des quantificateurs et termes indépendants de l'opérateur modal $\mathbf{K}_i$.

2. J'emprunte l'appellation à (Mann *et al.* 2011).

identiques à ceux de leurs formes bridées sur le plan des parties, mais ils s'en distinguent au niveau des stratégies.

Revenons aux quatre exemples (17)-(20). Les *parties* pour les quatre formules $\mathbf{K}_i Pa$, $\mathbf{K}_i Pa_{/\mathbf{K}_i}$, $\mathbf{K}_i P\ulcorner a\urcorner$ et $\mathbf{K}_i P\ulcorner a\urcorner_{/\mathbf{K}_i}$ se déroulent de manière unique. Envisageons ainsi le jeu sémantique sur la formule Pa relativement à un modèle pointé $\langle \mathbf{M}, w\rangle$ à partir du monde distingué w, tels que $\mathbf{M}, w \vDash Pa$. La partie se déroulerait ainsi :

> Le jeu $eG_{\mathbf{M},w}(\mathbf{K}_i Pa, w)$ débute avec le choix par $\forall$*belard* d'un monde w' accessible depuis w selon $R_{\mathbf{K}_i}$. La partie se poursuit avec Pa dans w', *i.e.* avec le jeu atomique $eG_{\mathbf{M},w}(Pa, w')$. Comme il n'y a qu'une constante dans Pa, $\forall$*belard* doit sélectionner l'indice 1 et $\exists$*loise* choisit un objet d dans le domaine $D_{w'}$. Si w' est le monde de départ w, $\exists$*loise* doit choisir la valeur de a (*i.e.* $I(a)$) sinon elle perd et $\forall$*belard* gagne. D'autre part, si l'objet d est dans l'extension locale $V(P, w')$ de P, $\exists$*loise* gagne ; sinon elle perd et $\forall$*belard* gagne.

Dans cet exemple, $\exists$*loise* dispose d'une stratégie gagnante si et seulement si dans tous les mondes possibles accessibles depuis w selon $R_{\mathbf{K}_i}$ (y compris le monde de départ w) [1], elle peut trouver un objet qui soit dans l'extension locale de P, et qui soit par ailleurs identique à la référence de a pour le monde w. La stratégie gagnante correspond ainsi très exactement à la ligne de mondes requise pour satisfaire la formule correspondante dans la conception de Kraut, (4) : $\exists x(x = a \wedge \mathbf{K}_i Px)$.

La situation peut être affinée quand des contraintes sont imposées aux stratégies d'$\exists$*loise*. L'uniformité de la stratégie (relativement à la modalité $\mathbf{K}_i$) est en effet requise pour formaliser les attributions de savoir *de re* (Hintikka 2003, p. 51), et la disponibilité (pour l'agent) dans les cas *de dicto*. On retrouve ainsi au niveau métasémantique ce qui était contenu au niveau sémantique par les lignes de mondes [2] :

1. On est ici dans le cas où la modalité $\mathbf{K}_i$ est factive si bien que la relation d'accessibilité est réflexive, *i.e.* le monde w est accessible à lui-même. Dans le cas général il faut envisager que les stratégies gagnantes donnent une valeur pour les constantes dans le monde de départ même si ce dernier n'est pas accessible à partir du monde courant.

2. Sur le plan métaphysique, on peut trouver un avantage à la formalisation IF qui autorise les objets mondains usuels là où les modèles à base de lignes de mondes leur substituaient des sortes de « vers inter-mondains ».

— *de re* : dans le jeu $eG_{\mathbf{M},w}(\mathbf{K}_i Pa_{/\mathbf{K}_i}, w)$, les stratégies doivent être uniformes relativement à $\mathbf{K}_i$: ce sont les stratégies suivies par $\exists$*loise* pour choisir un objet quand elle ne sait pas quel choix a été préalablement opéré par $\forall$*belard* (le choix de la valeur pour a est *informationnellement indépendant* du monde possible w' atteint après la première étape du jeu) : la fonction de choix est donc *constante*, ce qui revient à avoir une ligne de mondes rigide.

— *de dicto* : dans le jeu $eG_{\mathbf{M},w}(\mathbf{K}_i P\ulcorner a\urcorner, w)$, les stratégies gagnantes d'$\exists$*loise* doivent être disponibles pour l'agent i, et associée à la constante a comme au *dictum Pa*. Pour modéliser la situation d'un agent épistémique, il faut donc décréter un ensemble de stratégies disponibles, associées à chaque paire constituée d'une constante et d'une formule qui en contient une ou plusieurs occurrences.

— *de re + de dicto* : dans le jeu $eG_{\mathbf{M},w}(\mathbf{K}_i P\ulcorner a\urcorner_{/\mathbf{K}_i}, w)$, les stratégies gagnantes d'$\exists$*loise* doivent être (i) uniformes relativement à $\mathbf{K}_i$, et (ii) disponibles pour l'agent i et associée à (a, Pa).

Il y a plus qu'une simple analogie entre stratégies gagnantes et lignes de mondes : de fait, ce sont *les mêmes entités* qui sont en jeu. Les fonctions de choix qui entrent dans la composition des stratégies gagnantes d'$\exists$*loise* associent à chaque monde possible de $w \in W$ un objet d_w du domaine D, et les lignes de mondes sont des fonctions partielles de W dans D ; si pour un monde donné, l'objet choisi par une fonction de choix est en dehors du domaine local, *i.e.* si $d_w \notin D_w$, cela revient à considérer que la ligne de mondes n'est pas définie dans ce monde.

Conditions de vérité des formules IF·$\mathcal{A}$. On va généraliser ce qui a été introduit à partir des quatre exemples. À l'intérieur de chaque formule IF·$\mathcal{A}$ φ on peut distinguer deux ensembles d'expressions : d'une part l'ensemble $DeRe(\varphi)$ des expressions dites *de re*, qui sont les termes de la forme $t_{/\mathbf{K}_i}$, les quantificateurs de la forme $\exists x_{/\mathbf{K}_i}$ dans la portée d'un nombre pair de négations et les quantificateurs de la forme $\forall x_{/\mathbf{K}_i}$ dans la portée d'un nombre impair de négations[1], et

1. Comme les négations inversent le rôle des joueurs, seuls les quantificateurs existentiels dans la portée d'un nombre pair de négations et les quantificateurs

d'autre part l'ensemble $DeDi(\varphi)$ des expressions dites *de dicto*, qui sont les termes de la forme $\ulcorner t \urcorner$. Quand un terme ou un quantificateur possède plusieurs occurrences dans une formule, on introduit une marque pour les distinguer, par exemple $t_{i\cdot 1}$, $t_{i\cdot 2}$, etc. pour un terme t_i ; pour simplifier, on considère en général que les termes ayant plusieurs occurrences ont été renommés.

Les règles des jeux sémantiques associent aux expressions de $DeDi(\varphi)$ et $DeRe(\varphi)$ des choix d'objets exécutés par $\exists$*loise* dans le monde courant. Si elle dispose d'une stratégie gagnante pour un jeu sur φ, $\exists$*loise* doit par conséquent disposer de *fonctions de choix* correspondant à chacune de ces expressions : il s'agit de fonctions qui sélectionnent un objet en fonction du monde courant, autrement dit de *lignes de mondes*. En ayant préalablement doté le modèle d'une fonction d'*awareness*, on peut alors définir la vérité-eGTS pour les formules IF·$\mathcal{A}$.

Soit un langage épistémique du premier ordre (non étendu) $\mathcal{L}(\Sigma, \mathbf{K}_i)$, un modèle de Kripke standard $\mathbf{M}$, un monde distingué v, et une fonction d'*awareness* : $\mathcal{A}_i$: $\mathtt{Cons} \times \mathtt{Form} \to \wp(\mathsf{WL})$ avec $\mathsf{WL} = \{\ell : X \to D \mid X \subseteq W;\ \forall w(w \in X \to \ell(w) \in D_w)\}$ [1]. Pour une formule φ régulière de $\mathcal{L}_{IF\cdot\mathcal{A}}(\Sigma, \mathbf{K}_i)$ on a :

> $\langle \mathbf{M}, v\rangle^{\bullet}, \mathcal{A}_i, w \vDash^{+}_{\mathsf{eGTS}} \varphi$ (φ est eGTS-vraie dans w) ssi il y a une stratégie gagnante pour le vérificateur initial ($\exists$*loise*) dans $eG_{\mathbf{M},v}(\varphi^{br}, w)$ telle que :
> — pour chaque expression $e_i \in DeRe(\varphi)$, la fonction de choix associée $\mathbf{f}_{e_i}$ est uniforme relativement à l'occurrence de la modalité dont elle est indépendante ;
> — pour chaque expression $e_i \in DeDi(\varphi)$, la fonction de choix associée $\mathbf{f}_{e_i}$ est disponible, *i.e.* $\mathbf{f}_{e_i} \in \mathcal{A}_i(e_i, \varphi^{br})$
> $\langle \mathbf{M}, v\rangle, \mathcal{A}_i, w \vDash^{-}_{\mathsf{eGTS}} \varphi$ (φ est eGTS-fausse dans w) ssi φ n'est pas eGTS-vraie dans w.

universels dans la portée d'un nombre impair de négations sont joués par $\exists$*loise* ; ce sont donc ces quantificateurs et eux seuls qui entrent dans la composition de l'ensemble $DeRe(\varphi)$.

1. L'ajout d'un ensemble de lignes de mondes et de la fonction $\mathcal{A}_i$ ne conduit pas à abandonner le modèle standard : les jeux sont bien conduits sur des modèles standards, où les valeurs des termes sont des objets individuels et non pas des lignes.

Commentaires :

– Les parties des jeux sémantiques sont conduites sur les formes bridées, donc sur des formules du premier ordre non étendu, conformément aux règles données plus haut.

– Plusieurs implications attendues découlent immédiatement de cette définition des conditions de vérité pour les formules régulières :

$$\begin{array}{lcccccc} & & & \mathbf{K}_i\varphi(\ulcorner a \urcorner) & & \\ & & \nearrow & & \searrow & \\ (21) & \mathbf{K}_i\varphi(\ulcorner a \urcorner_{/\mathbf{K}_i}) & & & & \mathbf{K}_i\varphi(a) \\ & & \searrow & & \nearrow & \\ & & & \mathbf{K}_i\varphi(a_{/\mathbf{K}_i}) & & \end{array}$$

L'attribution la plus exigeante (à gauche) est d'un savoir *de re* + *de dicto*, la plus faible (à droite) celle du savoir correspondant *de facto*, les deux attributions intermédiaires étant celle (en haut) d'un savoir *de dicto*, et celle (en bas) d'un savoir *de re*.

– Étant donnée la définition, pour les expressions *de re* le requisit coïncidera dans les cas les plus simples avec l'exigence de disposer une fonction constante, *i.e.* $\mathbf{f}_{e_i} \in \mathsf{RWL}$. Mais il faut envisager une complication potentielle avec les concaténations d'opérateurs épistémiques, comme dans : $\mathbf{K}_i\mathbf{K}_j\exists x_{/\mathbf{K}_j}\varphi(x)$, où la fonction de choix est supposée être uniforme relativement à $\mathbf{K}_j$ mais pas à $\mathbf{K}_i$. Quand on a la même modalité, il peut également y avoir un jeu sur les différentes occurrences : la formule $\mathbf{K}_{i\cdot 1}\mathbf{K}_{i\cdot 2}\exists x_{/\mathbf{K}_{i\cdot 2}}\varphi(x)$ signifie que l'agent sait *de facto* qu'il sait *de re* d'un objet qu'il est un φ : le choix de l'objet est ici encore supposé être uniforme par rapport à $\mathbf{K}_{i\cdot 2}$, mais relatif au monde choisi pour $\mathbf{K}_{i\cdot 1}$. La sémantique des jeux présente ainsi une généralité absente des modèles à base de lignes de mondes.

– Un autre exemple qui illustre l'expressivité accrue du cadre IF·$\mathcal{A}$ sur la sémantique de Kraut repose sur la dépendance implicite des quantificateurs existentiels vis-à-vis des quantificateurs universels dans la portée desquels ils se trouvent. Ainsi :

(22) $\mathbf{K}_i\forall x\exists y_{/\mathbf{K}_i}\varphi(x,y)$

correspond à un savoir *de re* au sujet d'entités (les valeurs de y) qui sont fonctions des valeurs de x. Cette formule pourrait représenter la situation d'Igor qui sait (*de re*) des pères (y) des enfants (x) de la classe de sa fille qu'ils sont tous plus grands que lui, s'il sait par exemple qui sont ces pères sans forcément identifier tous les enfants de la classe de sa fille. La fonction de choix pour y doit être uniforme relativement à $\mathbf{K}_i$, mais pas relativement à $\forall x$: c'est une fonction de x[1].

4. Connaissance linguistique ou conceptuelle ?

Je discute dans cette section l'articulation entre la disponibilité des lignes de mondes exigée pour l'attribution de savoirs *de dicto* et la possession d'un stéréotype introduite au chapitre précédent. Cette discussion conduit à restreindre pour les prédicats les distinctions entre type d'attributions envisagées pour les noms propres. Je présente ensuite une version de eGTS étendue aux prédicats, puis une discussion de quelques énigmes standard.

L'idée de la contrainte de disponibilité imposée sur les lignes de mondes ou stratégies peut passer pour *ad hoc*, et il est vrai qu'elle est « taillée sur mesure » pour prendre en compte le *mode de présentation* au sens de Schiffer (1990), puisqu'on modélise le savoir attribué à un agent en signalant au cas par cas les expressions mobilisées selon les contenus.

Dans cette section, je veux cependant montrer que ce n'est pas le cas en articulant cette solution à la conception de la *signification-eGTS* et du *stéréotype-eGTS* présentée au chapitre 1. Cette articulation n'est pas obligatoire, et on peut adopter la sémantique des jeux ou celle à base de lignes de mondes de manière indépendante.

L'intérêt des stéréotypes et de la connaissance linguistique apparaît véritablement lorsque non seulement les noms propres, mais les prédicats entrent en scène. La sous-section 4.1 aborde spécifiquement les contraintes imposées aux lignes de mondes à l'aide des stéréotypes. Dans la sous-section suivante, 4.2, on étend aux prédicats la formalisation de la connaissance *de dicto* à partir de GTS.

1. On pourrait complexifier la sémantique de Kraut en ajoutant aux lignes de mondes, qui sont des fonctions à un seul argument (le monde), des lignes plus complexes qui dépendraient d'autres paramètres. Techniquement, cela reviendrait à remplacer les fonctions de choix que sont les lignes de mondes par des fonctions de Skolem. Cela permettrait d'atteindre des résultats formellement équivalents à ceux du cadre proposé ici.

4.1. *Contraintes et stéréotypes : individus*

Quelle articulation entre connaissance *de dicto* et connaissance *de lingua* ? Telle qu'on l'a définie, la connaissance *de dicto* suppose qu'une expression (jusqu'ici on s'est limité aux constantes individuelles) est disponible à l'agent, relativement à un contenu. Cela signifie que la même expression ψ peut être disponible relativement à un contenu φ_1 et pas relativement à un autre contenu φ_2. Le principe général qui prévaut est le suivant :

> *Implication de dicto–de lingua* : On ne peut pas attribuer la connaissance (*de dicto*) d'un *dictum* à un agent sans lui attribuer la connaissance *de lingua* des expressions présentes dans le *dictum*.

Ce principe peut se décliner de façon plus spécifique à l'aide de la notion de stéréotype développée au chapitre 1. Pour toute formule φ de $\mathcal{L}_{IF\cdot\mathcal{A}}(\Sigma, \mathbf{K}_i)$:

(23) $\mathbf{K}_i\varphi \;\Rightarrow\; \forall e \in DeDi(\varphi) : \mathcal{A}_i(e,\varphi) \neq \varnothing \;\Rightarrow\; \forall e \in DeDi(\varphi) : \dagger e \dagger_i \neq \varnothing$

Autrement dit, une condition nécessaire de l'attribution du savoir que φ est que les expressions *de dicto* (s'il y en a) soient disponibles pour l'agent dans le contexte de φ ; cela implique que l'agent dispose d'un stéréotype non vide pour ces expressions. Par exemple, pour la connaissance du fait Pa, on aura :

(24) $\mathbf{K}_i P\ulcorner a \urcorner \;\Rightarrow\; \mathcal{A}_i(a, Pa) \neq \varnothing \;\Rightarrow\; \dagger a \dagger_i \neq \varnothing$

Cela signifie que l'attribution du savoir *de dicto* que Pa à un agent implique que cet agent dispose de lignes de mondes pour la constante (le nom propre) a dans le contexte de la formule Pa, ce qui suppose que son stéréotype pour a est non vide : le savoir *de dicto* suppose un savoir *de lingua*.

Connaissance des identités. Comme avec la sémantique des lignes de mondes, la formalisation dans un langage épistémique IF·$\mathcal{A}$ des différents types d'attitudes conduit à des conséquences attendues. Examinons tout d'abord les identités. La connaissance *de facto* des identités, de même que leur connaissance *de re*, est automatique.

(25) $(a = b) \;\Rightarrow\; \mathbf{K}_i(a = b)$

(26) $(a = b) \;\Rightarrow\; \mathbf{K}_i(a_{/\mathbf{K}_i} = b_{/\mathbf{K}_i})$

(27) $(a = b) \;\Rightarrow\; \mathbf{K}_i(a_{/\mathbf{K}_i} = b)$

Pour les identités *de re*, on a quelque chose de souhaitable et qui correspond à un postulat de logicité : l'agent sait d'un objet qu'il est identique à lui-même. Les identités *de facto* méritent une attention particulière. Rappelons que leur sémantique a été construite en s'inspirant de la sémantique de Kraut, donc avec une forme *de re*, sans évidemment en partager l'exigence d'identification de l'objet visé. En fait, la connaissance *de facto* au sujet d'un individu a est très proche d'une connaissance indéfinie. Pour passer de $\mathbf{K}_i\exists xPx$ à $\mathbf{K}_iPa$, au plan sémantique il faut et il suffit d'ajouter la coïncidence entre l'objet sélectionné par le quantificateur $\exists x$ et la valeur de a *dans le monde distingué* (généralement le monde de l'évaluation). Cela correspond à la situation où *l'attributeur* nomme l'objet de l'attitude, quand cet objet reste indéfini pour l'agent.

En revanche, la connaissance *de dicto* n'est pas automatique :

(28) $(a = b) \nRightarrow \mathbf{K}_i(\ulcorner a \urcorner = \ulcorner b \urcorner)$

(29) $(a = b) \nRightarrow \mathbf{K}_i(\ulcorner a \urcorner = b)$

(30) $(a = b) \nRightarrow \mathbf{K}_i(\ulcorner a \urcorner = b_{/\mathbf{K}_i})$

Pour obtenir la vérité de chacune des attributions de savoir *de dicto* il faut en effet satisfaire au moins la condition d'appartenance de la fonction de choix pour ∃*loise* associée à la constante : $\mathbf{f}_a \in \mathcal{A}_i(a, a = b)$, mais aussi éventuellement d'autres conditions. Le cas (28) d'un savoir entièrement *de dicto* correspond à la connaissance d'un énoncé d'identité sans obligation de connaître les porteurs des noms, comme dans :

(31) Isabel sait que la personne nommée Ian Khama s'appelle aussi Ian a Sêrêtsê.

Cela correspond, du moins en ce qui concerne les noms propres, au savoir contenu dans une base de données [1]. Il faut que l'agent dispose d'une fonction de choix unique, disponible relativement aux deux noms dans l'énoncé d'identité ; aucune exigence supplémentaire n'est imposée à cette fonction, notamment en termes d'uniformité [2]. La formule (30) est une attribution de savoir mixte entre *de dicto* et *de re* : l'agent est dit savoir *de re* à propos de b qu'il est identique *de*

1. On verra que la situation diffère pour les prédicats. La possibilité de parler d'une connaissance d'énoncés d'identité sans connaître *de re* les individus concernés repose sur le fait que l'usage compétent d'un nom propre ne requiert pas la connaissance de son porteur.

2. Il n'est évidemment pas non plus exigé que les fonctions de piochage disponibles à l'agent relativement aux deux stéréotypes soient identiques : ces dernières sont des fonctions intramondaines qui peuvent constituer des algorithmes distincts ; les fonctions de choix dont il est question ici sont des lignes de mondes, dont la valeur dans le monde distingué ne doit pas nécessairement coïncider avec celle(s) sélectionnée(s) par les fonctions de choix.

dicto à a, autrement dit qu'il est désigné par « a ». Cette attribution n'est absolument pas triviale et correspond à l'attribution de la connaissance (*de lingua*) de l'identité du porteur d'un nom.

Quant à la formule (29), elle est la plus délicate. Elle correspond au savoir d'une identité qui, du point de vue de l'agent, implique la constante (le nom propre) a, mais (à la différence de (28)) n'implique pas la constante b : cette dernière n'apparaît que du point de vue de l'attributeur. Il s'agit donc, du point de vue de l'agent, d'un énoncé d'identité entre un nom propre (dont il peut ne pas connaître le porteur) et un individu indéfini : c'est une connaissance linguistique minimale attendue de la part de tout locuteur compétent, *i.e.* de tout locuteur qui a reconnu en « a » un nom propre [1].

Il faut par conséquent supposer que pour toute paire de constantes individuelles coréférentielles $\{a, b\}$, l'ensemble $\mathcal{A}_i(a, a = b)$ est non vide dès lors que le stéréotype $\dagger a \dagger_i$ correspondant pour l'agent est non vide [2]. Cela suffit à rendre vraies les attributions de connaissance d'identités du type (29), sans aucunement impliquer celles de (28) ou (30).

De façon générale, on exprimera l'attribution du savoir de *qui est* (ou *ce qu'est*) a par l'une des deux formules suivantes :

(32) $\mathbf{K}_i(a = a_{/\mathbf{K}_i})$

(33) $\mathbf{K}_i(\ulcorner a \urcorner = a_{/\mathbf{K}_i})$

respectivement équivalentes à :

(34) $\exists x\ \mathbf{K}_i(a = x)$

(35) $\exists x\ \mathbf{K}_i(\ulcorner a \urcorner = x)$

et correspondant à la connaissance simplement *de re*, et à la connaissance *de re* et *de dicto* de l'individu a. Comme cela vient d'être signalé, la formule $\mathbf{K}_i(\ulcorner a \urcorner = a)$ ne correspond en revanche à aucune connaissance particulière si ce n'est la connaissance du fait que a est un nom. L'exigence supplémentaire pour passer de (32) à (33) est une connaissance *de lingua* plus substantielle, à savoir celle

1. Cela n'est évidemment pas automatique : il suffit de penser à des noms dans des langues étrangères que l'on est incapable de reconnaître comme tels. *Cf.* p. 79.

2. Même si je ne les ai pas du tout abordées jusqu'ici, il y a potentiellement d'autres contraintes sur la définition de la fonction $\mathcal{A}_i$. L'une d'elle est que pour toute sous-formule ψ d'une formule φ, et pour toute expression e, on a l'inclusion : $\mathcal{A}_i(e, \psi) \subseteq \mathcal{A}_i(e, \varphi)$.

du porteur du nom. Avec (32) on relate la connaissance qu'un agent a d'un objet sans mentionner le mode de présentation sous lequel il connaît cet objet, tandis que ce mode de présentation (linguistique) est pris en compte dans (33).

La mobilisation du savoir *de lingua* dans la connaissance *de dicto* est assez subtile, et la formalisation qui en est proposée ici semble y répondre adéquatement. Je crois qu'elle y répond mieux que Fiengo & May (2006) sur un point crucial : selon ces deux auteurs, la connaissance *de dicto* de Pa implique la conjonction de la simple connaissance de Pa (que je qualifie de *de facto*) avec une connaissance *de lingua* du type de (33). Mais cette « conjonction » est problématique puisque la connaissance *de lingua* doit être mobilisée précisément à propos de la connaissance *de facto*. Sinon, on ne pourrait pas écarter la possibilité que l'agent connaisse (*de lingua*) le porteur du nom a, et qu'il sache *de facto* que Pa mais sans que a soit appréhendé *en tant que* a dans cette connaissance factuelle. Les auteurs suggèrent ainsi que les deux énoncés conjoints ne peuvent pas être séparés, ce qui est une manière de rompre avec un principe épistémique pourtant généralement admis, à savoir :

(36) $\mathbf{K}_i(\varphi \wedge \psi) \rightarrow (\mathbf{K}_i\varphi \wedge \mathbf{K}_i\psi)$

Je pense que cette stratégie est erronée, et que l'on peut conserver une conception de la connaissance qui se comporte de façon standard vis-à-vis de la conjonction. C'est au niveau du métalangage que les conditions doivent être conjointes, et c'est ainsi que je l'ai proposé avec les formules épistémiques IF·$\mathcal{A}$.

Substituabilité des identiques. La validité de la substituabilité des identiques est assurée dans les cas *de facto* et *de re* (non *de dicto*), mais pas dans les cas *de dicto*.

(37) $\mathbf{K}_i\varphi(a), (a = b) \Rightarrow \mathbf{K}_i\varphi(b)$

(38) $\mathbf{K}_i\varphi(a_{/\mathbf{K}_i}), (a = b) \Rightarrow \mathbf{K}_i\varphi(b_{/\mathbf{K}_i})$

(39) $\mathbf{K}_i\varphi(\ulcorner a \urcorner), (a = b) \nRightarrow \mathbf{K}_i\varphi(\ulcorner b \urcorner)$

(40) $\mathbf{K}_i\varphi(\ulcorner a \urcorner_{/\mathbf{K}_i}), (a = b) \nRightarrow \mathbf{K}_i\varphi(\ulcorner b \urcorner_{/\mathbf{K}_i})$

Ces résultats sont immédiats. La validité de (37) découle des conditions de vérité de $\mathbf{K}_i\varphi(a)$: il faut que dans tous les mondes possibles accessibles depuis le monde de l'évaluation w selon $R_{\mathbf{K}_i}$, $\exists$*loise* puisse trouver un objet qui satisfasse φ et qui soit identique à la valeur de a dans w ; si d'autre part, $a = b$, $\exists$*loise* disposera de fait d'une stratégie gagnante pour $\mathbf{K}_i\varphi(b)$. L'inférence (38) ajoute la contrainte de l'uniformité des stratégies, qui se transmet des prémisses à la conclusion.

L'échec de la substituabilité pour les deux cas *de dicto* est dû à l'exigence de disponibilité des stratégies pour l'agent, qui n'ont pas de raison *a priori* de se transmettre d'une constante à une autre. C'est donc l'extension $\mathcal{A}$ du langage qui permet de gérer ces questions.

Généralisation existentielle. Comme on peut s'y attendre, la généralisation existentielle n'est valide que dans le cas du savoir *de re* (qu'il s'agisse de savoir *de dicto* ou non par ailleurs). On a ainsi :

(41) $\mathbf{K}_i\varphi(a) \not\Rightarrow \exists x\, \mathbf{K}_i\varphi(x)$

(42) $\mathbf{K}_i\varphi(a_{/\mathbf{K}_i}) \Rightarrow \exists x\, \mathbf{K}_i\varphi(x)$

(43) $\mathbf{K}_i\varphi(\ulcorner a \urcorner) \not\Rightarrow \exists x\, \mathbf{K}_i\varphi(x)$

(44) $\mathbf{K}_i\varphi(\ulcorner a \urcorner_{/\mathbf{K}_i}) \Rightarrow \exists x\, \mathbf{K}_i\varphi(x)$

La généralisation n'est en effet justifiée que lorsque le choix de la valeur de a est uniforme relativement aux mondes possibles accessibles selon $R_{\mathbf{K}_i}$, autrement dit losqu'on est en présence d'une constante indépendante de l'opérateur épistémique. En laissant de côté (43)-(44) (qui se rapportent aux cas (41)-(42)), on peut donner une version affaiblie de généralisation existentielle dans le cas *de facto* (41), et une version IF (équivalente) dans le cas *de re* (43) :

(45) $\mathbf{K}_i\varphi(a) \Rightarrow \mathbf{K}_i\exists x\varphi(x)$

(46) $\mathbf{K}_i\varphi(a_{/\mathbf{K}_i}) \Rightarrow \mathbf{K}_i(\exists x_{/\mathbf{K}_i})\varphi(x)$

Les modalités de la généralisation existentielle dans les contextes épistémiques, comme la signification des énoncés quantifiés résultant de cette généralisation, seront abordées dans le prochain chapitre.

4.2. *Extension aux prédicats*

Le moment est venu d'étendre ma typologie des attributions de savoir aux prédicats. Les exemples avec des prédicats comme « ophtalmologiste » renvoient à une double connaissance : celle du concept (ou de la propriété), et celle du prédicat linguistique employé pour l'exprimer (resp. pour la désigner). Pour un prédicat donné P, il y aurait donc potentiellement deux types de connaissance : une connaissance de type *de re* que l'on pourrait exprimer à l'aide du marqueur d'indépendance IF, $P_{/\mathbf{K}_i}$, et une connaissance de type *de dicto* qui serait rendue à l'aide des coins de citation, $\ulcorner P \urcorner$.

Mais le parallèle avec les termes singuliers ne peut pas être poussé aussi loin. Si le savoir *de dicto* ne pose aucun problème, la situation est très différente avec le savoir de type *de re*. Le problème réside dans le fait qu'un savoir simplement *de facto* à propos d'une propriété ou d'un concept ne représenterait absolument aucun savoir[1]. Si un agent savait que Pa sans avoir la moindre idée de ce qu'exprime ou désigne P, cet agent saurait alors que a exemplifie une propriété indéfinie, ou tombe sous un concept indéfini, que l'attributeur (mais pas l'agent) désignerait ou exprimerait par P. Mais un tel savoir est vide et relève de la seule logicité de l'agent : le fait que tout objet individuel exemplifie au moins une propriété ou est subsumé par au moins un concept. Au fond, pour qu'il y ait un savoir non trivial, il faut que l'agent sache *de re* au sujet de telle propriété (ou de tel concept) qu'elle est exemplifiée par (resp. qu'il s'applique à) a. Il faut donc que l'agent ait une connaissance de ce qu'est cette propriété (ou de ce qu'est ce concept).

Si la connaissance au sujet d'une propriété ou d'un concept est obligatoirement *de re*, cela signifie qu'il est inutile de marquer le contraste entre *de re* et non-*de re* dans le formalisme. On va par conséquent conserver la notation sans marqueur d'indépendance (P) pour représenter les prédicats en général, même si l'indépendance se retrouvera au niveau sémantique. Le contraste qui demeure pertinent est celui entre attributions *de dicto* et non-*de dicto*.

Les formules construites avec la notation $\ulcorner P \urcorner$ relèvent du langage que l'on notera $\mathcal{L}_{IF\cdot\mathcal{A}^2}(\Sigma, \mathbf{K}_i)$, l'exposant marquant l'extension par rapport aux formules IF·$\mathcal{A}$ jusqu'ici considérées. L'implication *de dicto*–*de lingua* et sa version en termes de stéréotypes (23) peut ainsi donner lieu à l'exemple :

$$(47) \qquad \mathbf{K}_i \ulcorner P \urcorner a \;\Rightarrow\; \mathcal{A}_i(P, Pa) \neq \varnothing \;\Rightarrow\; \dagger P \dagger_i \neq \varnothing$$

Rappelons que le stéréotype $\dagger P \dagger_i$ relève de l'idiolecte de l'agent : c'est l'ensemble des fonctions de piochage qui permettent de déterminer une approximation socialement acceptable de l'extension du prédicat P (*cf.* p. 76). J'avais signalé que l'acceptabilité du

1. Je m'écarte ici très clairement de Hintikka quand il envisage la possibilité du choix uniforme pour un prédicat en utilisant la notation $K_a(P/K_a)(b)$ qui selon lui exprimerait : « *a* knows that *b* is one of the individuals who or what in fact are *P*. It does not require that *a knows* that they and only they have the property *P* » (Hintikka 2003, p. 51). Je trouve cette explication obscure puisqu'elle s'appliquerait plutôt au cas sans marqueur d'indépendance, mais comme je l'argumente, je crois qu'il faut de toute façon abandonner cette idée.

stéréotype pour un prédicat est plus difficile à obtenir que celle pour un nom propre, où aucune connaissance n'est exigée du locuteur, si ce n'est celle du fait que c'est un nom propre. La connaissance qui est enrégimentée par le stéréotype est en fait une connaissance conceptuelle que l'agent associe à l'expression concernée.

La connaissance conceptuelle doit également être mobilisée pour les attributions de savoir qui sont non-*de dicto*. Il faut alors envisager la possibilité que cette connaissance soit associée à un autre marqueur syntaxique (symbole linguistique ou autre). On aura ainsi :

(48) $\mathbf{K}_i Pa \;\Rightarrow\; \exists Q(Q \approx P \;\wedge\; \dagger Q\dagger_i \neq \varnothing)$

où le symbole $\approx$ dénote l'identité des concepts ou propriétés :

(49) $Q \approx P \;\Leftrightarrow\; \forall w(V(P,w) = V(Q,w))$

et l'acceptabilité du stéréotype $\dagger Q\dagger_i$ est étendue aux symboles non linguistiques par :

(50) $\dagger Q\dagger_i \neq \varnothing \;\Leftrightarrow\; \exists R(R \approx Q \wedge \forall j(\dagger R\dagger_j = \dagger Q\dagger_i \;\rightarrow\; \dagger R\dagger_j \neq \varnothing).$

La conception d'ensemble qui ressort de cette discussion permet les attributions de connaissance conceptuelle à des créatures non linguistiques à partir du moment où elles ont des compétences classificatoires qui se conforment peu ou prou à nos concepts [1]. Ainsi, le chien Raoul pourra savoir *de facto* que Félix est un chat :

(51) $\mathbf{K}_R(\texttt{Chat(Felix)})$

et mieux, il pourra même savoir *de re* de Félix qu'il est un chat :

(52) $\mathbf{K}_R(\texttt{Chat(Felix}_{/\mathbf{K}_R}\texttt{))}$

ce que d'aucuns pourront lui attribuer en voyant Raoul se précipiter pour attraper Félix. Bien évidemment, aucune attribution de connaissance à Raoul ne peut être *de dicto*, tant que Raoul ne parle pas.

1. Je rejoins ici la position défendue par Higginbotham (1998) qui distingue la simple possession d'une signification de sa connaissance complète, et de façon analogue pour les concepts, la possession d'un concept de sa maîtrise. Dans le premier cas on a affaire au stéréotype-eGTS qui correspond à une connaissance partielle, éventuellement erronée de la signification ou du concept ; dans le second, on retrouve la signification-eGTS qui correspond à la connaissance des experts. Il semble par ailleurs que la notion de stéréotype-eGTS puisse intervenir dans une définition des concepts conforme à la proposition de Higginbotham : le concept CHAT est le concept F tel que i possède F ssi i dispose d'un symbole G tel que pour tout agent j, si $\dagger\texttt{Chat}\dagger_j = \dagger G\dagger_i$ alors $\dagger\texttt{Chat}\dagger_j \neq \varnothing$.

Jeux sémantiques sur les prédicats. Les jeux atomiques présentés plus haut (p. 107) portent uniquement sur les termes singuliers. On étend ici les jeux aux prédicats, ce qui permet de les qualifier comme étant du *second*-ordre et que je marquerai à l'aide d'un exposant ($eG^2_{\mathbf{M},v}$). La règle du jeu correspondante est toutefois formulée sans recourir à des entités d'ordre supérieur : $\exists$*loise* et $\forall$*belard* restent fondamentalement au premier ordre et ne manipulent que des objets individuels.

Pour passer à ces nouveaux jeux, il suffit d'étendre la première règle sur les jeux atomiques (la seconde, qui concerne les énoncés d'identité, ne change pas). Sur une formule atomique de la forme $Pt_1 \dots t_n$, $\forall$*belard* peut non seulement tester $\exists$*loise* sur l'un des termes t_1 à t_n en sélectionnant un indice dans $\{1, \dots, n\}$, mais il peut désormais aussi la tester sur le prédicat P, ce que l'on fait correspondre au choix de l'indice 0. Voici la nouvelle formulation de cette règle, les clauses (ii) et (iii) étant exactement identiques aux clauses (i) et (ii) de la précédente version $(\mathbf{R.At}_1^{1\dots n})$:

(R.At$_1$) Dans le *jeu atomique* $eG^2_{\mathbf{M},v}(Pt_1 \dots t_n, w)$, où $P \in \texttt{Pred}$ est un prédicat n-aire et les t_i sont n termes, $\forall$*belard* choisit un indice $i \in \{0, \dots, n\}$; on a alors l'un des trois cas suivants :

(i) $i = 0$: $\forall$*belard* choisit un monde $w' \in W$ et un n-uplet $\langle d_1, \dots, d_n \rangle \in D^n$, et $\exists$*loise* répond par **oui** ou **non**. Si elle répond **oui** et que $\langle d_1, \dots, d_n \rangle \in V(P, w')$, ou si elle répond **non** et que $\langle d_1, \dots, d_n \rangle \notin V(P, w')$, alors $\exists$*loise* gagne ; sinon c'est $\forall$*belard* qui gagne.

(ii) t_i est une constante individuelle inédite introduite au cours de la partie pour désigner un objet $d \in D$;
si $\langle [t_1]_{\mathbf{M},w}, \dots, d, \dots, [t_n]_{\mathbf{M},w} \rangle \in V(P, w)$ (d occupant la $i$ème place) alors $\exists$*loise* gagne, sinon c'est $\forall$*belard* gagne ;

(iii) t_i est une constante individuelle de $\texttt{Cons}$; alors $\exists$*loise* choisit un objet $d \in D$; si
(ii.a) $\langle [t_1]_{\mathbf{M},w}, \dots, d, \dots, [t_n]_{\mathbf{M},w} \rangle \in V(P, w)$ (d occupant la $i$ème place), et si
(ii.b) $d = V(t_i)$ (si $w = v$),
alors $\exists$*loise* gagne ; sinon c'est $\forall$*belard* qui gagne.

Pour disposer d'une stratégie gagnante sur un énoncé atomique $Pt_1 \dots t_n$, et donc sur toute formule contenant le prédicat P, $\exists$*loise* doit dorénavant pouvoir déterminer l'extension du prédicat dans tous les mondes possibles. La fonction de choix correspondante est alors la fonction indicatrice $\mathbf{1}_P$ qui dans chaque monde possible permet de calculer l'extension de P :

(53) $$\mathbf{1}_P(w)(t_1, \dots, t_n) = 1 \iff \langle [t_1]_{\mathbf{M},w}, \dots, [t_n]_{\mathbf{M},w} \rangle \in V(P, w)$$

Conformément à la discussion de la section précédente (4.1), la condition correspond de fait à l'existence une stratégie *uniforme* pour $\exists$*loise*, et donc à une connaissance *de re* concernant le prédicat P pour l'agent. Cela signifie que l'extension IF·$\mathcal{A}$ aux prédicats se limitera dans les faits à une extension $\mathcal{A}$, les prédicats étant tous sémantiquement interprétés comme indépendants des modalités qui les enchâssent.

L'existence de la fonction indicatrice et par voie de conséquence, la maîtrise du prédicat par l'omnisciente $\exists$*loise* ne pose aucun problème en général (connaissance *de facto*), mais les choses se compliquent dès lors qu'on exige de la fonction de choix qu'elle soit *disponible* pour l'agent (connaissance *de dicto*). Cette disponibilité est à nouveau gérée à l'aide de la fonction $\mathcal{A}_i$ dédiée, dont on étend simplement la définition pour prendre en compte les prédicats.

Syntaxe de l'extension IF·$\mathcal{A}^2$. Étant donné un vocabulaire $\Sigma = \texttt{Cons} \cup \texttt{Pred}$, on définit le langage $\mathcal{L}_{IF\cdot\mathcal{A}^2}(\Sigma, \mathbf{K}_i)$ de la manière suivante :

$$\begin{array}{lll} \text{Termes :} & t ::= & x \mid a \mid a_{/\mathbf{K}_i} \mid \ulcorner a \urcorner \mid \ulcorner a \urcorner_{/\mathbf{K}_i} \\ \text{Formules :} & \varphi ::= & \top \mid (t_1 = t_2) \mid Pt_1 \ldots t_n \mid \ulcorner P \urcorner t_1 \ldots t_n \mid \exists x\, \varphi \mid \\ & & \exists x_{/\mathbf{K}_i} \varphi \mid \forall x_{/\mathbf{K}_i} \varphi \mid \neg\varphi \mid (\varphi \wedge \varphi) \mid \mathbf{K}_i \varphi \end{array}$$

x étant une variable individuelle, a une constante individuelle de `Cons`, et P un prédicat n-aire de `Pred`.

Par rapport au langage $\mathcal{L}_{IF\cdot\mathcal{A}}(\Sigma, \mathbf{K}_i)$, le seul ajout concerne les formules atomiques dont le prédicat peut être considéré *de dicto*, avec la notation $\ulcorner P \urcorner$. On adapte en conséquence les définitions de la *forme bridée* et de l'ensemble $DeDi(\varphi)$.

Sémantique. De même que dans le langage précédent, les parties des jeux sémantiques $eG^2_{\mathbf{M},w}$ sont jouées sur des formules du premier ordre standard (avec la règle **R.At** au lieu de $(\mathbf{R.At}_1^{1\ldots n})$), et les distinctions entre interprétations *de facto*, *de dicto* et *de re* représentées dans le langage $\mathcal{L}_{IF\cdot\mathcal{A}^2}$ n'interviennent qu'au niveau des stratégies. On peut ainsi définir les conditions de vérité des formules de la nouvelle extension en les calquant sur celles de la précédente. La fonction d'*awareness* doit toutefois être enrichie pour s'appliquer aux prédicats, auxquels elle associe une *fonction de Skolem*.

Soit un langage épistémique du premier ordre (non étendu) $\mathcal{L}(\Sigma, \mathbf{K}_i)$, un modèle de Kripke standard $\mathbf{M}$ et un monde distingué v. On appelle *fonction d'awareness du second ordre* une fonction définie sur $\Sigma \times \mathtt{Form}$ qui associe des lignes de mondes aux constantes et des fonctions de Skolem aux prédicats, *i.e.* $\mathcal{A}_i^2 = \mathcal{A}_i^{\mathtt{Cons}} \cup \mathcal{A}_i^{\mathtt{Pred}}$ telle que :

- $\mathcal{A}_i^{\mathtt{Cons}} : \mathtt{Cons} \times \mathtt{Form} \rightarrow \wp(\mathsf{WL})$ avec $\mathsf{WL} = \{\ell : X \rightarrow D \mid X \subseteq W;\ \forall w(w \in X \rightarrow \ell(w) \in D_w)\}$;
- $\mathcal{A}_i^{\mathtt{Pred}} = \mathcal{A}_i^{\mathtt{Pr}_1} \cup \ldots \cup \mathcal{A}_i^{\mathtt{Pr}_n}$, telles que pour chaque indice k, on ait : $\mathcal{A}_i^{\mathtt{Pr}_k} : \mathtt{Pr}_k \times \mathtt{Form} \rightarrow \wp(\mathsf{SF}_k)$ avec $\mathsf{SF}_k = \{f : X \times D^k \rightarrow D \mid X \subseteq W;\ \forall w \forall \vec{d}((w \in X \wedge \vec{d} \in D^k) \rightarrow f(w, \vec{d}) \in D_w)\}$,
  $\mathtt{Pr}_k$ étant l'ensemble des prédicats d'arité k et n étant l'arité maximale (*i.e.* $\mathtt{Pred} = \mathtt{Pr}_1 \cup \ldots \cup \mathtt{Pr}_n$).

Étant donnés un monde distingué v du modèle et une formule φ de $\mathcal{L}_{IF\cdot\mathcal{A}^2}(\Sigma, \mathbf{K}_i)$, on peut maintenant définir la vérité de φ :

> $\langle \mathbf{M}, v\rangle, \mathcal{A}_i^2, w \vDash^+_{\mathsf{eGTS}} \varphi$ (φ est eGTS-vraie dans w) ssi il y a une stratégie gagnante pour le vérificateur initial ($\exists$*loise*) dans $eG^2_{\mathbf{M},v}(\varphi^{br}, w)$ telle que :
>
> - pour chaque expression $e_i \in DeRe(\varphi)$, la fonction de choix associée $\mathbf{f}_{e_i}$ est uniforme relativement à l'occurrence de la modalité dont elle est indépendante ;
> - pour chaque expression $e_i \in DeDi(\varphi)$, la fonction de choix associée $\mathbf{f}_{e_i}$ est disponible, *i.e.* $\mathbf{f}_{e_i} \in \mathcal{A}_i^2(e_i, \varphi^{br})$
>
> $\langle \mathbf{M}, v\rangle, \mathcal{A}_i^2, w \vDash^-_{\mathsf{eGTS}} \varphi$ (φ est eGTS-fausse dans w) ssi φ n'est pas eGTS-vraie dans w.

Cette définition est totalement similaire à celle de la vérité pour les formules de $\mathcal{L}_{IF\cdot\mathcal{A}}(\Sigma, \mathbf{K}_i)$ (p. 112), les seuls changements portant sur les jeux ($G^2_{\mathbf{M},v}$ au lieu de $G_{\mathbf{M},v}$) et sur la fonction d'*awareness* ($\mathcal{A}_i^2$ au lieu de $\mathcal{A}_i$). Comme on l'a discuté dans la section 4.1, la fonction d'*awareness* ne doit pas être construite de manière arbitraire mais selon des contraintes liées à la connaissance linguistique et conceptuelle prêtée à l'agent.

4.3. *Application aux énigmes philosophiques*

Plusieurs énigmes ont été abordées dans le précédent chapitre, section 4.3. Les solutions esquissées mobilisaient les notions de signification-eGTS et de stéréotype-eGTS, puisqu'on se situait alors dans le contexte d'une discussion sur le langage. Certaines de ces énigmes peuvent être parcourues à nouveau ici dans le contexte d'attribution de savoirs. Pas toutes cependant : la question des termes singuliers vides est reportée au prochain chapitre, où nous disposerons de moyens supplémentaires.

Identités informatives. Le fait que certaines identités passent pour informatives et d'autres pour vides, comme dans l'exemple considéré précédemment (p. 84) :

(54) a. Hesperus est identique à Phosphorus
b. Hesperus est identique à Hesperus

se traduit par une valeur de vérité différenciée entre les attributions de savoir correspondantes :

(55) a. Igor sait qu'Hesperus est identique à Phosphorus
b. Igor sait qu'Hesperus est identique à Hesperus

La vacuité de (54b) entraîne la vérité systématique de (55b), tandis que la valeur informative de (54a) bloque l'inférence similaire pour (55a). Comme on l'a signalé plus haut (section 4.1), la connaissance des identités n'est bloquée que pour les attributions *de dicto*. On formalisera ainsi les deux attributions (55) respectivement par :

(56) a. $\mathbf{K}_i(\ulcorner h \urcorner = \ulcorner p \urcorner)$
b. $\mathbf{K}_i(\ulcorner h \urcorner = \ulcorner h \urcorner)$

Selon la sémantique proposée dans le présent chapitre, la vérité de (56a) ne découle pas de celle de l'identité $h = p$, alors que la vérité de (56b) est immédiate dès lors que l'agent dispose du nom propre Hesperus dans son lexique (*i.e.* dès lors qu'il le reconnaît comme un nom propre).

London et Londres. Le célèbre exemple de Pierre qui trouve Londres jolie et London affreuse (Kripke 1979) peut être traité d'une manière similaire, au travers d'attributions *de dicto*. Il faut cependant passer du savoir à un type d'attitude non factif, comme la croyance[1]. On aurait ainsi :

(57) a. $\texttt{Londres} = \texttt{London}$
b. $\mathbf{B}_p\texttt{Jolie}(\ulcorner\texttt{Londres}\urcorner)$
c. $\mathbf{B}_p\neg\texttt{Jolie}(\ulcorner\texttt{London}\urcorner)$

1. Je présenterai plus loin (chap. 4, section 2.3) un type d'attitude et un opérateur plus appropriés pour une évaluation esthétique (ou autre). L'important est d'avoir ici un opérateur non factif.

De manière informelle, les lignes de mondes disponibles pour Pierre, qui constitueront les stratégies gagnantes utilisables dans le jeu sémantique associé à (57b) ne sont pas les mêmes que celles utilisables dans le jeu associé à (57c). Ce qui n'empêche pas ces lignes de se croiser dans le monde actuel, conformément à la vérité actuelle de (57a).

Désignation rigide. Selon la définition des modèles standard, la valeur des constantes individuelles ne varie pas d'un monde à l'autre : chaque constante a renvoie à un unique objet $d_a \in D$. Les constantes sont ainsi traitées comme des désignateurs rigides. Pour aurant, les objets désignés par les constantes n'existent pas dans tous les mondes possibles : un objet donné $d_a \in D$ pourra ne pas exister dans le domaine local D_w d'un monde donné w.

La proposition élaborée dans le chapitre combine ainsi la désignation rigide des constantes avec une évaluation qui les considère comme flexible dans les contextes épistémiques. C'est au niveau des lignes de mondes que se situe la flexibilité, puisque par principe ces lignes sélectionnent des objets variables d'un monde possible à l'autre. Si des jeux sémantiques devaient être produits pour évaluer les formules modales aléthiques ($\Box\varphi$ et $\Diamond\varphi$), il faudrait alors disposer de règles indépendantes de ces lignes (ou formulées uniquement en termes de lignes rigides).

Synonymie. Les cas de synonymie ne sont pas traités d'une manière différente des identités informatives. Si l'on considère l'exemple suivant :

(58) a. Solange sait qu'Igor est ophtalmologiste.
b. Solange sait qu'Igor est oculiste.

il y a une interprétation suivant laquelle les deux phrases sont équivalentes : quand l'attribution est non-*de dicto*. Les deux prédicats étant synonymes, ils ont la même extension dans tous les mondes possibles, donc l'appartenance d'Igor à l'extension de l'un dans un monde équivaut à l'appartenance d'Igor à l'extension de l'autre dans ce monde.

Il en va autrement pour les attributions *de dicto* :

(59) a. $\mathbf{K}_S \ulcorner \texttt{Ophtalmologiste} \urcorner (\texttt{Igor})$
b. $\mathbf{K}_S \ulcorner \texttt{Oculiste} \urcorner (\texttt{Igor})$

La vérité de la formule (59a) suppose que dans le jeu sémantique associé, ∃*loise* dispose d'une stratégie gagnante dont la composante associée au prédicat `Ophtalmologiste` soit une fonction de choix $\mathbf{f}_{\mathtt{opht}}$ disponible pour Solange ; en d'autre termes, la vérité de la formule (donc de l'attribution (58a) suppose la connaissance *de lingua* du prédicat impliqué. La situation est évidemment similaire pour (59b) et (58b). Il n'y a donc aucune implication automatique entre (59a) et (59b).

5. Conclusion

Dans ce chapitre, j'ai présenté un traitement du contraste entre attributions d'attitudes *de dicto* et attributions non-*de dicto* qui s'écarte de l'analyse habituelle. Celle-ci oppose les attitudes *de dicto* aux attitudes *de re*, alors que les dimensions *de re* et *de dicto* sont indépendantes : certaines attributions de type *de re* sont également de type *de dicto*, d'autres non. La typologie des attributions d'attitudes proposée ici conduit à une hiérarchie, qui est résumée par les implications de (21).

Mon analyse emprunte à celle de Loar (1972), en ce qu'elle dissocie la question de la substituabilité des identiques (caractéristique de *l'extensionnalité* dans la terminologie de Loar) de celle de la généralisation existentielle. Le type *de dicto* correspond aux contextes *non extensionnels* de Loar : les contextes où la substitution des identiques échoue, parce que les termes singuliers n'y ont pas seulement leur contribution habituelle (leur valeur sémantique), mais qu'il participent également à la délimitation des conditions de satisfaction de la phrase où ils se trouvent. La généralisation existentielle est quant à elle liée aux attitudes *de re* : la position de Loar l'envisage comme systématiquement valide pour les termes singuliers (*i.e.* en contexte extensionnel ou non) ; je m'en suis écarté dans ce chapitre en envisageant les attitudes *de facto* ou *de dicto* non-*de re*, et je m'en écarterai plus encore dans le prochain chapitre. Mais je retiens le traitement séparé des deux tests classiques de l'extensionnalité.

On s'est donc concentré dans ce chapitre sur les attributions d'attitudes sensibles au mode de présentation linguistique. Je n'ai pas abordé les modes de présentation non linguistique pour n'en avoir rien de particulier à dire. Si Igor a des croyances au sujet de l'homme qu'il a vu là-bas et d'autres croyances au sujet de l'homme qu'il voit ici, et que ces deux hommes n'en font qu'un, ce qui est en jeu est alors le mode de présentation conceptuel (au sens élargi utilisé dans ce chapitre). L'attributeur fera usage de descriptions définies qui permettront de différencier les croyances, sans exiger d'attribution *de dicto*[1].

La théorie sémantique des jeux (GTS) et l'extension IF des langages du premier ordre ont été utilisées dans deux versions. On ne reprendra pas dans les chapitres suivants l'extension aux prédicats, et plus généralement l'extension $\mathscr{A}$ dédiée aux expressions *de dicto*. Mais on conservera GTS et IF comme cadres formels généraux pour analyser les attributions d'attitudes. L'extension IF nous a permis ici de retrouver l'expressivité offerte par les modèles avec lignes de mondes. En développant la notion de ligne de mondes[2], on pourrait rendre les deux formalismes équivalents.

Dans le cadre GTS et IF, les lignes de mondes sont reléguées dans le métalangage avec le statut de fonctions composantes des stratégies gagnantes d'∃*loise*. Dans les modèles de Kraut, elles figurent directement dans le modèle et ont apparemment le statut d'entités de l'ontologie, puisque ce sont les valeurs des variables. Mais si le formalisme de Kraut est proche de celui de Plantinga (1982), où les variables quantifiées prennent pour valeurs des fonctions (totales) des mondes possibles sur les domaines d'objets, la conceptualisation en est radicalement opposée. Là où Plantinga envisage une quantification sur des *essences* individuelles, Kraut reprend l'idée de Hintikka des lignes de mondes comme modes d'identification des objets à travers les mondes possibles[3]. Dans le cadre GTS et IF comme dans celui des modèles de Kraut, les lignes de mondes sont ainsi conçues comme des entités relevant de l'épistémologie plutôt que de l'ontologie, et la théorie sémantique n'engage pas vis-à-vis d'une métaphysique particulière.

1. Évidemment cela ne règle pas tout. Les exemples connus comme « Igor croit que *ce* bateau vient d'arriver, mais il croit que *ce* bateau est à quai depuis une semaine », quand la première énonciation du déictique « *ce* » est accompagnée d'un geste pointant vers une extrémité d'un paquebot, et la seconde énonciation d'un geste pointant vers l'autre extrémité du même paquebot, la distinction en termes conceptuels ne tient plus. Je n'apporte pas ici d'analyse pour des cas de ce type.

2. *Cf.* note 1 p. 114.

3. Idée très explicite chez Hintikka, *cf.* (Rigal 1998)

CHAPITRE III

DE OBJECTO VERSUS DE RE

Les attributions d'attitudes propositionnelles comme la croyance que φ, le savoir que φ, le désir que φ, sont généralement conçues comme relevant de deux types : attitudes *de dicto* (rebaptisées ici *de facto*) dont le contenu est une proposition générale, et attitudes *de re* quand il s'agit d'une proposition singulière. Cette typologie est revisitée de manière à rendre compte des attributions d'attitudes focalisées sur des objets possiblement inexistants. La proposition élabore l'idée de Hintikka d'une logique épistémique dite de seconde génération, qui introduit un marqueur syntaxique permettant d'exprimer des relations d'indépendance entre certaines constantes logiques.

1. INTRODUCTION

Le contraste entre attitudes *de dicto* (sensibles au mode de présentation linguistique) et attitudes *de re* (dépendantes d'un objet) est généralement conçu en termes de portées relatives (*cf.* chap. 2, section 1). J'ai consacré le chapitre précédent à discuter les attributions d'attitudes de type *de dicto*, celui-ci porte sur les attributions de type *de re*. Concevoir que les attitudes portant sur un objet particulier sont *de re* et impliquent par conséquent *l'existence* de l'objet visé, c'est comme l'a dénoncé Stine (1976) se priver de la possibilité de traiter les attitudes non factives comme la croyance. L'intentionnalité des attitudes et l'éventuelle inexistence des objets intentionnels, manifestement reflétées par l'intensionnalité des attributions d'attitudes, ces questions ont alimenté les discussions théoriques en philosophie et en sémantique depuis la fin des années 1950 jusqu'au début des années 1980.

Ce chapitre vise à renouveler notre approche de ces questions à l'aide de la sémantique des jeux et de la logique IF. Hintikka a argumenté inlassablement et non sans raison en faveur de la logique épistémique IF, du fait qu'elle permet de retrouver l'intégralité de la logique épistémique du premier ordre mais aussi d'aller au-delà. Dans un travail commun avec Tero Tulenheimo (Rebuschi & Tulenheimo 2011), nous avons établi que cet au-delà du cadre standard était bien plus vaste que ce que Hintikka lui-même avait perçu. L'équivalence entre comptes rendus d'attitudes *de re* formalisés selon IF et comptes rendus d'attitudes *de re* formalisés suivant la logique épistémique habituelle est due à une coïncidence, et elle ne tient pas toujours.

Le découplage entre deux notions nous a conduit à introduire un autre type d'attitude, *de objecto*, qui s'avère être plus fondamental que le type *de re*. Les attitudes *de objecto* permettent d'aborder à nouveaux frais de nombreuses questions philosophiques, qui vont de la nature des objets phénoménologiques ou intentionnels, à l'interprétation des descriptions définies et des noms propres vides.

Plan du chapitre. On consacre une première section, 2, à l'examen des motivations et positions en faveur des attitudes *de re*. Plusieurs traits ressortent, d'ordre métaphysique ou épistémologique, qui sont pour certains mutuellement indépendants. Dans la section 3 je présente les attitudes *de objecto* et j'argumente en faveur d'un renversement de perspective qui les place parmi les attitudes primitives. Après une discussion sur les conditions d'attribution d'une croyance *de objecto*, la section 4 propose quelques applications en philosophie de la connaissance et en philosophie du langage.

2. Attitudes focalisées

Les attributions d'attitudes *de re* sont une mauvaise réponse à une bonne question. La question est celle d'analyser les attitudes propositionnelles focalisées sur un objet, autrement dit les attitudes dont le contenu est spécifique plutôt que général. La réponse est qu'il y a une relation entre l'agent auquel on attribue l'attitude et un objet dans le monde. Cette section tente de démêler les motivations en faveur des attitudes *de re*.

2.1. *Pertes de l'extensionnalité*

Depuis l'article de Quine sur la quantification et les attitudes propositionnelles (Quine 1956), plusieurs contrastes ont été établis qui ont pu être mutuellement assimilés. J'en présente une synthèse schématique dans la table I. L'assimilation est cependant contestable et contestée, certains auteurs développant la conception de pensées singulières non relationnelles, ou de pensées *de re* relationnelles mais sans acquaintance, etc. La présente section peut être vue comme une tentative d'affiner les relations entre les lignes de la table, *i.e.* les catégories qui y sont impliquées.

	Attitude « *de re* »	**Attitude « *de dicto* »**
Russell	acquaintance pensée singulière	description pensée générale
Quine	relationnelle transparente	notionnelle opaque
Hintikka	perspectival connaissance d'objets	descriptif connaissance de propositions
Syntaxe	$\exists x\ \mathbf{B}_i\varphi(x)$	$\mathbf{B}_i\exists x\ \varphi(x)$

TABLE I. *Comparaison schématique binaire des attitudes*

L'abandon de l'extensionnalité est marqué par deux critères : l'échec de la substituabilité des identiques *salva veritate*, et celui de la généralisation existentielle. Examinons-les tour à tour.

L'échec de la substituabilité des identiques. Une bonne entrée en matière sur cette question est offerte par les énigmes relatives à l'opacité référentielle (pour reprendre l'expression de Quine) qui ont animé les débats théoriques pendant les années 1960 et 70. Dans l'exemple abondamment discuté de Quine (1956), on a affaire un dénommé Ralph qui entretient plusieurs croyances au sujet d'un dénommé Ortcutt, qu'il croise sans le savoir en différentes occasions sous différents aspects [1] :

1. Les versions semi-formalisées des exemples sont données à titre indicatif.

(1) a. Ralph croit que l'homme au chapeau brun est un espion.
b. $\mathbf{B}_R(\imath x.\texttt{Chapeau}(x)$ est un espion$)$
$\Leftrightarrow$ $\mathbf{B}_R\exists x(\forall y(\texttt{Chapeau}(y) \leftrightarrow y = x)$ et x est un espion$)$

(2) a. L'homme au chapeau brun = l'homme sur la plage (= Ortcutt).
b. $\imath x.\texttt{Chapeau}(x) = \imath x.\texttt{Plage}(x)$

(3) a. Ralph ne croit pas que l'homme sur la plage est un espion.
b. $\neg\mathbf{B}_R(\imath x.\texttt{Plage}(x)$ est un espion$)$

Avec la substituabilité des identiques *salva veritate*[1], nous aurions dû pouvoir, à partir de (1) et (2), inférer :

(4) a. Ralph croit que l'homme sur la plage est un espion.
b. $\mathbf{B}_R(\imath x.\texttt{Plage}(x)$ est un espion$)$

soit la négation de (3). Mais le contexte « Ralph croit que ... » n'est pas extensionnel (il est *indirect* ou *oblique* selon Frege, *opaque* selon Quine, ou encore *intensionnel*), si bien que la substituabilité échoue. Pour que la substitution réussisse, il faut encore s'assurer que Ralph connaisse l'identité (2).

La substituabilité des identiques étant une version opératoire du principe d'indiscernabilité des identiques de Leibniz, son échec paraît indiquer que dans le contexte « Ralph croit que ... », l'identité (2) ne tient pas. Les expressions (ici des descriptions définies, mais des exemples similaires peuvent être construits avec des noms propres) n'y ont donc pas, ou pas seulement, leur référence habituelle. Pour Quine cela signifie que le contexte est référentiellement opaque, alors que pour Frege (et à sa suite Kaplan (1968)), cela implique plutôt que les expressions sont ambiguës et qu'elles y ont une référence inhabituelle.

L'échec de la substituabilité des identiques a été très nettement séparé de la question de la généralisation existentielle par Loar (1972), une position reprise notamment par Recanati (2000*b*). Dans le chapitre précédent, j'ai proposé un traitement de cet échec pour les cas qui mobilisent la connaissance linguistique du sujet, en introduisant la distinction entre attitudes *de dicto* et attitudes *de re*, à l'aide de l'extension $\mathcal{A}$. Je ne reviens pas ici en détail sur ce premier critère de l'intensionnalité[2].

1. La règle d'inférence : $\Phi(a), (a = b) \Rightarrow \Phi(b)$.

2. Quand c'est le mode de présentation linguistique qui intervient, p.ex. dans « Ralph croit que Cicéron est un orateur romain, mais il ne croit pas que Marcus

L'échec de la généralisation existentielle. La généralisation existentielle[1] échoue dans les contextes doxastiques parce que certaines croyances sont erronées du fait qu'elles portent sur des inexistants. Ainsi, de :

(5) a. Ralph croit que James Bond est un espion.
b. $\mathbf{B}_R(\texttt{jamesbond}$ est un espion$)$

on ne peut simplement pas inférer :

(6) a. Il y a quelqu'un dont Ralph croit que c'est un espion.
b. $\exists x \mathbf{B}_R(x$ est un espion$)$

mais tout au plus :

(7) a. Ralph croit que quelqu'un est un espion.
b. $\mathbf{B}_R \exists x(x$ est un espion$)$

Pour de nombreux auteurs, l'échec de la généralisation sur un exemple tel que celui-ci traduit le fait que « James Bond » n'est pas un véritable nom propre. Par conséquent « James Bond » ne devrait pas être formalisé à l'aide d'une constante individuelle mais il faudrait l'analyser, à la manière de Russell, comme une description définie :

(8) a. Ralph croit que l'unique individu qui JamesBondise est un espion.
b. $\mathbf{B}_R(\iota x.\texttt{JamesBondise}(x)$ est un espion$)$
$\Leftrightarrow \mathbf{B}_R \exists x(\forall y(\texttt{JamesBondise}(y) \leftrightarrow y = x)$ et x est un espion$)$

Dès lors, la question de la généralisation existentielle ne se pose plus. Elle se pose uniquement dans les cas où le nom propre désigne effectivement un individu actuel, mais ne pose alors plus aucun problème.

Je ne favoriserai pas ce traitement des noms propres vides, comme on aura l'occasion de le voir plus loin. Il faudra alors affronter cette question de la généralisation existentielle.

2.2. *La question de l'exportation*

Le mécanisme de l'*exportation* consiste à extraire un nom propre ou une description de la portée d'un opérateur d'attitude, et à

Tullius en est un », des lignes de mondes pour « Cicéron » dans la phrase seront disponibles pour Ralph, *i.e.* $\mathcal{A}(\texttt{Cicéron}, \texttt{Cicéron est un orateur romain}) \neq \emptyset$. Quand le mode de présentation impliqué est non linguistique, comme dans (1) et (3), la sémantique habituelle des langages doxastiques suffit : les deux descriptions ont des extensions variables selon les mondes doxastiquement accessibles de l'agent.

1. La règle d'inférence : $\Phi(a) \Rightarrow \exists x\Phi(x)$.

transformer ainsi l'attribution d'une attitude *de dicto* ou simplement *de facto* en une attribution d'attitude *de re*. L'expression (nom propre ou description) se retrouvant alors en position référentielle, on peut ensuite lui substituer une expression coréférentielle ou appliquer la généralisation existentielle. Comme on peut s'y attendre, de nombreux désaccords se cristallisent sur le champ d'application de ce mécanisme.

Selon Quine[1], l'exportation doit être systématiquement autorisée, ce qui assure le passage des attitudes notionnelles aux attitudes relationnelles correspondantes. Ainsi de (1), on devrait pouvoir inférer :

(9) a. Ralph croit *de l'homme au chapeau brun* qu'il est un espion.
b. $\exists x(\forall y(\texttt{Chapeau}(y) \leftrightarrow y = x)$ et $\mathbf{B}_R(x$ est un espion$))$

et de la même manière, de :

(10) a. Ralph croit que l'homme sur la plage n'est pas un espion.
b. $\mathbf{B}_R(\imath x.\texttt{Plage}(x)$ n'est pas un espion$)$
$\Leftrightarrow$ $\mathbf{B}_R\exists x(\forall y(\texttt{Plage}(y) \leftrightarrow y = x)$ et x n'est pas un espion$)$

on devrait pouvoir inférer :

(11) a. Ralph croit *de l'homme sur la plage* qu'il n'est pas un espion.
b. $\exists x(\forall y(\texttt{Plage}(y) \leftrightarrow y = x)$ et $\mathbf{B}_R(x$ n'est pas un espion$))$.

Mais jointe à l'identité (2), (9) conduit à :

(12) a. Ralph croit *de l'homme sur la plage* qu'il est un espion.
b. $\exists x(\forall y(\texttt{Plage}(y) \leftrightarrow y = x)$ et $\mathbf{B}_R(x$ est un espion$))$

puisque suite à son exportation, la description « l'homme sur la plage » se trouve dans un contexte extensionnel : la substituabilité des identiques s'applique à nouveau. Les deux croyances (11) et (12) semblent alors devoir conduire à celle, contradictoire :

(13) a. Ralph croit de l'homme sur la plage qu'il est et qu'il n'est pas un espion.
b. $\exists x(\forall y(\texttt{Plage}(y) \leftrightarrow y = x)$ et $\mathbf{B}_R(x$ est et n'est pas un espion$))$.

Or, même si (10) est plus forte que (3), elle est également compatible avec (1) sans que Ralph ne puisse être jugé contradictoire. C'est ce qui conduit Quine à rejeter (13), et ainsi à renoncer (sans le dire explicitement) au principe de conjonction des croyances :

1. Quine reviendra plus tard sur cette position (Quine 1977*a*).

(14) $(\mathbf{B}\varphi \wedge \mathbf{B}\psi) \rightarrow \mathbf{B}(\varphi \wedge \psi)$

pour préserver la généralité de l'exportation. Cette solution est évidemment contestable.

Restrictions sur l'exportation. Sur la question de l'exportation, les réponses apportées par Hintikka et par Kaplan sont très instructives. Les deux auteurs proposent d'autoriser l'exportation dans des cas restreints où la « familiarité » entre Ralph (l'agent) et Ortcutt (l'objet de l'attitude) est suffisante. Pour Hintikka (1962, chap. 6), l'exportation de la description dans (1) (*i.e.* l'inférence à (9)) n'est permise que si Ralph croit *de re* d'un objet actuel (donc d'Ortcutt) qu'il est l'homme au chapeau brun :

(15) $\exists x$ (Ralph croit que x est l'homme au chapeau brun).

Selon Hintikka, cela signifie que Ralph doit *savoir qui* est l'homme au chapeau brun. Si la combinaison entre croyance *de re* et *savoir qui* peut être considérée comme amenant des complications inutiles, on peut également envisager le savoir *de re*. Pour Hintikka, l'analogue de (15) pour le savoir :

(16) $\exists x$ (Ralph sait que x est l'homme au chapeau brun).

doit sans ambiguïté être compris comme signifiant :

(17) Ralph *sait qui* est l'homme au chapeau brun.

Dans l'exemple de Quine, Ralph ne sait pas qui est l'homme au chapeau : l'exportation de (1) à (9) est bloquée, et ainsi le risque d'attribution d'une croyance contradictoire à Ralph est repoussé.

Quelles sont les conditions d'attribution d'un tel savoir (*savoir qui* est untel) en général ? Ces conditions peuvent être fortement sensibles au contexte (Hintikka 1962, p. 149). Une idée assez largement partagée est que ces conditions ne sont réalisées que si Ralph est en relation d'*acquaintance*, directe ou médiatisée, avec Ortcutt. Ce qui est le cas par exemple lorsque Ralph voit Ortcutt, ou lorsqu'il se souvient d'Ortcutt.

On retrouve ainsi l'idée sous-jacente à la quantification à l'intérieur (*quantifying in*) d'un contexte d'attitude, comme dans (15) ou (16) : l'attribution d'une attitude relationnelle, c'est-à-dire d'une attitude qui comprend une relation entre l'agent (le sujet de l'attitude) et un individu du domaine. On les distingue des attitudes *notionnelles*, qui ne présupposent pas une telle relation et sont donc indépendantes du domaine. Dans la terminologie utilisée jusqu'ici, les attributions d'attitudes relationnelles sont qualifiées d'attributions *de re*, et les attributions d'attitudes notionnelles d'attributions *de facto* (ou du moins non-*de re*, si on veut inclure les attributions *de dicto*) [1]. Recanati (2000*b*) assimile explicitement la distinction à celle entre attitudes singulières et attitudes générales, assimilation que je reprends ici à mon compte.

2.3. *Critères de la singularité*

Pour revenir à la condition de Hintikka, l'exportation serait donc réservée aux cas d'attitudes singulières, *i.e. de re* ou relationnelles, entre le sujet et un objet du domaine. Kaplan introduit une limitation analogue, avec un critère précis qui offre un autre éclairage sur la nature de l'attitude requise.

Kaplan (1968) propose le critère suivant : le sujet doit disposer d'un *nom* qui représente pour lui l'objet [2]. Un *nom* α représente un objet pour un sujet à trois conditions :

(1) α est un *nom de* l'objet, *i.e.* α est causalement relié à l'objet ;

(2) α *dénote* l'objet, *i.e.* le (noyau du) contenu descriptif de α s'applique à l'objet, il peut donc aider le sujet à identifier l'objet [3] ;

(3) α est *saillant* (*vivid*) pour le sujet.

Citons Kaplan sur cette notion de *nom saillant* :

> Considérons les cas typiques dans lesquels nous dirions que Ralph connaît x, ou qu'il est en *acquaintance* avec x. Regardons alors seulement l'agglomération des images, des noms et des descriptions partielles que Ralph utilise pour avoir x à l'esprit (*to bring x before his mind*). C'est cette agglomération, une fois convenablement disposée et structurée, que j'appelle un nom saillant. (...) Les noms saillants "représentent" ces personnes qui

1. Comme de nombreux auteurs l'ont signalé, la distinction entre attitudes relationnelles et attitudes notionnelles ne recoupe pas celle entre attitudes transparentes et attitudes opaques. Cette dernière concerne l'applicabilité du principe de substituabilité des identiques, tandis que la première porte sur la dépendance au domaine. Les deux premières lignes de la table p. 131 doivent donc être dissociées.

2. La présentation du critère de Kaplan est reprise de mon article (Rebuschi 2014).

3. Kaplan compare la fonction de la dénotation pour le nom à celle de la ressemblance pour une image : elle ne permet pas une reconnaissance systématique de l'objet mais peut y contribuer. L'exigence de dénotation est critiquée, *cf.* p.ex. Burge (1977, pp. 350 *sq.*).

> jouent les rôles majeurs dans *l'histoire interne* constituée par toutes les phrases que Ralph croit vraies. J'ai placé 'représentent' ici entre guillemets pour avertir qu'il peut très bien n'exister aucune chose qui soit ainsi "représentée". Ralph peut vivre une histoire intérieure totalement coupée de la réalité, mais cela ne l'empêchera pas de disposer d'un ensemble de personnages parfaitement robustes et clairement délimités. (Kaplan 1968, pp. 201–202) [trad. M.R.]

Si les trois conditions sont réunies, le nom *représente* donc l'objet pour le sujet, et l'exportation est autorisée. Si une condition manque, on ne peut plus exporter. Ce qui est appelé *nom* ici ne doit pas être entendu dans une acception stricte : il peut s'agir de noms propres, mais aussi d'autres termes *singuliers* comme les descriptions définies, voire de symboles mentaux non linguistiques, du moment qu'ils désignent un objet particulier pour le sujet.

Le *nom* en question n'est pas tant un terme linguistique ayant une occurrence dans le compte rendu de l'attitude qu'une *entité mentale* supposément mobilisée par l'attitude du sujet. Ce qui est déterminant pour attribuer une pensée singulière à Ralph, ce n'est pas que l'on exprime cette attribution à l'aide d'un nom propre (on pourrait d'ailleurs exprimer cette attribution sans le nom), mais c'est qu'il y ait un *nom* qui joue un rôle cognitif tel qu'on puisse dire qu'il *représente* l'objet pour Ralph – et que l'on puisse de ce fait représenter linguistiquement pour exprimer l'attribution d'une pensée singulière à Ralph.

Revenons aux exemples cités plus haut. Dans la phrase (1a), le *nom* linguistiquement représenté par « l'homme au chapeau brun » pourrait représenter l'homme au chapeau brun pour Ralph (il l'a vu comme cela), et l'exportation être autorisée. Dans le contexte de l'exemple, on peut cependant nier que les deux noms linguistiquement représentés par « l'homme au chapeau brun » et « l'homme sur la plage » dénotent Ortcutt puisqu'ils ne permettent pas à Ralph d'identifier le même individu : l'un des deux (au moins) ne doit pas représenter Ortcutt pour Ralph, donc l'une des deux exportations doit être bloquée, évitant la substitution des identiques de Quine.

Les trois conditions avancées par Kaplan permettent de dissocier deux dimensions qui caractérisent les pensées singulières, et qui sont mêlées dans les critères usuels de la singularité :

- une dimension *externe* ou *ontologique* : un nom de l'objet (1), qui dénote l'objet (2) (ce que l'on résumera en disant que le nom *désigne* l'objet) ;
- une dimension *interne* ou *cognitive* : un nom *saillant* pour le sujet (3).

La notion de *nom saillant* permet donc de rendre compte de la dimension cognitive (ou *mentale*, ou *phénoménologique*) des pensées singulières, indépendamment de l'aspect relationnel et de la dépendance ontologique de ces pensées relativement à un objet déterminé. Un nom saillant peut désigner un individu existant, mais il peut également ne rien désigner.

Deux perspectives sur la singularité. Il ressort de la discussion qui précède et particulièrement de la proposition de Kaplan, que la singularité peut être vue sous deux angles :

- *en partant du monde* : les pensées relationnelles, qui comprennent une relation entre le sujet et un objet dans le domaine ;
- *en partant du sujet* : les pensées focalisées, qui visent un objet particulier (existant ou non), par opposition aux pensées générales qui ne visent pas d'objet particulier.

Pour Crane (2011) la seconde perspective est la seule pertinente pour rendre compte de la singularité. Crane considère ainsi que l'on peut parler de pensée singulière à propos d'objets inexistants. Je vais pour ma part privilégier cette perspective, mais je préférerai la terminologie de Taylor (2010) qui parle de *pensées de forme singulière* pour les attitudes focalisées sur un objet (existant ou non), et réserve l'appellation de *pensées singulières* aux attitudes focalisées sur des existants.

L'analyse habituelle des types d'attitudes en termes de portées syntaxiques n'offre de choix qu'entre deux possibilités : soit les attitudes sont focalisées et alors elles sont relationnelles, soit elles ne sont pas relationnelles et alors elles sont générales. Dans ce qui suit, je propose une analyse qui ouvre une troisième possibilité : celle des attitudes focalisées quoique non relationnelles.

3. Attitudes de objecto

À l'aide du formalisme IF et de la sémantique des jeux, on peut construire un nouveau type d'attribution d'attitudes, intermédiaire entre *de re* et *de facto*. Je défends que les attributions de ce nouveau type sont d'un certain point de vue plus fondamentales que les attributions *de re*. Elles offrent en outre une perspective renouvelée sur les objets intentionnels[1].

3.1. *De la logique épistémique à la logique doxastique*

Par l'introduction de sa marque d'indépendance informationnelle (la notation *slash*), le formalisme IF permet d'accroître l'expressivité de nombreux formalismes standards : langages propositionnels ou du premier ordre, modaux ou non. Selon Hintikka (2003) l'extension IF doit conduire à une logique modale épistémique « de seconde génération », et ses propres travaux en ont indiqué plusieurs pistes. Avec les attitudes *de objecto*, il semble que le potentiel de la logique IF soit pleinement révélé.

Comme cela a été évoqué dans les chapitres précédents[2], le formalisme IF permet de rendre le contraste entre attitudes *de re* et *de facto* de manière très naturelle. En effet, ce contraste se réduisant à une distinction de portées relatives, on peut l'exprimer à l'aide de quantificateurs indépendants. Pour la connaissance, on aura ainsi :

(18) a. Ralph sait (*de facto*) que quelqu'un est un espion.
b. $\mathbf{K}_R \exists x$ (x est un espion) (standard et IF)

(19) a. Ralph sait (*de re*) que quelqu'un est un espion.
(*i.e.* Ralph sait de quelque personne déterminée qu'elle est un espion)
b. $\exists x\, \mathbf{K}_R$(x est un espion) (standard)
c. $\mathbf{K}_R \exists x_{/\mathbf{K}_R}$($x$ est un espion) (IF)

L'interprétation GTS des trois formules relativement à un modèle pointé $\langle \mathbf{M}, v \rangle$ (et au monde v) est la suivante :

1. Cette section et la suivante s'appuient sur l'article j'ai co-écrit avec Tero Tulenheimo (Rebuschi & Tulenheimo 2011), où l'idée des attitudes *de objecto* a été pour la première fois exposée. J'ai cependant ici intégré des développements qui ne figurent pas dans l'article.

2. *Cf.* chapitre 2 section 3. Pour une présentation de GTS et IF, voir chapitre 1 section 3.1 (en particulier pp. 62 *sq.*).

- (18b) : $\forall$*belard* choisit un monde possible w accessible depuis v selon $R_{\mathbf{K}_R}$; $\exists$*loise* doit ensuite trouver un individu (une valeur pour x) dans le domaine local D_w qui est un espion dans w ;
- (19b) : $\exists$*loise* sélectionne un individu (une valeur pour x) dans le domaine D_v de telle sorte que dans n'importe quel monde possible accessible selon $R_{\mathbf{K}_R}$ (choisi par $\forall$*belard*), cet individu est un espion ;
- (19c) : $\forall$*belard* choisit un monde possible accessible w et $\exists$*loise* doit pouvoir, *indépendamment de ce choix*, sélectionner un individu (une valeur pour x) dans le domaine local D_w qui est un espion ; le choix est donc uniforme relativement au choix du monde.

Pour les deux dernières formules, les stratégies gagnantes d'$\exists$*loise* consistent en fonctions[1] (ou lignes de mondes) *constantes*, définies sur l'ensemble des mondes accessibles selon $R_{\mathbf{K}_R}$, qui sélectionnent chacune un individu du domaine global D qui se trouve être un espion dans chacun des mondes. Ce sont donc les mêmes fonctions qui constituent les stratégies gagnantes d'$\exists$*loise* dans les deux cas. Les deux formules (19b) et (19c) sont équivalentes.

La distinction entre les deux types d'attributions, *de facto* et *de re*, est illustrée par les deux figures I et II, p. 141. Pour la connaissance *de facto*, les individus sélectionnés peuvent varier selon les mondes (ce qui est illustré sur la figure par le choix de personnages distincts dans chacun des mondes) tandis qu'on a affaire à un seul individu pour la connaissance *de re*.

Levons la factivité. L'équivalence entre formulations standard et IF pour les attributions de connaissance *de re* (*i.e.* entre (19b) et (19c)) s'avère être une coïncidence due à la *factivité* de la connaissance. La factivité d'un type d'attitude propositionnelle est la propriété que possèdent les attitudes de ce type d'avoir des contenus propositionnels toujours *vrais*. Transposée aux opérateurs modaux $\mathbf{O}$ qui formalisent ces attitudes, la factivité est caractérisée en logique modale propositionnelle par le schéma d'axiome T :

(20) $\mathbf{O}\varphi \to \varphi$

ce qui correspond au niveau sémantique à l'exigence que la relation d'accessibilité associée à la modalité, $R_{\mathbf{O}}$, soit réflexive :

(21) $\forall w\ wR_{\mathbf{O}}w$

1. Il faut envisager plusieurs fonctions pour les cas d'attitudes *de re* où Ralph sait de plusieurs personnes qu'elles sont des espions, cas qui ne sont pas exclus par les formules.

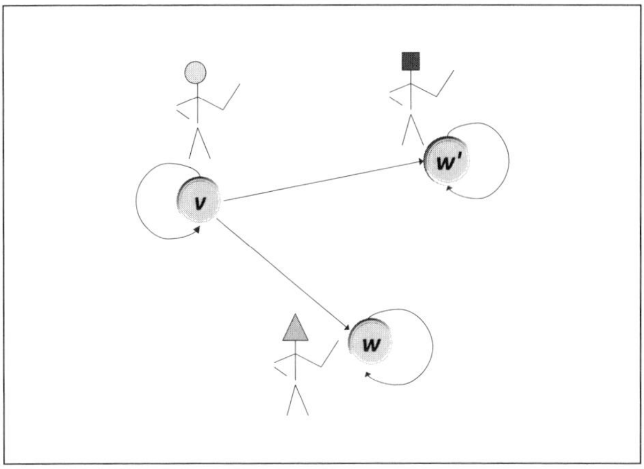

FIGURE I. *Savoir de facto :* $\mathbf{K}_R \exists x$ (*x est un espion*)

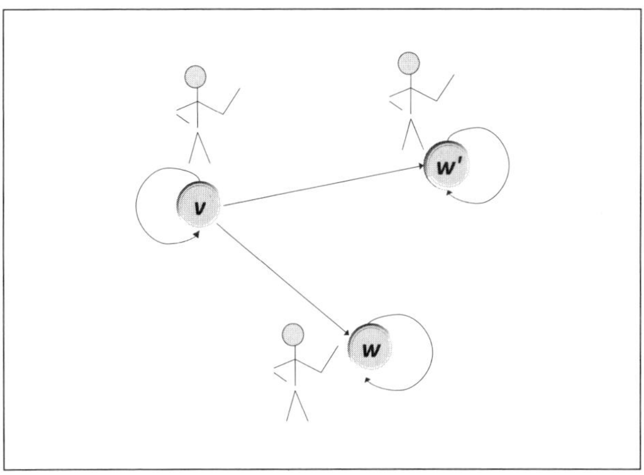

FIGURE II. *Savoir de re :* $\mathbf{K}_R \exists x_{/\mathbf{K}_R}$(*x est un espion*)

La réflexivité joue un rôle crucial pour ce qui nous intéresse, puisque c'est elle qui nous assure que le monde de l'évaluation d'une formule épistémique $\mathbf{K}_R\varphi$ figure parmi les mondes possibles accessibles à partir de lui-même. C'est grâce à la réflexivité que le choix d'un individu déterminé pour x peut être réalisé indifféremment avant ($\exists x\mathbf{K}_R$) ou après ($\mathbf{K}_R\exists x_{/\mathbf{K}_R}$) le changement de monde possible induit par $\mathbf{K}_R$.

Ainsi, dès que l'on renonce à la réflexivité de la relation d'accessibilité (ou à la factivité de l'attitude correspondante), les deux formalisations standard et IF cessent d'être équivalentes. Dans (Rebuschi & Tulenheimo 2011), nous avons introduit l'appellation *de objecto* pour qualifier le type d'attitude formalisé en logique épistémique IF, qui apparaît comme un type intermédiaire entre *de facto* et *de re*. Cela peut être illustré en reprenant l'exemple de Ralph et de l'espion. En remplaçant la connaissance par la croyance, une attitude typiquement non factive :

(22) Ralph croit que quelqu'un est un espion.

on aura trois formalisations possibles, qui correspondent à trois types d'attributions d'attitudes propositionnelles :

(23) *de facto* $\mathbf{B}_R\exists x$ (x est un espion)

(24) *de objecto* $\mathbf{B}_R\exists x_{/\mathbf{B}_R}$($x$ est un espion)

(25) *de re* $\exists x\ \mathbf{B}_R$(x est un espion)

Les distinctions sont illustrées par les trois figures III, IV et V, pp. 143–144. Au niveau sémantique, le point commun entre (26) et (27) est que le choix d'une valeur pour x est effectué après le passage à un autre monde possible imposé par $\forall$*belard*; le point commun entre (27) et (25) est que ce choix par $\exists$*loise* doit être uniforme relativement aux mondes pouvant être choisis par $\forall$*belard*. La différence entre les formules *de re* et *de objecto* se réduit donc au fait que le choix de la valeur pour x est effectué avant ou après le changement de monde. Cela implique que le domaine où $\exists$*loise* va sélectionner l'objet n'est pas le même dans les deux cas. Pour une attitude *de re*, cela doit être l'intersection du domaine du monde actuel D_v avec les domaines des mondes possibles accessibles selon $R_{\mathbf{B}_R}$, autrement dit avec le domaine des objets dont Ralph croit qu'ils existent (je parlerai du domaine des *objets doxastiques* de Ralph) ; pour une attitude *de objecto*, le choix doit être effectué parmi les objets doxastiques, mais rien n'oblige à choisir des objets qui soient présents dans le monde actuel. En bref : les attitudes *de objecto* sont des attitudes focalisées sur des objets *éventuellement inexistants*.

3.2. *Primauté des attitudes de objecto*

L'émergence du type *de objecto*, au sens de sa séparation d'avec le type *de re*, ne concerne pas seulement la croyance mais bien évidemment toutes les attitudes propositionnelles non factives.

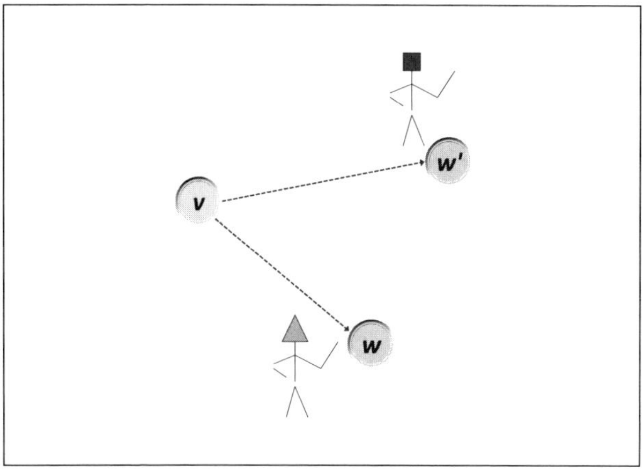

FIGURE III. *Croyance de facto :* $\mathbf{B}_R \exists x$ *(x est un espion)*

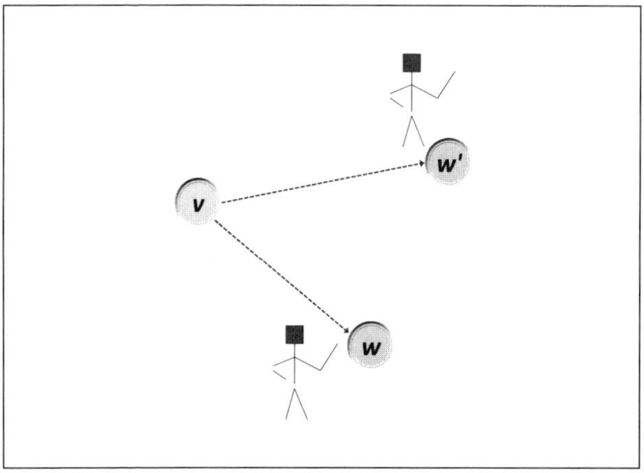

FIGURE IV. *Croyance de objecto :* $\mathbf{B}_R \exists x_{/\mathbf{B}_R}$*(x est un espion)*

Le désir, la crainte, l'expérience qualitative... constituent autant d'attitudes qui admettent une variante *de objecto*. Le formalisme IF permet donc de déceler un phénomène très répandu et ignoré par l'approche standard.

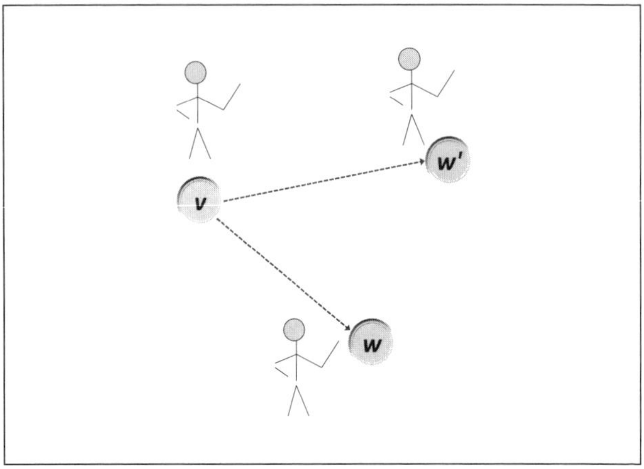

FIGURE V. *Croyance de re :* $\exists x\ \mathbf{B}_R(x \text{ est un espion})$

Les attitudes *de objecto* occupent une position à première vue intermédiaire entre attitudes *de re* et attitudes *de facto*. Mais il serait erroné de s'arrêter là. Les attitudes *de objecto* sont en réalité plus fondamentales que les attitudes *de re*, au sens où les attitudes *de re* peuvent être analysées comme des cas particuliers d'attitudes *de objecto*. Pour une attitude d'un type donné quelconque **A**, on aura généralement trois types d'attributions :

(26) *de facto* $\mathbf{A}\exists x\ \varphi(x)$

(27) *de objecto* $\mathbf{A}\exists x_{/\mathbf{A}}\varphi(x)$

(28) *de re* $\exists x\mathbf{A}\ \varphi(x)$

Notons tout d'abord que l'attribution d'une attitude *de re* implique l'attribution *de objecto* correspondante, et que celle-ci implique l'attitude *de facto* correspondante :

(29) $\exists x\ \mathbf{A}\varphi(x) \ \Rightarrow\ \mathbf{A}\exists x_{/\mathbf{A}}\varphi(x) \ \Rightarrow\ \mathbf{A}\exists x\ \varphi(x)$

Certaines situations entraînent l'implication réciproque entre *de objecto* et *de re*. Ainsi, dès que l'on a affaire à un verbe d'attitude propositionnelle factive comme « percevoir », « voir », « savoir », etc., les attributions *de objecto* et *de re* sont équivalentes :

(30) Si **A** est de type factif[1], alors : $\mathbf{A}\exists x_{/\mathbf{A}}\varphi(x) \Leftrightarrow \exists x\ \mathbf{A}\varphi(x)$

1. C'est-à-dire si $R_{\mathbf{A}}$ est réflexive. On pourrait caractériser la factivité par la validité de l'implication $\mathbf{A}\varphi \Rightarrow \varphi$ à condition de préciser que cela ne vaut que

Mais il y a également d'autres cas. Une croyance *de objecto*, vraie ou fausse, focalisée sur un objet actuellement existant est équivalente à la croyance *de re* correspondante. C'est en fait le cas de réduction le plus général, qui recouvre l'équivalence (30) pour les attitudes de type factif :

(31) Si $\exists y\ \mathbf{A}\exists x_{/\mathbf{A}}(\varphi(x) \wedge x = y)$, alors : $\mathbf{A}\exists x_{/\mathbf{A}}\varphi(x) \Leftrightarrow \exists x\ \mathbf{A}\varphi(x)$

Ce fait a une conséquence importante. Les attitudes *de re* sont du point de vue sémantique des cas particuliers d'attitudes *de objecto* : ce sont les attitudes *de objecto* dont l'objet se trouve être actuellement existant [1]. Les deux grands types d'attributions ne doivent donc plus être *de re* vs. *de facto*, mais bel et bien *de objecto* vs. *de facto*.

Dans une perspective génétique, on peut penser que les attitudes *de re* sont plus fondamentales au sens où leur attribution recouvre celle de représentations perceptives dont le contenu est causé par l'environnement. Mais la capacité représentationnelle impliquant la possibilité de méprise représentationnelle, il faut que les attitudes *de re* laissent de la place à des attitudes proches bien qu'erronées. Et une attitude *de re* sans objet existant n'est pas une attitude *de re*. À l'inverse, les attitudes *de objecto* remplissent le contrat.

En outre, du point de vue de l'agent les attitudes *de objecto* ou *de re* correspondantes sont indiscernables. Croire qu'Homère est l'auteur de *L'Iliade* c'est avoir une croyance focalisée, à la différence de simplement croire qu'un poète grec est l'auteur de *L'Iliade*. C'est

lorsque φ est une formule close du premier ordre, ce qui écarte nombre de cas dont on souhaite qu'ils soient pris en compte lorsqu'on parle de factivité (p.ex. les attribution *de re*). La réflexivité de la relation d'accessibilité correspondante est plus générale et véritablement ce qui est au fondement de l'équivalence en question.

1. Une difficulté surgit avec les attitudes focalisées sur un objet actuellement existant quand le sujet considère, à tort, que plusieurs objets sont concernés : je peux ainsi croire être traqué par deux personnes tandis qu'une seule personne me poursuit. La réduction des attributions *de objecto* à des attributions *de re* conduit alors à l'attribution de contenus contradictoires : la croyance focalisée à tort sur deux objets en fait identiques $\mathbf{B}\ \exists x_{/\mathbf{B}}\ \exists y_{/\mathbf{B}}\ (x \neq y)$ se réduirait en effet à : $\exists x \exists y\ (x = y \wedge \mathbf{B}(x \neq y))$. La réduction des attributions *de objecto* à des attributions *de re* ne fonctionne donc que dans le cas où l'objet visé qui se trouve actuellement exister est visé en tant qu'objet unique. Quand le sujet croit à tort avoir affaire à deux objets, il faut *in fine* considérer trois objets distincts : les deux visés par le sujet et l'objet actuellement existant. Je remercie François Recanati d'avoir attiré mon attention sur ce point.

donc avoir une croyance *de objecto* voire *de re*. Que cela soit une croyance irréductiblement *de objecto* ou une croyance *de re* dépend exclusivement de l'existence d'Homère et ne change rien pour la croyance de l'agent. La réductibilité d'une attitude *de objecto* à l'attitude *de re* correspondante lui est extrinsèque.

3.3. *Objets intentionnels*

Les attributions de croyances *de objecto* sont des attributions de croyances focalisées sur des objets. Si Ralph croit simplement *de facto* que quelqu'un est un espion, cela est compatible avec toutes sortes de possibilités : tel individu est un espion selon une possibilité, tel autre selon une autre, etc. Avec une croyance *de objecto* la situation est toute différente puisque Ralph croit alors à propos du *même individu* qu'il est un espion.

Attribuer une croyance *de objecto* n'implique pas d'attribuer une croyance *de re*. La formalisation *de objecto* permet ainsi de rendre compte des objets *intentionnels*, in-existants au sens de Brentano, c'est-à-dire de ces objets visés par les attitudes sans nécessaire contrepartie dans le monde actuel[1]. Le fait que les quantificateurs indépendants $\exists x_{/\mathbf{B}}$ soient dans la portée syntaxique d'occurrences de l'opérateur doxastique $\mathbf{B}$[2] les neutralise ontologiquement au même titre que les quantificateurs dépendants : ces quantificateurs sélectionnent des objets parmi les objets doxastiques de l'agent.

L'analyse a donc des conséquences importantes pour le statut ontologique des objets intentionnels. Lorsqu'une attitude est irréductiblement *de objecto*, un objet intentionnel surgit au centre de la scène. Cet objet existe dans tous les mondes accessibles selon cette attitude, mais pas dans le monde actuel. On dira que c'est un objet *purement intentionnel*. C'est l'objet de la crainte si on redoute une sorcière particulière (celle du fond du jardin), l'objet du désir s'il est également particulier et inexistant, mais aussi l'objet halluciné que l'on croit voir, etc. De tels objets ne constituent pas une catégorie

1. Même si, selon Crane (2006), la non-existence des objets intentionnels n'était pas directement le problème de Brentano.

2. Du moins pour les formules régulières (*cf.* chap. 2 section 3), puisque rien n'interdit dans la syntaxe de $\mathcal{L}_{IF}(\Sigma, \mathbf{B})$ de construire des formules dont un quantificateur indépendant $\exists x_{/\mathbf{B}}$ se trouverait hors de portée de toute occurrence de $\mathbf{B}$. Mais ce type de formule (non régulière) n'a pas de raison d'être employé pour formaliser les comptes rendus d'attitudes.

ontologique nouvelle. L'analyse en termes d'attitudes *de objecto* les réduit à des objets possibles, au sens de rationnellement compatibles avec tout ce que l'agent croit (ou espère, ou hallucine...). Ils n'ont pas de contrepartie dans le monde actuel [1].

Mais de façon générale, les objets intentionnels sont simplement les objets en tant qu'ils sont visés par nos attitudes (Crane 2001). Certains objets de nos croyances *de objecto* existent et sont des objets ordinaires, et nos croyances sont alors des croyances *de re* ; d'autres objets de nos croyances, les objets purement intentionnels, n'existent pas, mais ils n'entrent alors pas dans l'ontologie. Certains objets de nos expériences visuelles existent (quand l'expérience est celle d'une perception véridique), d'autres pas (quand elle est le fruit d'une hallucination) ; quand nous percevons véridiquement un objet, c'est un objet ordinaire qui est visé [2].

Les objets intentionnels, qu'ils soient actuels ou purement intentionnels, ont tous la propriété d'*incomplétude*. Pour chaque objet, on peut trouver des prédicats qui ne peuvent être ni affirmés ni niés de cet objet [3]. Pour les objets actuels, cette incomplétude est simplement épistémique. Je ne sais pas si mon voisin a des neveux ou nièces, autrement dit s'il est oncle ou ne l'est pas. Pour autant que je puisse l'envisager, il peut aussi bien être oncle que ne pas l'être. Dans certains mondes possibles où mon voisin se trouve, il est oncle, dans d'autres il ne l'est pas. Mon voisin est donc incomplet en tant qu'objet intentionnel, mais en réalité, dans le monde actuel, il ne l'est pas. Pour les objets purement intentionnels, l'incomplétude a un autre statut : ces objets n'existant pas en dehors des mondes accessibles selon l'attitude de l'agent qui les pense, il sont *essentiellement incomplets*. Il n'y a pas de monde privilégié

1. *Cf.* la section 3 de l'Introduction pour une discussion des présupposés métaphysiques et modèle-théorétiques requis par la revendication de neutralité ontologique des objets possibles.

2. En particulier il n'y a pas besoin de postuler des objets comme les *sense data* qui viendraient s'interposer entre nous et le monde. Comme nous l'avons montré dans (Rebuschi & Tulenheimo 2011), les attitudes *de objecto* permettent de rejeter *l'argument de l'hallucination*.

3. Je laisse délibérément de côté les objets mathématiques, censés exister nécessairement, que la contruction classique en termes de mondes possibles proposée ici prive de toute possibilité d'incomplétude : les nombres ont toutes leurs propriétés dans tous les mondes possibles, ils sont donc complets dans chaque monde et dans chaque ensemble de mondes.

pour trancher les questions relatives à un tel objet : ce qui est vrai d'eux est ce qui est vrai d'eux dans tous les mondes accessibles selon l'attitude, ce qui est faux d'eux est ce qui est également faux dans tous les mondes. Entre les deux restent les questions non tranchées, qui constituent une marque distinctive des objets purement intentionnels.

Analyses concurrentes. D'autres tentatives ont été faites de formaliser les attitudes non factives, potentiellement focalisées sur des inexistants. Citons-en quelques-unes :

– L'analyse en logique libre proposée notamment par Priest (2005) offre des résultats équivalents, mais elle repose sur des postulats techniques qui s'avèrent ontologiquement coûteux : le domaine de chaque monde possible doit être scindé en deux, entre individus existants et individus inexistants. Cette acceptation d'objets inexistants dans le domaine est une forme d'adhésion au Meinongianisme (Gochet 2010) que les attitudes *de objecto* permettent d'éviter.

– L'interprétation substitutionnelle de la quantification, proposée par Stine (1976) pour formaliser l'in-existence intentionnelle, permet quant à elle de quantifier dans le monde actuel sur des entités au-dessus de tout soupçon, sans engagement ontologique vis-à-vis d'inexistants; cela suppose cependant que de telles entités, linguistiques, soient mobilisables pour désigner chacun de nos objets intentionnels, ce qui est discutable, voir p.ex. (Burdick 1991, p. 366).

– Il faut enfin citer Kraut (1979) qui a proposé une formalisation des attitudes non factives en termes de lignes de mondes : une sémantique *ad hoc* lui permet de capturer des cas simples d'attitudes semblables aux attitudes *de objecto*, avec des quantificateurs sémantiquement indépendants bien que dans la portée d'opérateurs doxastiques. Le formalisme IF permet ici aussi de traiter les idées de Kraut dans un cadre beaucoup plus général.

4. Applications

Après une définition plus précise d'un langage doxastique IF, on utilise les attitudes *de objecto* pour traiter plusieurs questions : l'exportation, les conditions d'attribution d'une attitude *de objecto*, l'analyse linguistique des descriptions et des noms propres vides.

4.1. *Langage doxastique IF*

Je rappelle ici quelques points sur le langage doxastique IF, déjà présentés pour la version épistémique pp. 109 *sq.* Je me contente ici de l'extension IF puisqu'on ne prend pas en considération des attributions *de dicto*.

Syntaxe. Étant donné un vocabulaire $\Sigma = \texttt{Cons} \cup \texttt{Pred}$, on définit le langage $\mathcal{L}_{IF}(\Sigma, \mathbf{B}_i)$ de la manière suivante :

$$\begin{array}{lll} \text{Termes :} & t ::= & x \mid a \mid a_{/\mathbf{B}_i} \\ \text{Formules :} & \varphi ::= & \top \mid (t_1 = t_2) \mid Pt_1 \ldots t_n \mid \exists x\ \varphi \mid \exists x_{/\mathbf{B}_i}\varphi \\ & & \mid \forall x_{/\mathbf{B}_i}\varphi \mid \neg\varphi \mid (\varphi \wedge \varphi) \mid \mathbf{B}_i\varphi \end{array}$$

x étant une variable individuelle, a une constante individuelle de `Cons`, et P un prédicat n-aire de `Pred`.

On appelle *formules régulières* les formules dont les constantes indépendantes $a_{/\mathbf{B}_i}$ et les quantificateurs indépendants $\exists x_{/\mathbf{B}_i}$ ou $\forall x_{/\mathbf{B}_i}$ sont tous dans la portée syntaxique de l'opérateur $\mathbf{B}_i$. On note `Form` l'ensemble des formules régulières.

À chaque formule (régulière ou non) φ de $\mathcal{L}_{IF}(\Sigma, \mathbf{B}_i)$ on associe une formule de $\mathcal{L}(\Sigma, \mathbf{B}_i)$, la *forme bridée* de φ, que l'on note φ^{br} et qui est obtenue à partir de φ en transformant les termes de la forme $a_{/\mathbf{B}_i}$ en termes a, et les quantificateurs de la forme $\exists x_{/\mathbf{B}_i}$ (resp. $\forall x_{/\mathbf{B}_i}$) en quantificateurs $\exists x$ (resp. $\forall x$). Si φ est une formule épistémique du premier ordre standard, *i.e.* une formule de $\mathcal{L}(\Sigma, \mathbf{B}_i)$, alors elle est identique à sa forme bridée.

On note $DeOb(\varphi)$ l'ensemble des expressions *de objecto* ayant une occurrence dans φ, *i.e.* les termes de la forme $a_{/\mathbf{B}_i}$, les quantificateurs de la forme $\exists x_{/\mathbf{B}_i}$ dans la portée d'un nombre pair de négations et les quantificateurs de la forme $\forall x_{/\mathbf{B}_i}$ dans la portée d'un nombre impair de négations [1].

Remarque : les constantes *de objecto* permettront de symboliser les noms propres utilisés pour désigner les objets d'attitudes *de objecto*. On abordera cette question plus loin dans le chapitre (section 4.3).

1. Les expressions *de objecto* ayant une occurrence dans φ et l'ensemble $DeOb(\varphi)$ pour les formules du langage doxastique IF sont construits exactement de la même manière que les expressions *de re* et l'ensemble $DeRe(\varphi)$ pour les formules du langage épistémique IF.

Sémantique. Les formules φ de $\mathcal{L}_{IF}(\Sigma, \mathbf{B}_i)$ sont évaluées à l'aide de jeux sémantiques joués sur leur forme bridée φ^{br}, relativement à un modèle de Kripke standard pour $\mathcal{L}(\Sigma, \mathbf{B}_i)$ et un monde distingué v.

Modèles de Kripke. Un *modèle de Kripke (standard)* pour un langage doxastique du premier ordre $\mathcal{L}(\Sigma, \mathbf{B}_i)$ est un n-uplet $\mathbf{M} = \langle W, R_{\mathbf{B}_i}, \{D_w\}_{w \in W}, V \rangle$, où :

- W est un ensemble non vide de mondes possibles ;
- $R_{\mathbf{B}_i} \subseteq W \times W$ est une relation d'accessibilité entre mondes possibles ;
- D_w est un ensemble non vide d'individus (le *domaine local* de w), avec : $D := \bigcup_{w \in W} D_w$ (le *domaine global*) ;
- V est une fonction de valuation qui attribue :
  une extension, *i.e.* un sous-ensemble $V(P, w)$ de D^n à chaque prédicat n-aire P de `Pred` et monde possible w ;
  un objet individuel $d_a \in D$ à chaque constante individuelle a de `Cons`.

Jeux sémantiques. À chaque énoncé doxastique du premier ordre φ de $\mathcal{L}(\Sigma, \mathbf{B}_i)$, pour un modèle de Kripke pointé $\langle \mathbf{M}, v \rangle$ et un monde w donnés, on associe un jeu sémantique $eG_{\mathbf{M},v}(\varphi, w)$. Ce jeu est joué par $\exists$*loise* et $\forall$*belard* conformément aux règles eGTS pour la logique modale du premier ordre. Les règles des jeux moléculaires sont celles indiquées p. 106, avec une règle attendue pour l'opérateur doxastique :

(R.B$_i$) Le jeu $eG_{\mathbf{M},v}(\mathbf{B}_i\varphi, w)$ débute avec le choix par le falsificateur d'un monde w' accessible depuis w selon $R_{\mathbf{B}_i}$; la suite du jeu est comme $eG_{\mathbf{M},v}(\varphi, w')$.

et les règles des jeux atomiques sont les règles $(\mathbf{R.At}_1^{1...n})$ et $(\mathbf{R.At}_2)$ données p. 107 (voir aussi annexe 3.5).

Conditions de vérité. Il s'agit des conditions données p. 112, mais sans l'extension $\mathcal{A}$. Pour une formule φ de $\mathcal{L}_{IF}(\Sigma, \mathbf{B}_i)$ on a :

$\langle \mathbf{M}, v \rangle, w \vDash^{+}_{\text{eGTS}} \varphi$ (φ est eGTS-vraie dans w) ssi il y a une stratégie gagnante pour le vérificateur initial ($\exists$*loise*) dans $G_{\mathbf{M},v}(\varphi^{br}, w)$ telle que pour chaque expression $e_i \in DeOb(\varphi)$, la fonction de choix associée $\mathbf{f}_{e_i}$ est uniforme relativement à l'occurrence de la modalité dont elle est indépendante.

$\langle \mathbf{M}, v \rangle, w \vDash^{-}_{\text{eGTS}} \varphi$ (φ est eGTS-fausse dans w) ssi φ n'est pas eGTS-vraie dans w.

4.2. *Conditions sur la focalisation*

Généralisation existentielle. Hintikka a introduit des conditions pour la généralisation existentielle, et en fait pour l'exportation, relativement au savoir (*cf.* p. 135). On peut exprimer ces conditions au choix, soit en logique modale du premier ordre, soit dans l'extention IF :

(32) $\mathbf{K}_i\varphi(a),\ \exists x\ \mathbf{K}_i(x=a)\ \Rightarrow\ \exists x\ \mathbf{K}_i\varphi(x)$

(33) $\mathbf{K}_i\varphi(a),\ \mathbf{K}_i\exists x_{/\mathbf{K}_i}(x=a)\ \Rightarrow\ \mathbf{K}_i\exists x_{/\mathbf{K}_i}\varphi(x)$

Ces deux formulations impliquent respectivement des attributions *de re* et *de objecto*. Elles sont équivalentes dans le cas de l'opérateur de connaissance $\mathbf{K}_i$, mais cessent bien entendu de l'être pour l'opérateur de croyance $\mathbf{B}_i$:

(34) $\mathbf{B}_i\varphi(a),\ \exists x\ \mathbf{B}_i(x=a)\Rightarrow\ \exists x\ \mathbf{B}_i\varphi(x)$

(35) $\mathbf{B}_i\varphi(a),\ \mathbf{B}_i\exists x_{/\mathbf{B}_i}(x=a)\Rightarrow\ \mathbf{B}_i\exists x_{/\mathbf{B}_i}\varphi(x)$

On a donc deux formes de généralisation existentielle, la seconde (35) étant une forme affaiblie puisque le quantificateur reste dans la portée de l'opérateur doxastique. La différence entre (34) et (35) évoque immanquablement la distinction faite par Hintikka (1998) entre modes d'identification *public* et *perspectival.* Hintikka introduit une nouvelle paire de quantificateurs pour formaliser cette distinction (Ex et Ax), ce qui conduirait à contraster (34) avec :

(36) $\mathbf{B}_i\varphi(a),\ \mathrm{E}x\ \mathbf{B}_i(x=a)\ \Rightarrow\ \mathrm{E}x\ \mathbf{B}_i\varphi(x)$

donc une forme totalement identique aux quantificateurs près. Cette forme n'est cependant pas équivalente à la forme *de objecto* (35) puisque le quantificateur initial Ex, quoique distinct de $\exists x$, est supposé sélectionner une valeur *dans le domaine du monde de l'évaluation*[1]. Il est ainsi explicite pour Hintikka que les objets publics et les objets perspectivés ne se différencient que par leur mode d'identification tandis que ce sont les mêmes objets au plan ontologique (Rebuschi 2011, n. 10). Les attitudes *de objecto* focalisées sur les inexistants ne sont donc pas prises en compte par cette paire alternative de quantificateurs.

Expression linguistique de la focalisation. La position de Hintikka concernant les formules épistémiques quantifiées est discutable.

1. La différence entre les deux quantificateurs est une différence dans la sélection de lignes de mondes, la sémantique sous-jacente à la proposition de Hintikka étant celle développée par Kraut, présentée ici chapitre 2 section 2.

Selon lui, il faut interpréter les attributions *de re* $\exists x\ \mathbf{K}_i\varphi(x)$ comme supposant une connaissance de l'individu sur lequel porte l'attitude. Mais il semble que certains états peuvent être relationnels sans supposer cette connaissance (les états relationnels *faiblement épistémiques*, pour reprendre l'appellation de Crawford (2008)). C'est par exemple le cas lorsqu'on considère une situation perceptive : le sujet peut être en relation avec un objet particulier, sans avoir aucune connaissance ou croyance particulière à propos de cet objet.

Les conditions pour juger qu'une attitude est focalisée sur un objet doivent également être minimales. Il faut pouvoir attribuer une croyance *de objecto* $\mathbf{B}_i\exists x_{/\mathbf{B}_i}\varphi(x)$ dès lors que l'agent n'est pas supposé avoir une attitude générale ou purement notionnelle. Sur ce point, la sémantique linguistique apporte un éclairage précieux. Pour le traitement des pronoms anaphoriques, on considère les indéfinis du type « un homme » de la même manière que les définis, comme « cet homme » ou « Igor », puisque dans l'un ou l'autre cas on a l'entrée en scène d'un antécédent auquel le pronom « il » pourra ensuite faire référence :

(37) a. Un homme marche. Il fume.
b. Cet homme marche. Il fume.
c. Igor marche. Il fume.

Dans chacun des cas, on aura un *référent discursif* introduit pour représenter le marcheur, qu'il soit défini comme dans (37b) et (37c), ou indéfini comme dans (37a). Si les paires de phrases données en exemple sont assertées par un agent et que l'on considère, suivant le principe décitationnel, qu'elles expriment ses croyances, alors l'exemple (37a) permet de saisir ce qui se produit entre la première et la seconde phrase : on passe d'une assertion (et d'une croyance) générale, à une assertion (et une croyance) focalisée sur un individu. On passe ainsi d'une croyance *de facto* à une croyance *de objecto*.

La condition est ici minimale, puisqu'on considère que l'agent focalise sa croyance dès la première phrase. Pourrait-on considérer que la croyance exprimée par la seconde phrase reste générale ? Ce serait supposer que (37a) est équivalent à :

(38) Un homme marche et fume.

Or cette réduction à une simple conjonction, qui revient à traiter le pronom « il » comme une variable liée par le quantificateur initial, échoue dans de nombreux cas. Evans (1985, chap. 8) a mis en évidence que ce traitement ne pouvait pas toujours fonctionner en proposant notamment cet exemple (qui utilise un quantificateur généralisé) :

(39) a. Peu de députés admirent Kennedy, et ils sont très jeunes.
b. Peu de députés admirent Kennedy et sont très jeunes.

La phrase (39a) implique que peu de députés admirent Kennedy (et que tous sont très jeunes), ce que n'implique pas (39b) : les deux phrases ne sont manifestement pas équivalentes. Pour ce qui m'intéresse ici, (39b) exprime une pensée générale ou *de facto*, tandis que (39a) passe de l'expression d'une pensée générale (« peu de députés admirent Kennedy ») à celle d'une pensée *de objecto* (« ils sont très jeunes »).

Un autre exemple d'attitude qui bascule entre *de facto* et *de objecto* peut être offert par un architecte qui désire construire une œuvre monumentale et marquante : tant que l'idée reste indéterminée (« Un jour vous verrez, je ferai quelque chose de grand ! »), on peut lui attribuer un désir *de facto* ou général. Mais il suffit que l'architecte se lance dans ce projet pour que l'attribution d'attitude passe au type *de dicto* : c'est à *elle*, à *cette* œuvre monumentale qu'il pense. Un objet intentionnel a surgi, qui deviendra actuel si le projet aboutit.

Mon propos n'est pas ici d'avancer une thèse sur ce qui fait qu'un agent dispose d'une attitude focalisée, mais il porte sur les conditions auxquelles nous attribuons de telles attitudes. Les critères de Hintikka ou de Kaplan seraient trop stricts s'il fallait en faire des critères rigides et généraux. Selon le contexte, les exigences pourront varier. Kaplan (1968) propose un exemple classique contre l'exportation systématique : si Igor croit (ou sait) « *de dicto* » (*i.e. de facto*) que le plus petit espion est un espion, alors on ne peut pas dire qu'il croit (ou sait) *de re* du plus petit espion qu'il est un espion. Kaplan avance ici sa condition sur le nom saillant, qui manquerait à Igor ce qui bloquerait l'inférence.

Ma position est de dire que cela dépend. L'inférence ne sera pas considérée comme erronée dans tous les contextes. Si Igor pense régulièrement au plus petit espion et commence à accumuler des témoignages et des croyances (vraies ou fausses) à son sujet, son attitude sera très vite focalisée. On ne pourra pas dire d'Igor qu'il sait qui est le plus petit espion (vs. Hintikka), mais on pourra considérer qu'il dispose d'un nom suffisamment saillant pour que l'on puisse effectuer l'inférence – qui n'est autre que la généralisation existentielle affaiblie (35).

Hob-Nob revisité Évoquons maintenant le cas célèbre des deux paysans de Geach (1967), Hob et Nob, le premier croyant qu'une sorcière a empoisonné sa mare, le second étant convaincu que *la même* sorcière a empoisonné ses chevaux. Comment l'identité de la sorcière, qui n'existe pas, peut-elle être assurée ? C'est le problème de l'identité intentionnelle.

La sorcière est un objet intentionnel censé être commun aux deux paysans. Pour assurer la présence d'un individu à l'intersection des deux univers de croyances, la logique IF ne suffit pas et il faut étendre le langage encore avec un opérateur d'actualité ou avec la logique hybride, *cf.* (Rebuschi & Tulenheimo 2011). Il faut en effet partir du monde de l'évaluation pour explorer les alternatives doxastiques de Hob où procéder au choix (uniforme) d'une sorcière, puis retourner au monde de départ pour explorer les alternatives doxastiques de Nob : c'est le retour à un monde précis qui exige les ressources de la logique hybride.

Mais une autre approche peut être défendue. Pour que l'idée que Hob et Nob puissent viser la même sorcière ait un sens, il faut que Hob et Nob partagent la même conversation, éventuellement par personnes interposées : Hob parle de sa sorcière à Rob, qui en parle à Tob... qui en parle à Nob. La sorcière introduite par Hob est l'objet de cette conversation : la conversation est le cadre commun de Hob et Nob, où la sorcière est un objet saillant, auquel ils peuvent faire référence à l'aide du pronom « elle », etc. Le cas est tout à fait similaire à celui de l'homme indéfini qui marche dans (37a). La conversation est le lieu d'expression de croyances communes à Hob et Nob, et ces croyances sont *de objecto*, focalisées sur le même individu. C'est le focus conversationnel qui détermine ici celui des attitudes.

4.3. *Application aux descriptions et noms propres*

Attributions d'attitudes de objecto L'attribution d'attitudes peut être exprimée à l'aide de descriptions indéfinies, mais aussi en utilisant des descriptions définies ou des noms propres. Pour des attributions de croyances *de re*, focalisées sur des existants, l'attributeur peut se contenter d'une description indéfinie ou utiliser une description définie voire un nom propre, selon ses propres croyances ou connaissances à propos de l'objet des croyances attribuées. Ainsi un attributeur pourra dire au choix :

(40) a. Isabel croit qu'un chef d'État est un pilote qualifié.
b. = Isabel croit d'un chef d'État qu'il est un pilote qualifié.

(41) a. Isabel croit que l'actuel président du Botswana est un pilote qualifié.
b. = Isabel croit de l'actuel président du Botswana qu'il est un pilote qualifié.

(42) a. Isabel croit que Ian Khama est un pilote qualifié.
b. = Isabel croit de Ian Khama qu'il est un pilote qualifié.

Voyons comment ce choix pour l'attributeur se généralise aux croyances *de objecto* focalisées sur des inexistants. Il y a une ambiguïté dans l'attribution suivante entre deux significations, *de facto* et *de objecto*, exprimées par deux formes logiques :

(43) a. Ralph croit qu'un espion vit dans le placard.
b. *de facto* : $\mathbf{B}_R \exists x$(x est un espion et x vit dans le placard)
c. *de objecto* : $\mathbf{B}_R \exists x_{/\mathbf{B}_R}$($x$ est un espion et x vit dans le placard)

Bien que la phrase dans son interprétation *de objecto* ne puisse pas être désambiguïsée comme (40a), par « Ralph croit *d'un espion* qu'il vit dans son placard » (puisque l'espion en question n'existe pas), on peut clairement distinguer les deux types d'attributions. Dans le premier sens on a l'attribution d'une croyance générale (fausse), tandis dans le second sens on attribue une croyance de forme singulière (toujours fausse) à propos d'un individu particulier (inexistant).

On peut envisager des attributions plus fines, plus précises de la part de l'attributeur :

(44) a. Ralph croit que l'espion du placard est dangereux.
b. *de facto* :
$\mathbf{B}_R \exists x(\forall y(\texttt{EspionPlacard}(y) \leftrightarrow y = x)$ et x est dangereux)
c. *de objecto* :
$\mathbf{B}_R \exists x_{/\mathbf{B}_R}(\forall y(\texttt{EspionPlacard}(y) \leftrightarrow y = x)$ et x est dangereux)

L'attribution au sens *de facto* est celle d'une croyance qui demeure générale et non focalisée : à propos de l'espion du placard *quel qu'il soit.* À l'inverse, l'interprétation *de objecto* correspond à une croyance focalisée sur un individu, l'individu que Ralph appréhende comme l'espion du placard, bien que cet individu n'existe pas. Comme je l'ai défendu plus haut, la focalisation est en général presque immédiate si bien qu'une attribution simplement *de facto* à l'aide d'une description comme dans cet exemple paraît improbable [1].

Pour l'interprétation *de objecto* (44c), on ne peut pas ici supposer que l'attributeur mobilise ses propres croyances à propos de l'objet de croyance de Ralph, et encore moins ses connaissances. L'attributeur n'est pas lui-même engagé vis-à-vis de l'objet de croyance de Ralph ; s'il l'était, il procéderait à une attribution *de re*, fatalement erronée. Mais si l'attributeur exprime sa propre croyance à l'aide de son attribution, on obtient une situation qui peut être rendue par :

(45) Igor croit que Ralph croit que l'espion du placard est dangereux.

où l'attributeur a des attitudes également focalisées sur l'objet de la croyance de Ralph, sans qu'il croie pour autant en son existence. Il suffit en effet de *supposer* qu'un individu particulier existe pour avoir des attitudes focalisées à son endroit.

Le cas des noms propres n'est pas foncièrement différent. Pour les objets inexistants il s'agit bien entendu de noms propres vides, comme dans :

(46) a. Ralph croit que James Bond est dangereux.
b. *de objecto* : $\mathbf{B}_R(\texttt{jamesbond}_{/\mathbf{B}_R}$ est dangereux$)$

Cette fois-ci l'interprétation *de facto* n'est pas mentionnée car elle ne semble pas correspondre à un type d'attribution existant [2]. Ici à nouveau, l'attribution ne peut pas être paraphrasée à la manière des attributions *de re* (comme dans (42)), si l'attributeur ne partage pas la croyance de Ralph. Cela n'interdit pas pour

1. Le point vaut pour l'exemple (41), dont l'interprétation comme pensée générale ne paraît pas pertinente – une fois qu'Isabel a commencé à engranger des informations sur le président du Botswana, son attitude est bien focalisée. On pourrait envisager l'interprétation *de facto* pour des pensées authentiquement générales, comme la croyance avant le tirage d'une loterie que « le gagnant touchera mille euros ».

2. Au début du chapitre 2, j'ai envisagé la possibilité d'attributions *de facto* avec de vrais noms propres, quand on attribue au sujet une attitude générale qui se trouve être à propos d'un individu reconnu par l'attributeur. Ici l'individu n'existe pas en dehors des croyances du sujet, donc ce cas de figure est d'emblée écarté.

autant l'usage d'un nom propre, pour désigner un objet actuellement inexistant mais présent dans les alternatives doxastiques de Ralph. Le formalisme IF offre une sémantique adéquate : la valeur du nom propre est la même dans tous les mondes possibles, indépendamment de son existence dans chacun des mondes. Le fait que le même individu soit sélectionné dans chacune des alternatives doxastiques de Ralph est assuré par l'exigence d'uniformité du choix de la valeur du nom propre par *∃loise* dans les jeux sémantiques. Ce choix est donc bien effectué après le passage dans les mondes doxastiques de Ralph, mais il est uniforme.

On s'écarte de la position de Loar (1972) reprise par Recanati (2000*a*). Pour ces deux auteurs, un nom propre conserve un usage référentiel ordinaire dans un énoncé doxastique. Le nom est ainsi sujet à généralisation existentielle, ce qui assure *in fine* l'attribution d'une pensée relationnelle. Évidemment, cela ne peut pas fonctionner ici puisque de (46) on ne peut pas inférer :

(47) a. Il y a quelqu'un dont Ralph croit qu'il est dangereux.
b. $\exists x\ \mathbf{B}_R(x \text{ est dangereux})$

On préserve cependant une généralisation existentielle affaiblie, qui de l'usage d'un nom propre dans un compte rendu d'attitude permet de conclure à l'attribution d'une attitude focalisée (*de objecto*) :

(48) a. Ralph croit de quelqu'un qu'il est dangereux.
b. $\mathbf{B}_R \exists x_{/\mathbf{B}_R}(x \text{ est dangereux})$

L'expression directe des attitudes. L'analyse des descriptions et noms propres vides peut être poussée plus loin si nous nous penchons sur l'expression directe des attitudes propositionnelles par les sujets. Ralph pourrait asserter l'une des deux phrases :

(49) L'espion du placard est dangereux.

(50) James Bond est dangereux.

et exprimer ainsi directement les croyances qui lui sont attribuées par (44) et (46). Quelle sémantique donner aux expressions, description définie et au nom propre vides, mobilisées dans ce contexte direct ? Peut-on résoudre simplement la question par les analyses classiques du langage, et dire que ces énoncés sont simplement faux ou dénués de valeur de vérité ?

Notons tout d'abord que les pensées exprimées par Ralph à l'aide de (49) et (50) sont de forme singulière (elles visent un objet particulier), bien que n'étant pas singulières (l'objet visé n'existe pas). Aux deux interprétations de l'attribution d'une croyance à Ralph avec la description « l'espion du placard » par (44) correspondent deux usages possibles de la description[1] dans l'expression directe de cette croyance : l'*usage attributif* pour la croyance *de facto*, et l'*usage référentiel* pour la croyance *de objecto*. Pour l'expression des croyances *de objecto*, on peut donc analyser les descriptions définies à la manière des noms propres vides, à savoir comme des termes singuliers privés de référence (dans le monde actuel).

Les objets (non actuels) désignés par ces termes singuliers ne sont pas seulement objets de croyances. Ils peuvent devenir des objets conversationnels. Au cours d'un échange avec Ralph, un psychiatre pourrait comprendre et même utiliser les phrases (49) et (50) en visant l'objet des croyances de Ralph, sans en faire l'objet de ses propres croyances. La conversation pourrait utiliser l'objet comme référent pour un pronom anaphorique, et permettre l'interprétation de l'assertion :

(51) *Il* m'a menacé hier encore.

après l'assertion de l'une ou l'autre des phrases précédentes.

Pour Kaplan, une attitude focalisée sur un objet (*i.e.* une attitude de forme singulière, ou *de objecto*) suppose que le sujet dispose d'un *nom saillant* (*vivid name*) (voir p. 136). Le fait de disposer d'un nom saillant ne concerne que la dimension interne de la pensée focalisée : cela n'implique pas que le nom *représente* son objet pour le sujet, en particulier cela n'implique pas qu'il désigne un objet dans le monde. La notion de nom saillant exige toutefois que le sujet croie en l'existence de l'objet[2], et elle ne pourrait pas être généralisée aux attitudes du psychiatre évoquées dans l'exemple, ni à d'autres attitudes focalisées sur un inexistant sans adhésion doxastique du sujet.

Pour traiter des attitudes *de objecto* en général, on peut emprunter un amendement à la conception de Kaplan proposé par Whitt (1985) pour l'adapter à l'analyse des énoncés fictionnels. Whitt introduit la notion de *nom livide* (*livid name* vs. *vivid name*), qui élargit la notion de nom saillant avec ses qualités internalistes aux objets possiblement inexistants dont le sujet *suppose* seulement

1. Au sens de Donnellan (1966). Voir (Abbott 2001) sur les liens entre usages des descriptions et types d'attitudes.

2. « Un nom saillant doit porter une *revendication d'existence* (*an existence claim*). Si Ralph ne croit pas que le Père Noël existe, je ne qualifierais pas son nom de saillant, quelle que soit sa vivacité par ailleurs. » (Kaplan 1968, p. 202).

qu'ils existent, sans nécessairement y croire. Pour l'analyse des pensées de forme singulière en général, j'ai suggéré de modifier légèrement la notion de Whitt pour en faire une catégorie générique, dont les noms saillants constituent une sous-catégorie plutôt qu'une catégorie à part (Rebuschi 2014). Il suffit pour cela lier ces noms à la *conception*, entendue comme l'attitude la plus générale, impliquée par toutes les autres. L'idée est que toute attribution d'une pensée de forme singulière (croyance, supposition, espérance... *de objecto*) suppose l'attribution d'un *nom livide* : une représentation ou un symbole mental saillant pour le sujet, qui peut désigner un objet dans le monde, ou ne rien désigner en dehors de l'univers du sujet.

L'expression directe des attitudes focalisées sur des objets de conception devrait être formalisée à l'aide de modalités non obligatoirement factives. Lorsque Ralph converse avec son psychiatre au sujet de l'espion qui le menace ou qu'un adulte converse avec un enfant au sujet du Père Noël, lorsque deux critiques parlent d'un héros fictionnel, lorsqu'un amputé décrit une douleur dans son membre absent ou lorsqu'un architecte expose son projet à son voisin, en chacune de ces occasions est instauré un *score conversationnel* au sens de Lewis (1979*b*) qui comprend un ensemble de présuppositions, une hiérarchie des objets saillants, et d'autres facteurs contextuels pertinents pour la conduite de la conversation. Parmi les présuppositions, on trouve évidemment l'existence des objets conversationnels conçus par les interlocuteurs – mais aussi de nombreuses croyances partagées, des normes communes, etc.

On peut modéliser les présuppositions à l'aide d'un opérateur modal, [*Pres*], dont la sémantique peut être envisagée grossièrement comme délimitant le sous-ensemble des mondes possibles où les présuppositions sont vraies[1]. Si comme c'est généralement le cas, notamment dans les exemples qui viennent d'être cités, les présuppositions ne sont pas actuellement vraies, cela entraîne

1. Cette vue est extrêmement grossière, faisant notamment l'impasse sur le fait que le contexte conversationnel n'est pas statique mais progressivement mis à jour par les interventions des participants à la conversation. Pour une présentation des aspects dynamiques de la présupposition, *cf.* l'ouvrage de Beaver (2001). Avec Franck Lihoreau, nous avons proposé une définition d'opérateurs modaux dynamiques pour modéliser le contexte en logique épistémique (Rebuschi & Lihoreau 2008). Je ne crois pas utile de m'aventurer sur ce terrain pour traiter le point ici en discussion, et me contente de cette présentation approximative.

simplement que le monde actuel n'appartient pas à l'ensemble des mondes accessibles à l'aide de [*Pres*]. Les constructions *de objecto* sont alors envisageables :

(52) $[Pres]\ \varphi(a_{/[Pres]})$

(53) $[Pres]\ \exists x_{/[Pres]}(\forall y\ (\psi(y) \leftrightarrow y = x) \wedge \varphi(x))$

(a étant une constante individuelle, ψ un prédicat descriptif). Les deux formules se prêtent à la généralisation existentielle affaiblie déjà évoquée :

(54) $[Pres]\ \exists x_{/[Pres]}\varphi(x)$

mais aucune des deux n'implique, sauf coïncidence, la formule :

(55) $\exists x\ [Pres]\ \varphi(x)$

qui correspond au cas où l'objet conversationnel (désigné par a dans (52), dénoté par la description définie $\iota x.\psi(x)$ dans (53)) est un objet actuellement existant.

5. Conclusion

Ce chapitre a révélé un apport important de la logique IF pour l'analyse formelle des attitudes. En permettant le choix uniforme de valeurs dans des mondes possibles autres que le monde actuel, la logique modale IF permet de rendre compte d'attitudes focalisées sur des objets possibles actuellement inexistants. Comme je l'ai exposé dans l'introduction (section 3), une conception conventionnaliste des modalités jointe à certaines contraintes sur les modèles de Kripke (domaines locaux variables, quantification restreinte aux domaines locaux, valuation des constantes et des prédicats dans le domaine global) permet de concilier l'utilisation des mondes et objets possibles avec une ontologie strictement actualiste. Ce que permet le formalisme IF, c'est alors d'analyser les objets intentionnels comme des objets possibles, et ainsi de les inclure dans notre conception sans les accepter dans l'ontologie.

La typologie des attributions d'attitudes doit être révisée. À l'opposition classique entre attributions *de dicto* et *de re*, le chapitre précédent avait opposé une structure plus complexe, les attributions *de re* (dépendantes d'un objet) pouvant se combiner aux attributions *de dicto* (sensibles au mode de présentation linguistique). J'ai alors proposé un traitement de l'opacité référentielle, *i.e.* de l'échec de la substituabilité des identiques,

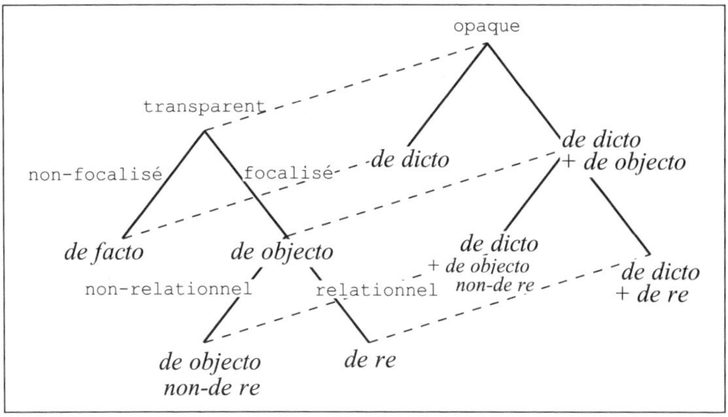

FIGURE VI. *Structure des types d'attitudes*

qui s'appuyait sur une fonction d'*awareness* ajoutée aux modèles de Kripke, en distinguant les attitudes *de dicto* des attitudes non-*de dicto*, qu'elles soient *de facto* ou *de re*.

Le présent chapitre a proposé une analyse renouvelée des attitudes focalisées et parfois relationnelles, question indépendante de l'opacité référentielle. C'est le clivage entre attitudes *de re* et attitudes non-*de re* qui a dû être révisé, de manière à démêler la question épistémique de la focalisation de celle, ontologique, de la relation à un objet existant. La structure d'ensemble des relations entre attitudes est présentée schématiquement sur la figure VI.

Dans la dernière sous-section (4.3), j'ai argumenté en faveur d'une généralisation de l'approche *de objecto* aux énoncés ordinaires, autrement dit à l'expression directe de nos attitudes. Cette proposition évite l'écueil du psychologisme en introduisant la notion de contexte conversationnel, avec un opérateur modal [*Pres*] censé modéliser la subordination des énoncés aux présuppositions du contexte. Les objets du focus conversationnels étant ainsi présents dans les domaines des mondes contextuellement pertinents, il offrent une référence aux noms propres et une dénotation aux descriptions définies mobilisées par les assertions des interlocuteurs.

L'opérateur [*Pres*] est donc un *filtre modal universel* qui peut être introduit pour l'interprétation d'assertions et de conversations ordinaires. Il permet d'interpréter sans frais ontologique les termes singuliers censés désigner des objets particuliers. Ce filtre doit être retiré dès qu'il s'agit d'évaluer sérieusement le discours, par exemple quand il faut évaluer s'il y a bien un espion dans le placard qui menace Ralph. Dans le prochain chapitre, j'introduirai d'autres opérateurs modaux ayant un champ d'application large. Ce sera notamment le cas de l'opérateur [*Int*], pour formaliser le mode de discours intentionnel, et des opérateurs associés aux *fenêtres modales* utilisées pour appréhender les représentations d'objets.

CHAPITRE IV

ATTITUDES OBJECTUELLES ET DE SE

L'intentionnalité est-elle une relation authentique ? On voudrait ici répondre par la négative, tout en rendant justice aux usages de prédicats et termes de relations intentionnels. L'analyse proposée dans ce chapitre repose sur la distinction assumée entre modes de discours descriptif et interprétatif. Elle s'appuie sur les attitudes *de objecto* présentées au chapitre précédent, tout en proposant d'enrichir la sémantique par l'admission de relations inter-mondaines. Comme le titre l'indique, deux types d'attributions sont traités : les attitudes objectuelles et les attitudes *de se*.

1. INTRODUCTION

Les prédicats intentionnels comme « gentil », « détestable », « admirable » sont-ils descriptifs ? Si c'est le cas, Igor pourrait être qualifié de « gentil » parce qu'il est susceptible d'exemplifier la *gentillesse*. S'il exemplifie effectivement la gentillesse alors la prédication est vraie, sinon elle est fausse. Les prédicats intentionnels désigneraient des propriétés intentionnelles, au même titre que les prédicats physicalistes désignent des propriétés physicalistes. Admettre cela serait se ranger du côté du réalisme intentionnel (même si la réciproque n'est évidemment pas vraie).

Une ontologie matérialiste ne peut s'accommoder de prédicats autres que physicalistes, ou réductibles à des (combinaisons de) prédicats physicalistes suivant une identité des types. Pour le matérialiste, il ne peut y avoir *in fine* qu'un seul type de prédicats ontologiquement sérieux et ce sont les prédicats physicalistes. Eux seuls peuvent prétendre décrire des propriétés dans le monde. Quelle que puisse être leur utilité pratique, les prédicats autres (mentaux, esthétiques, évaluatifs...) ne sont pas ontologiquement sérieux.

Face aux prédicats intentionnels, deux stratégies se présentent alors au matérialisme. La naturalisation tout d'abord, qui est un programme de réduction des prédicats intentionnels à des prédicats physicalistes. L'ambition sous-jacente au programme est de permettre une économie ontologique : on espère ainsi réduire les propriétés prétendument désignées par ces prédicats à des (combinaisons de) propriétés physiques. Par la réduction, on redescend ainsi sur le plancher des vaches tout en ancrant l'intentionnel dans le réel.

L'autre stratégie consiste à rejeter toute prétention descriptive aux prédicats intentionnels. L'attribution de prédicats intentionnels peut être alors conçue comme relevant de l'art plutôt que de la description (Richard 2011). Suivant cette approche les prédicats intentionnels ne décrivent pas des propriétés dans le monde, mais ils expriment des concepts qui nous servent à interpréter le monde. Philosophiquement, cet antiréalisme intentionnel est défendu par de nombreux auteurs. Sans prétendre donc à une quelconque originalité quant au choix de cette position, je propose dans ce chapitre une sémantique compatible avec l'antiréalisme intentionnel.

Plan du chapitre. On se penche en premier lieu sur différents prédicats monadiques non physicalistes parmi lesquels les prédicats intentionnels, section 2. Avec l'introduction d'un nouvel opérateur, [*Int*], le formalisme IF offre une sémantique adaptée aux besoins. Dans la section 3, on aborde le cas spécifique des relations intentionnelles entre un agent et un objet, comme « désirer » ou « détester », autrement dit les attitudes objectuelles. La sémantique des mondes possibles est enrichie par des relations inter-mondaines, suivant une idée de Wehmeier (2012). Enfin, section 4, on aborde les indexicaux et démonstratifs, puis les attributions d'attitudes *de se*. L'analyse sémantique exige un nouvel enrichissement, les formules devant être évaluées relativement à des mondes centrés.

2. Vérités et prédicats intentionnels

Les prédicats intentionnels sont analysés comme ayant une extension nulle dans le monde actuel. Nous attribuons ces prédicats aux objets intentionnels, *i.e.* aux objets de nos attitudes *de objecto*, parmi lesquels se trouvent des objets actuels. J'expose une stratégie générale d'analyse des prédicats non physicalistes, avant d'examiner les prédicats phénoménaux puis les prédicats intentionnels. L'opérateur [Int] est introduit, qui permet de généraliser la sémantique des attitudes *de objecto*.

2.1. *Prédicats non physicalistes*

Parmi les prédicats non physicalistes, les prédicats *évaluatifs* comme « lâche », « élégant », « bon », « juste », « honnête », « détestable », « admirable »... peuvent être considérés comme des prédicats *non descriptifs* – si du moins on n'est pas réaliste quant aux valeurs que ces prédicats permettent d'attribuer aux individus, événements ou comportements [1]. La stratégie que je veux défendre pour l'analyse de ces prédicats s'appuie sur le conventionnalisme déontique présenté dans l'introduction (pp. 25 *sq.*). Les systèmes déontiques ou systèmes de règles sont porteurs de modalités propres, mais aussi de prédicats et concepts spécifiques. Les prédicats non physicalistes doivent être compris comme inscrits dans des systèmes déontiques, c'est-à-dire comme conceptuellement dépendants de tels systèmes.

On ne juge pas un comportement « élégant », « juste » ou « détestable » sans mobiliser au moins implicitement un ensemble de normes, donc un ensemble d'obligations et de permissions. Ainsi, un système déontique S pourra poser que l'on *doit*$_S$ détester ce qui

1. Si j'emprunte ici la terminologie d'Ogien (2003), je n'endosse pas son idée que ces prédicats ont une direction d'ajustement qui va de l'esprit au monde, et je les considère comme essentiellement normatifs. Je me reconnais assez dans la défense du « tout normatif » par Larmore (2004) contre Ogien, mais la terminologie qu'il propose, prédicats *axiologiques* vs. *déontiques*, contre l'opposition *évaluatif* vs. *normatif* d'Ogien, est trop étroite. Par ailleurs Ogien a raison sur de nombreux traits qui distinguent les évaluatifs des déontiques, notamment sur la possibilité d'envisager ces derniers comme des opérateurs.

est détestable [1], que l'on *peut*$_S$ détester ce que l'on doit$_S$ détester, et que ce qui est détestable n'est pas admirable. L'ensemble du système déontique peut être formalisé au moyen d'un couple d'opérateurs modaux, $[S]$ et $\langle S \rangle$, correspondant à l'obligation et à la permission selon le système.

Pour illustrer la stratégie, considérons un système déontique dont les règles sont explicites : le jeu d'échecs. Le système peut être formalisé à l'aide de couples d'opérateurs (un couple par partie), formés chacun d'un opérateur $[Echecs]$ et de son dual $\langle Echecs \rangle$, avec l'interprétation suivante :

(1) $[Echecs]\varphi$: « Selon les règles des échecs, il est obligatoire que φ »

(2) $\langle Echecs \rangle\varphi$: « Selon les règles des échecs, il est permis que φ ».

La sémantique des mondes possibles donne alors des conditions de vérité attendues [2]. On peut construire un modèle de Kripke **M** sur le format des modèles standards pour les langages épistémiques ou doxastiques, avec une relation d'accessibilité R_E spécifique pour relier les *mondes échiquéens*, *i.e.* les mondes conformes aux règles du jeu d'échecs. Pour un monde w et une assignation g, on aurait :

(3) $\mathbf{M}, w, g \models [Echecs]\varphi$ ssi pour tout w', si wR_Ew' alors $\mathbf{M}, w, g \models \varphi$

(4) $\mathbf{M}, w, g \models \langle Echecs \rangle\varphi$ ssi il y a un monde w', tel que wR_Ew' et $\mathbf{M}, w, g \models \varphi$

Les règles du jeu ne sont pas des lois de la nature : le monde actuel n'a pas de raison de s'y conformer. Dans les faits, on peut considérer qu'il y a des cas de tricherie, d'erreur, donc de non-respect des règles [3]. Le monde actuel ne fait donc pas partie des mondes accessibles selon R_E, même à partir de lui-même. Les *vérités échiquéennes* ne sont pas des vérités actuelles, ni même des vérités matérielles dans les mondes échiquéens : elles ne sont que l'expression des règles et de leurs conséquences, en bref des vérités *de jure*.

1. Ce qui n'implique pas que l'on déteste effectivement ce qui est détestable, *cf.* la dualité des perspectives sur les systèmes déontiques exposée dans la section 3 de l'Introduction.

2. Et la sémantique des jeux également.

3. On *pourrait* considérer qu'il n'y a pas de tels cas, en réinterprétant les prétendues tricheries et erreurs comme des situations conformes aux règles – ce qu'en pratique on ne fait pas. P.ex. le déplacement d'une pièce comptant pour un fou à l'écart de sa diagonale pourrait ne pas être interprété comme le déplacement du fou. Je reviens sur ce point dans la prochaine note.

Certains prédicats et concepts sont spécifiques aux échecs. Le prédicat « fou » en est un exemple : il y a nécessairement (selon les règles) quatre fous, deux blancs et deux noirs, et chacun se déplace nécessairement sur ses diagonales. Le prédicat a donc une extension non vide dans les mondes échiquéens. Mais il a une extension vide dans le monde actuel, qui n'est pas un monde échiquéen. Les fous existent dans le jeu et pas en dehors – du moins les fous du jeu d'échecs ! Dans le monde actuel, on trouve des pièces de bois qui ont des propriétés physiques, mais pas de fous. Une pièce de bois particulière pourra cependant être un fou dans les mondes échiquéens, ce que l'on pourra formaliser par :

(5) $\exists x\ (\texttt{PièceBois}(x) \wedge [\mathit{Echecs}]\ \texttt{fou}(x))$

Mais si on la perd, on peut la remplacer par un bouchon de liège. On peut aussi jouer à l'aveugle, et n'avoir *aucun* objet actuel qui corresponde aux fous. Cela n'empêche pas qu'il y ait des fous parfaitement définis, ni que le fou initialement en c1 se déplace sur les diagonales noires de l'échiquier : l'ensemble du jeu est intégralement défini par le système de règles.

Les règles du jeu peuvent constituer un filtre posé sur le monde : elles offrent une manière d'interpréter le monde en y ajoutant des propriétés et des objets. Nous pouvons utiliser librement les règles, c'est-à-dire décider que tel objet constitue un échiquier, que telle position spatiale constitue la case c1, que tel objet physique constitue un fou, etc. Les règles nous contraignent ensuite dans les possibilités de placement et de déplacements des objets : la position dont nous avons décidé qu'elle constituerait la case c1 doit être initialement occupée par un objet dont nous avons décidé qu'il constituerait un fou, et cet objet devra se déplacer le long de ce qui constitue les diagonales de l'échiquier selon notre découpage de l'espace[1]. Rien de cela n'est physique, ni soumis à des contraintes physiques. Tout peut être décrit relativement aux mondes échiquéens, c'est-à-dire dans la portée de l'opérateur [*Echecs*].

1. Outre les règles du jeux, il y a des conventions habituelles implicites qui bornent l'interprétation, mais rien n'empêche de suspendre ces dernières. On pourrait ainsi décider que le fou est constitué par telle pièce en bois jusqu'au 20e coup, et qu'il n'est plus ensuite représenté par un objet physique mais seulement constitué par les déplacements déclarés par les joueurs. De telles décisions d'interprétation permettraient par ailleurs de sauver les règles dans les cas d'infractions qui seraient autrement constatées. *Cf.* note 3 p. 166.

Cette analyse des vérités et prédicats du jeu d'échecs comme vérités et prédicats internes aux mondes échiquéens non actuels, mais pouvant être mis en correspondance avec des objets ou événements du monde actuel, peut être généralisée aux vérités et prédicats non physicalistes, et donc aux vérités et prédicats non descriptifs pour qui soutient une ontologie physicaliste.

2.2. *Vérités et prédicats phénoménaux*

Les attitudes *de objecto* présentées au chapitre précédent permettent de concevoir les objets intentionnels sans engagement ontologique – pour peu que l'on adhère à l'actualisme, et que l'on considère les mondes et objets possibles comme des êtres de conception plutôt que comme des réalités. Les objets phénoménaux représentent une catégorie spéciale d'objets intentionnels et peuvent, à ce titre, être appréhendés comme objets d'attitudes *de objecto*. Ces objets représentent évidemment un défi pour toute conception matérialiste ou physicaliste du monde. Mais il n'y a pas que cela : leurs propriétés, les *qualia*, constituent également un défi majeur et bien connu porté par les dualistes contre les conceptions monistes de l'esprit.

Dans la lignée de Lycan (1987), qui se réclame sur ce point explicitement de Hintikka (1969*a*) et de Kraut (1982), je propose de considérer que les *qualia* ou propriétés phénoménales, comme les couleurs et autres *qualités secondes*, sont fondamentalement les propriétés d'*in-existants intentionnels* à la Brentano, et secondairement celles d'objets actuels[1]. Nos conception et formalisation de la perception doivent être revues. Considérons par exemple la vision : elle est habituellement considérée comme factive, autrement dit ce que l'on *voit* est le cas. Mais ici cela ne peut plus fonctionner. Si Ingrid *voit* que le vase est vert, cela implique qu'il y ait un vase mais n'implique pas que le vase soit *actuellement* vert, étant donné que les couleurs phénoménales ne constituent pas des propriétés du monde actuel. Comparons plusieurs exemples :

1. La position que je développe ici s'écarte de celle proposée par Kraut (1982), selon qui les propriétés phénoménales s'appliquent uniquement à des objets *physiques* dans des situations contrefactuelles représentées par d'autres mondes possibles. En levant cette restriction sur les objets intentionnels, on peut envisager des prédicats qui s'appliquent à des objets purement intentionnels et *non physiques*. En revanche, la sémantique à base de lignes de mondes proposée par Kraut est proche de celle utilisée ici, quoique le formalisme IF soit plus général comme je l'ai déjà signalé.

(6) a. Ingrid *croit voir* un carré [déterminé].
b. Ingrid *voit* un carré [déterminé].
c. Ingrid *croit voir* un objet [déterminé] vert.
d. Ingrid *voit* un objet [déterminé] vert.
e. Ingrid *voit* un carré vert [déterminé].

Examinons un à un ces différents exemples. La différence entre *croire voir un carré* (6a) et *voir un carré* (6b) est liée à la factivité. Si Ingrid croit voir un carré, Ingrid peut se tromper et qu'il n'y ait pas de carré. Je propose de formaliser cette attitude objectuelle provisoirement à la manière d'une attitude propositionnelle, à l'aide d'un opérateur qui autorise les attributions *de objecto*.

L'opérateur de vision, noté **Voit**, ne représente pas la *perception visuelle* mais l'*expérience visuelle* (éventuellement erronée, illusoire, hallucinatoire...). Il s'agit par conséquent d'un opérateur non factif : au plan sémantique il définit un ensemble de mondes possibles accessibles qui sont les mondes compatibles avec ce dont l'agent fait l'expérience visuelle. La relation d'accessibilité correspondante relie ainsi tous les mondes qui divergent au-delà de l'expérience visuelle de l'agent : si la porte est fermée et que l'agent ne voit pas au-delà, toutes les possibilités derrière la porte doivent être envisagées (qu'il y ait une personne, deux ou plus, qu'elles soient grandes ou petites, etc.). On peut alors formaliser nos exemples. Pour (6a), on a la vision *de objecto* :

(7) $\textbf{Voit}\ (\exists x_{/\textbf{Voit}})\ \texttt{Carré}(x)$

qui n'engage pas quant à l'existence d'un objet actuel correspondant à ce carré. Pour (6b) il faut en revanche ajouter une contrainte d'actualité pour l'objet, et on obtient :

(8) $\exists y\ \textbf{Voit}\ (\exists x_{/\textbf{Voit}})(x = y \wedge \texttt{Carré}(x))$

qui se simplifie en :

(9) $\exists y\ \textbf{Voit}\ \texttt{Carré}(y)$

La vision *de objecto* de (7) n'est irréductible à la vision *de re* de (9) que dans le cas où l'expérience visuelle est hallucinatoire, *i.e.* lorsqu'il n'y a pas d'objet actuellement perçu par Ingrid. Dès que l'expérience n'est pas hallucinatoire, donc dans le cas de la perception visuelle, la réduction a lieu et l'objet intentionnel se réduit à l'objet actuel perçu, conformément à ce que j'ai exposé au chapitre précédent.

La factivité exigée par (6b) n'est cependant pas suffisamment prise en compte par (9) : il faut non seulement que cet objet soit actuel mais encore qu'il s'agisse bien d'un carré. La formule (9) est en effet compatible avec les cas d'illusion visuelle, où Ingrid croit voir un carré quand elle observe un trapèze (actuellement existant). La formule (9) est donc une autre formalisation de (6a). L'exigence de factivité pour (6b) est en revanche pleinement prise en compte par la formule suivante :

(10) $\exists y\ (\texttt{Carré}(y) \wedge \textbf{Voit}\ \texttt{Carré}(y))$.

Les choses se passent un peu différemment avec le prédicat « vert ». En effet, la différence entre *croire voir un objet vert* (6c) et *voir un objet vert* (6d) n'est pas liée à la factivité s'il n'y a pas d'objet vert : elle ne peut être liée qu'à l'existence actuelle de l'objet de l'expérience. Ingrid peut se tromper et croire observer un objet sans que cet objet existe, mais elle ne peut pas se tromper sur le fait qu'elle voit cet objet comme un objet vert. Autrement dit, elle peut avoir des hallucinations mais pas d'illusion sur la seule couleur de l'objet qu'elle croit voir. On aura alors, pour les deux phrases (6c) et (6d), respectivement :

(11) $\textbf{Voit}\ (\exists x_{/\textbf{Voit}})\ \texttt{Vert}(x)$

(12) $\exists y\ \textbf{Voit}\ \texttt{Vert}(y)$

les seuls cas d'irréductibilité de la vision *de objecto* à la vision *de re* étant, comme pour le carré, les cas d'hallucination. La différence entre la couleur et la forme se traduit par le fait qu'il n'y a pas d'équivalent de (10) pour la couleur : l'objet actuellement vu comme vert par Ingrid n'est pas actuellement vert. On a bien plutôt :

(13) $\exists y\ (\neg\texttt{Vert}(y) \wedge \textbf{Voit}\ \texttt{Vert}(y))$

La logique modale appliquée à l'expérience visuelle permet ainsi de traiter les cas d'hallucination, mais aussi les cas de perception visuelle véridique, tout en confinant les prédicats qualitatifs aux mondes possibles non actuels. La combinaison des prédicats de formes (ou physicalistes) et de couleurs peut ainsi être assurée, comme dans l'exemple (6e) qui est formalisé par :

(14) $\exists y\ (\texttt{Carré}(y) \wedge \neg\texttt{Vert}(y) \wedge \textbf{Voit}\ (\texttt{Carré}(y) \wedge \texttt{Vert}(y)))$.

De nombreux autres exemples peuvent être pris en charge suivant cette méthode, comme les douleurs, que l'on ne souhaite pas forcément admettre dans l'ontologie mais qu'il serait délicat d'éliminer purement et simplement : il faut les traiter comme des objets intentionnels, et pour cela disposer d'un opérateur modal analogue à **Voit** qui permette d'envisager d'autres mondes possibles où les douleurs existent et peuvent être qualifiées.

2.3. *Formaliser le mode de discours interprétatif*

Prêter des attitudes ou des états mentaux à un agent, ce n'est pas décrire quoi que ce soit mais bel et bien l'interpréter. Les prédicats intentionnels ne sont pas plus descriptifs que les prédicats phénoménaux ou ceux du jeu d'échec. J'assume totalement la thèse de Brentano revisitée par Quine, ou le principe de la double norme, suivant laquelle les modes de discours descriptifs (de l'ordre de la connaissance) et interprétatifs (de l'ordre de la pratique) sont parfaitement disjoints. On peut toutefois les considérer dans un cadre commun, et la sémantique de la logique modale IF offre un tel cadre.

L'opérateur [Int]. Introduisons un nouvel opérateur, [*Int*], pour formaliser le mode de discours interprétatif. À la différence des opérateurs **B** ou **Voit**, l'opérateur [*Int*] est lié à un mode de discours plutôt qu'à un type d'attitude. Cela n'interdit pas de considérer que les phrases formalisées à l'aide de cet opérateur permettent d'exprimer des attitudes d'un type donné, à la manière dont le principe décitationnel fort pose une équivalence entre assertion et expression d'une croyance. On peut considérer que le locuteur d'une phrase sur le mode interprétatif exprime une attitude particulière – autrement dit on peut lui attribuer une attitude d'un type particulier sur la base de son usage du mode interprétatif de dicours. Mais ce qui m'importe ici est avant tout le mode de discours lui-même, et ce qu'il permet d'analyser.

Étant lié à un mode de discours, l'opérateur [*Int*] a un statut analogue à la modalité proposée par Lewis (1978) pour analyser le discours fictionnel. Selon Lewis, un opérateur de fiction vient précéder chaque phrase d'un récit. On aura par exemple $[Odyssee]\varphi$, qui sera lue « D'après l'Odyssée, φ », et qui sera interprétée sémantiquement en termes de mondes possibles : dans tous les mondes possibles compatibles avec le récit fictionnel de l'*Odyssée*, φ est vraie[1]. De la même manière, le nouvel opérateur va préfixer chaque phrase assertée sur le mode interprétatif, $[Int]\varphi$, ce qui se lira : « D'après mon interprétation, φ », « D'après l'interprétation [du locuteur], φ », ou « Selon [le locuteur], φ ». On peut au besoin envisager plusieurs opérateurs, indexé selon les agents : $[Int]_i$ (« D'après l'interprétation de l'agent i »), $[Int]_j$ (« D'après l'interprétation de l'agent j »), etc. L'opérateur [*Int*] a la sémantique

1. Lewis borne l'accessibilité aux mondes possibles proches du monde actuel. J'adopte également ce présupposé.

d'une modalité universelle, $[Int]\varphi$ signifiant que dans tous les mondes compatibles avec l'interprétation du locuteur, φ est vraie.

La proximité entre modes de discours interprétatif et fictionnel peut être vue autrement. Plutôt qu'un opérateur fictionnel à la Lewis, Whitt (1985) introduit un opérateur de *supposition*, *Sup*, sans engagement quant à la vérité ou à l'existence comme l'assertion ou la croyance (*cf.* plus haut, p. 158). Whitt se réclame de la théorie du faire-semblant (*make-believe*) de Walton : les énoncés fictionnels ne sont pas assertés, nous ne croyons pas qu'ils sont vrais, nous le supposons seulement [1]. Nous ne sommes pas engagés vis-à-vis du contenu de nos énoncés fictionnels comme vis-à-vis de celui de nos assertions. Et par ailleurs, les énoncés fictionnels dépendent essentiellement de nos suppositions, ce qui n'est pas le cas des énoncés que nous assertons ou croyons vrais : la vérité de ces derniers est indépendante de nos croyances, tandis que celle des énoncés fictionnels est totalement tributaire de nos suppositions [2]. Le mode de discours interprétatif occupe une place intermédiaire entre assertion sérieuse et récit fictionnel (Renauld 2014) : il partage avec la première une forme d'engagement du locuteur, sinon théorique du moins pratique, et avec le second la dépendance essentielle du contenu vis-à-vis de l'acte qui produit le discours, donc vis-à-vis de l'auteur de l'acte.

Propriétés de [Int]. On peut mentionner quelques propriétés attendues de l'opérateur [*Int*]. Conçu en tant que modalité universelle, tout l'intérêt est évidemment de pouvoir introduire les distinctions entre *interprétations de facto*, *de objecto* et *de re*, de la même manière qu'on a introduit les distinctions entre types d'attributions de croyances. Je défends que l'opérateur [*Int*]

1. L'idée que le faire-semblant mobilise une attitude d'un type autre que la croyance est contestée, *cf.* (Langland-Hassan 2012).

2. Je l'ai évoqué chapitre 3, section 4.3 : pour traiter les cas d'opacité référentielle, Whitt propose d'analyser les attitudes focalisées sur des êtres fictionnels en introduisant les *livid names*, une variante des *vivid names* de Kaplan (1968). Les *vivid names*, sans supposer d'engagement ontologique en tant que tels, en supposent du point de vue du locuteur qui les emploie : ils sont réservés aux objets dont le locuteur croit qu'ils existent. Avec sa notion de *livid name*, Whitt étend les noms de Kaplan avec leurs qualités internalistes aux objets possiblement inexistants dont le locuteur suppose simplement qu'ils existent, sans même y croire.

n'est pas factif, *i.e.* qu'il ne se conforme pas à l'axiome T (pour les formules closes) ou de façon correspondante, que la relation d'accessibilité $R_{[Int]}$ n'est pas réflexive. Mais la sémantique que je propose ne rend pas ce choix obligatoire, et un réaliste intentionnel pourrait parfaitement adopter l'opérateur $[Int]$ avec une relation d'accessibilité réflexive, quoique l'intérêt en serait limité [1].

À défaut de l'axiome T, l'opérateur devra se conformer à l'axiome D, comme c'est habituellement le cas pour l'opérateur doxastique :

(15) $[Int]\varphi \rightarrow \neg[Int]\neg\varphi$

ce qui revient à postuler la *cohérence* de l'interprétation, à laquelle correspond la sérialité de la relation d'accessibilité [2]. Mais l'opérateur pourrait également suivre un axiome souvent employé en logique déontique pour formaliser l'obligation, qui est une version affaiblie de l'axiome T :

(16) $[Int]([Int]\varphi \rightarrow \varphi)$

φ étant une formule close (du premier ordre). Cela signifie que selon l'interprétation (du locuteur), ce qui est interprété comme vrai est simplement vrai. À cette propriété correspond la réflexivité secondaire de la relation d'accessibilité, à savoir que depuis un monde donné, tout monde accessible selon $R_{[Int]}$ est accessible à lui-même [3].

L'opérateur $[Int]$ est un opérateur modal *normal*. Cela signifie qu'il respecte le schéma d'axiome K :

(17) $[Int](\varphi \rightarrow \psi) \rightarrow ([Int]\varphi \rightarrow [Int]\psi)$

ce qui, joint à (16), permet d'inférer la validité de :

(18) $[Int][Int]\varphi \rightarrow [Int]\varphi$.

D'autre part, il semble intuitif d'admettre la validité de l'implication réciproque, connue comme schéma d'axiome 4. Rejeter cette implication supposerait en effet d'admettre qu'une formule φ

1. Avec la réflexivité, rappelons que la distinction entre *de objecto* et *de re* s'effondre ; si l'on ajoute d'autres propriétés comme la généralité de $[Int]$ l'opérateur serait presque trivialisé. Il resterait cependant l'incomplétude et l'intensionnalité des objets visés au travers de l'opérateur pour en justifier l'usage.

2. C'est l'absence de cul-de-sac : $\forall v\ \exists w\ vR_{[Int]}w$.

3. $\forall v\ \forall w\ (vR_{[Int]}w \rightarrow wR_{[Int]}w)$. C'est le système SDL+ proposé dans (McNamara 2014). Voir aussi (Garson 2006, sec. 5.4).

peut être tenue pour vraie selon l'interprétation du locuteur ($[Int]\varphi$), tandis qu'il serait possible selon le locuteur que φ ne soit pas vraie selon sa propre interprétation ($\neg[Int]\neg[Int]\varphi$) – ce qui semble contredire sa rationalité. On peut donc conclure à la validité de l'équivalence suivante :

(19) $[Int]\varphi \leftrightarrow [Int][Int]\varphi$.

Cela signifie qu'itérer la modalité $[Int]$ n'ajoute (ni ne retranche) rien à en considérer une unique occurrence.

À la manière de Williamson (2002) qui considère que le savoir est l'attitude stative factive la plus générale (donc impliquée par le voir, l'entendre, etc.), je considère que $[Int]$ est le mode d'expression le plus général des attitudes propositionnelles doxastiques d'un locuteur, au sens où ce qu'il sait, croit, ou perçoit est *ipso facto* considéré par lui également sur le mode interprétatif :

(20) $\mathbf{K}_i\varphi \Rightarrow [Int]_i\varphi$

(21) $\mathbf{B}_i\varphi \Rightarrow [Int]_i\varphi$

(22) $\mathbf{Voit}_i\varphi \Rightarrow [Int]_i\varphi$.

Autrement dit le locuteur ne peut pas interpréter comme faux ce qu'il sait, croit ou voit. Et en considérant que les implications tiennent pour des formules φ de logique IF, on obtient les variantes *de objecto* et *de re*, comme par exemple :

(23) $\mathbf{B}_i\exists x_{/\mathbf{B}_i}Px \Rightarrow [Int]_i\exists x_{/[Int]_i}Px$.

La situation n'est cependant pas identique pour tous les types d'attitudes, puisque l'agent peut parfaitement interpréter comme faux ce qu'il désire, ce qu'il craint, ou ce qu'il suppose. Par ailleurs l'implication réciproque ne tient pas : ce que le locuteur interprète comme vrai déborde ce qu'il croit, voit, etc. On dispose ainsi d'un opérateur qui permet de rendre compte des évaluations au-delà et indépendamment des croyances : si je trouve qu'une action est injuste, l'action est injuste selon mon interprétation, mais cela n'implique pas que je crois qu'elle est (objectivement) injuste.

Utilisation de [Int]. L'opérateur nouvellement introduit permet d'unifier l'analyse des locutions interprétatives de différents types, et d'unifier l'analyse de ces dernières avec les locutions descriptives.

Si l'on reprend certains des exemples examinés plus haut, on aura par exemple pour (6a) et (6b) respectivement :

(24) a. Ingrid *croit voir* un carré [déterminé]
b. $\mathbf{Voit}_i \exists x_{/\mathbf{Voit}_i} \mathtt{Carré}(x)$
c. $[Int]_i \exists x_{/[Int]_i} \mathtt{Carré}(x)$

(25) a. Ingrid *voit* un carré [déterminé]
b. $\exists y\ (\mathtt{Carré}(y) \wedge \mathbf{Voit}_i\ \mathtt{Carré}(y))$
c. $\exists y\ (\mathtt{Carré}(y) \wedge [Int]_i\ \mathtt{Carré}(y))$

les versions (24c) et (25c) étant les conséquences respectives de (24b) et (25b). Ces deux attributions (dont la formalisation sera modifiée sous peu) peuvent s'appuyer sur l'assertion par Ingrid de la phrase suivante :

(26) a. Il y a un carré
b. $\exists x\ \mathtt{Carré}(x)$

qui est alors interprétée comme étant l'expression de ce qu'Ingrid voit ou croit voir et tient pour vrai, et qui peut être vrai ou faux[1]. Cette phrase ne comportant qu'un prédicat physicaliste, l'opérateur [*Int*] n'intervient pas. La situation est différente avec l'exemple suivant :

(27) a. Ingrid *croit voir* un carré vert [déterminé]
c. $[Int]_i \exists x_{/[Int]_i} (\mathtt{Carré}(x) \wedge \mathtt{Vert}(x))$

(28) a. Ingrid *voit* un carré vert [déterminé]
c. $\exists y\ (\mathtt{Carré}(y) \wedge [Int]_i\ (\mathtt{Carré}(y) \wedge \mathtt{Vert}(y)))$

(29) a. Il y a un carré vert
b. $\exists x\ (\mathtt{Carré}(x) \wedge [Int]\ \mathtt{Vert}(x))$

Cette fois, la locution d'Ingrid (29a) comportant un prédicat non physicaliste, ce dernier est placé dans la portée de l'opérateur [*Int*]. L'unification de différents types de locutions interprétatives est illustrée par l'exemple suivant :

(30) a. Il y a un chat noir qui est dangereux.
b. $\exists x\ (\mathtt{Chat}(x) \wedge [Int]\ (\mathtt{Noir}(x) \wedge \mathtt{Dangereux}(x)))$

où un prédicat qualitatif (« noir ») et un prédicat évaluatif (« dangereux ») sont traités sur le même mode.

Il y a enfin les cas où la locution porte sur un objet dont l'existence même dépend de l'interprétation, *i.e.* est *relative à l'observateur* (comme les objets sociaux selon Searle (1995)), par exemple :

(31) a. Le panorama est superbe.
b. $[Int]\ \exists x_{/[Int]}\ (\mathtt{Panorama}(x) \wedge \mathtt{Superbe}(x))$

1. Pour simplifier, je laisse de côté la formalisation de l'unicité.

le quantificateur étant alors dans la portée de l'opérateur, mais sémantiquement indépendant puisque la locution porte sur un panorama spécifique.

Pour terminer, il faut revenir sur les attributions d'attitudes propositionnelles qui, selon l'approche défendue dans ce travail, relèvent de l'interprétation. Cela signifie qu'il faut en principe réviser les formalisations de toutes les attributions de savoirs, de croyances, etc. en les préfixant de l'opérateur [*Int*]. Ainsi pour reprendre un exemple précédent, on aura :

(32) a. Ingrid *voit* un carré [déterminé]
b. $\exists y\ (\texttt{Carré}(y) \wedge [Int]\ \mathbf{Voit}_i\ \texttt{Carré}(y))$

(33) a. Selon Jan, Ingrid *voit* un carré [déterminé]
b. $[Int]_j\ \exists y\ (\texttt{Carré}(y) \wedge \mathbf{Voit}_i\ \texttt{Carré}(y))$

Comme on le verra section 4, la formalisation des auto-attributions d'attitudes comme « *Je vois qu*'il y a un carré », ou simplement de prédicats mentaux comme « *Je* suis triste », mobilisera également l'opérateur [*Int*].

3. Relations intentionnelles

Les attitudes dont le contenu est objectuel et non plus propositionnel, comme adorer sa voisine ou craindre le loup-garou, sont appréhendées comme des relations entre des agents (actuels) et des objets intentionnels (éventuellement non actuels). L'approche, qui renouvelle l'analyse des verbes transitifs intentionnels, suppose d'admettre des relations inter-mondaines. On discutera le statut de ces relations, notamment leurs liens avec les relations physicalistes.

3.1. *Relations inter-mondaines*

En autorisant les attributions d'attitudes *de objecto*, le formalisme IF a ouvert la voie à une conception claire des objets intentionnels tels qu'ils sont appréhendés par des attitudes propositionnelles non factives. Il manque à l'édifice la possibilité d'une relation directe entre un agent et de tels objets. Igor peut craindre le loup-garou, sans craindre l'occurrence d'un fait particulier impliquant le loup-garou. Il faut donc pouvoir rendre compte de l'attribution d'attitudes objectuelles sans les réduire à des attitudes propositionnelles même les plus neutres possibles [1].

Je propose d'utiliser les relations inter-mondaines de Wehmeier (2012) pour formaliser les attitudes objectuelles [2]. Quand Igor craint le loup-garou, ou qu'il le voit (au sens où il en fait l'expérience visuelle, donc qu'il croit le voir), les choses se passent comme si Igor était en relation avec un objet intentionnel actuellement inexistant. Cet objet peut être appréhendé par le formalisme IF à l'aide de quantificateurs indépendants voire de constantes indépendantes, mais il reste confiné dans les mondes compatibles avec les croyances d'Igor. La relation de crainte ou de vision entre Igor et le loup-garou peut certes être envisagée à l'intérieur de chacun de ces mondes (où Igor doit bien exister, comme l'établit le *cogito*), mais ce n'est pas vraiment satisfaisant : nous ne voulons pas dire qu'Igor croit qu'il craint ou qu'il voit le loup-garou, par une sorte d'attitude de second ordre, mais simplement qu'il le craint ou le voit. On a donc besoin d'une relation entre Igor, du monde actuel, et le loup-garou, dans d'autres mondes possibles.

L'idée de Wehmeier est simple : aux prédicats binaires qui ont une valuation standard (un ensemble de paires d'objets dans chaque monde), il ajoute une seconde valuation qui relie des paires d'objets dans des mondes disjoints. Pour la formalisation, on distinguera un symbole de relation R dont la valuation est habituelle, du symbole R^{is}, dont l'exposant indique qu'il est valué sur un mode que l'on pourrait qualifier d'*indicatif-subjonctif*, le premier terme prenant sa valeur dans le monde actuel et le second dans le monde courant, éventuellement distinct du monde actuel [3]. La *logique modale subjonctive* proposée par Wehmeier permet ainsi aux termes d'échapper à la dépendance d'un opérateur modal dans la portée duquel ils se trouvent, mais d'une manière différente de ce que permet l'extension IF. Ainsi de façon générale, pour une modalité universelle **O**, il faut distinguer les deux formules suivantes :

1. On pourrait penser qu'Igor craint l'existence du loup-garou, mais ce n'est vraisemblablement pas le cas : s'il craint le loup-garou, c'est qu'il croit que le loup-garou existe.

2. Dans (Rebuschi 2012*c*) j'ai utilisé ces relations pour analyser certaines attitudes *de se*. Ici j'en propose donc un usage plus général.

3. La terminologie et la notation (i et s) de (Wehmeier 2012) sont motivées par le fait que l'indicatif i est employé quand on dit ce qu'un individu *est* (actuellement), alors que le subjonctif s est utilisé quand on exprime ce qu'il *serait* ou *aurait pu* être (dans une situation éventuellement contrefactuelle) : « Il est possible qu'Ingrid *soit* médecin », « Il est probable qu'Igor *vienne* »...

(34) $\mathbf{O}\ R(a_{/\mathbf{O}},b)$

(35) $\mathbf{O}\ R^{is}(a,b)$

car dans (34), la valeur de a est choisie uniformément relativement au choix préalable d'un monde possible pour **O**, mais elle est choisie *dans* ce monde, tandis que dans (35) la valeur est choisie dans le monde de départ, donc avant le choix d'un monde pour **O**. Les deux formules sont équivalentes lorsque l'opérateur est factif.

L'extension inter-mondaine des symboles de relations binaires combinée à l'opérateur [*Int*] permet donc de formaliser les attitudes objectuelles de façon naturelle :

(36) a. Igor craint le loup-garou
b. $[Int]\ \texttt{Craint}^{is}(\texttt{igor},\texttt{loup-garou})$

(37) a. Igor voit [*croit voir*] le loup-garou
b. $[Int]\ \texttt{Voit}^{is}(\texttt{igor},\texttt{loup-garou})$

Les deux phrases et formalisations sont construites sur le même schéma : selon l'interprétation de l'attributeur (pas nécessairement Igor), une relation (« craindre » ou « voir ») relie Igor du monde actuel au loup-garou intentionnel, inexistant dans le monde actuel mais qu'Igor tient pour véritable, et dont l'attributeur présuppose également l'existence pour les besoins de l'interprétation (donc dans la portée de [*Int*]). On peut également formaliser des attitudes objectuelles plus complexes, focalisées sur des individus dotés de propriétés physicalistes et phénoménales. C'est illustré par les deux exemples suivants :

(38) a. Igor voit [*croit voir*] un chat noir [déterminé] (et peut-être hallucine)
b. $[Int]\ \exists x_{/[Int]}(\texttt{Chat}(x) \wedge \texttt{noir}(x) \wedge \texttt{Voit}^{is}(\texttt{igor},x))$

(39) a. Igor *voit* un chat noir [déterminé] (et n'hallucine pas)
b. $\exists x\ (\texttt{Chat}(x) \wedge ([Int]\ \texttt{Chat}(x) \wedge \texttt{noir}(x) \wedge \texttt{Voit}^{is}(\texttt{igor},x)))$

Selon cette formalisation, quand Igor n'est victime ni d'une hallucination, ni d'une illusion, la formule (38b) se réduit à (39b). Mais même dans le cas de l'expérience visuelle véridique (39b), la relation intentionnelle ($\texttt{Voit}^{is}$) est inter-mondaine : cela permet de relier Igor à un individu doté de propriétés qualitatives (ou d'autres propriétés non physicalistes : Igor pourrait voir un chat *dangereux*), mais cela permet surtout de relier Igor à un objet intensionnel, *i.e.* à un individu (éventuellement existant dans le monde actuel) présenté sous un mode particulier. On y revient dans la section 3.3.

3.2. *Langage IF intentionnel*

Un langage IF intentionnel est un langage modal du premier ordre doté d'une double extension : l'extension IF déjà présentée à plusieurs reprises, et l'ajout de relations inter-mondaines aux relations usuelles. Le lecteur fatigué par trop de formalisme peut passer immédiatement à la section 3.3.

Syntaxe. Étant donné un vocabulaire $\Sigma = \texttt{Cons} \cup \texttt{Pred}$, on définit le langage $\mathcal{L}_{IF\cdot is}(\Sigma, [Int])$ de la manière suivante :

$$\begin{array}{lll} \text{Termes :} & t ::= & x \mid a \mid a_{/[Int]} \\ \text{Formules :} & \varphi ::= & \top \mid (t_1 = t_2) \mid Pt_1 \ldots t_n \mid R^{is}t_1t_2 \mid (t_1 =^{is} t_2) \mid \\ & & \exists x\ \varphi \mid \exists x_{/[Int]}\varphi \mid \forall x_{/[Int]}\varphi \mid \neg\varphi \mid (\varphi \wedge \varphi) \mid [Int]\varphi \end{array}$$

x étant une variable individuelle, a une constante individuelle de Cons, P un prédicat n-aire et R un prédicat binaire de Pred. Des langages totalement similaires peuvent être construits qui comportent d'autres modalités à la place ou en plus de $[Int]$.

On définit les formules régulières, la forme bridée φ^{br} et l'ensemble des expressions *de objecto* $DeOb(\varphi)$ d'une formule φ exactement comme pour le langage doxastique IF présenté section 4.1 (pp. 149 *sq.*)

On note $\mathcal{L}_{is}(\Sigma, [Int])$ le fragment non-IF du langage, *i.e.* le fragment composé de toutes les formules de $\mathcal{L}_{IF\cdot is}(\Sigma, [Int])$ qui ne contiennent ni constantes ni quantificateurs indépendants. La sémantique du langage IF intentionnel suppose de construire des modèles de Kripke enrichis de relations inter-mondaines.

Sémantique. Les formules φ de $\mathcal{L}_{IF\cdot is}(\Sigma, [Int])$ sont évaluées à l'aide de jeux sémantiques joués sur leur forme bridée φ^{br}, relativement à un modèle de Kripke enrichi de relations intermondaines pour $\mathcal{L}_{is}(\Sigma, [Int])$.

Modèles de Kripke. Un *modèle de Kripke avec relations inter-mondaines* pour un langage modal du premier ordre intentionnel $\mathcal{L}_{is}(\Sigma, [Int])$ est un n-uplet $\mathbf{M} = \langle W, @, R_{[Int]}, \{D_w\}_{w \in W}, V, V^{is}\rangle$, où :

- W est un ensemble non vide de mondes possibles ;
- $@$ est un monde distingué (*le monde actuel*) ;
- $R_{[Int]} \subseteq W \times W$ est une relation d'accessibilité entre mondes possibles ;
- D_w est un ensemble non vide d'individus (le *domaine local* de w), avec : $D := \bigcup_{w \in W} D_w$ (le *domaine global*) ;

- V est une fonction de valuation (standard) qui attribue :
  — un objet individuel $d_a \in D$ à chaque constante individuelle a de `Cons`.
  — une *extension intra-mondaine*, *i.e.* un sous-ensemble $V(P,w)$ de D^n à chaque prédicat n-aire P de `Pred` et monde possible w ;
- V^{is} est une fonction de valuation inter-mondaine qui assigne :
  — une *extension inter-mondaine*, *i.e.* un sous-ensemble $V^{is}(R,w)$ de $D_@ \times D_w$ à chaque prédicat binaire R de `Pred` et monde possible $w \in W$, tel que $V^{is}(R,@) \subseteq V(R,@)$;
  — la relation d'identité sur le domaine global au symbole d'identité, *i.e.* $V^{is}(=,w) = \{\langle d,d\rangle : d \in D\}$.

Commentaires :

– Comme pour chacun des modèles de Kripke introduits précédemment, les extensions intra-mondaines des constantes individuelles et des prédicats sont prises dans le domaine global. Pour l'extension inter-mondaine des prédicats binaires, on se restreint aux domaines locaux des mondes impliqués : les relations inter-mondaines ne relient que des objets *existants* dans leurs mondes respectifs.

– Une exception à ce qui précède concerne le symbole d'identité, dont la valuation inter-mondaine coïncide avec la valuation intra-mondaine, sur le domaine global. L'identité $=^{is}$ est donc interprétée comme l'identité ordinaire.

– Il y a un manque de généralité assumé dans la formulation : un monde distingué a été sélectionné, les relations inter-mondaines sont binaires et unidirectionnelles (du monde actuel vers d'autres mondes). La distinction du monde actuel, de même que le caractère unidirectionnel des relations inter-mondaines, sont liés au présupposé actualiste explicitement avancé dès l'introduction générale. L'autre direction permettrait d'envisager la situation où le loup-garou voudrait du mal à Igor (dans le monde actuel), ce qui n'a pas de sens. La restriction aux relations binaires est en revanche retenue pour des raisons de simplicité, et on pourrait parfaitement introduire des relations inter-mondaines d'arités supérieures. Les règles des jeux sémantiques pourraient en principe également être construites dans une version plus générale.

Jeux sémantiques. À chaque énoncé φ de $\mathcal{L}_{is}(\Sigma,[Int])$, pour un modèle de Kripke $\mathbf{M}$ de monde distingué @ et un monde w donnés, on associe un jeu sémantique $eG_{\mathbf{M},@}(\varphi, w)$. Ce jeu est joué par $\exists loise$ et $\forall belard$ conformément aux règles eGTS pour la logique modale du premier ordre. Les règles des jeux moléculaires sont celles indiquées p. 106, avec la règle attendue pour l'opérateur $[Int]$. Les règles des jeux atomiques sont les règles $(\mathbf{R.At}_1^{1...n})$ et $(\mathbf{R.At}_2)$ données p. 107, avec une règle supplémentaire pour les symboles de relations intermondaines :

$(\mathbf{R.At}^{is})$ Dans le *jeu atomique* $eG_{\mathbf{M},@}(R^{is}t_1t_2, w)$, où R est un prédicat binaire de `Pred` ou le symbole d'identité $(=)$, et t_1 et t_2 sont deux termes, $\forall belard$ choisit un indice $i \in \{1, 2\}$; on a alors l'un des deux cas suivants :
(i) t_i est une constante individuelle inédite introduite au cours de la partie pour désigner un objet $d \in D$;
si $\langle [t_1]_{\mathbf{M},@}, [t_2]_{\mathbf{M},w} \rangle \in V^{is}(R, w)$ alors $\exists loise$ gagne, sinon c'est $\forall belard$ gagne ;
(ii) t_i est une constante individuelle de `Cons` ; alors $\exists loise$ choisit un objet $d \in D$; si
(ii.a) $i = 1$ et $\langle d, [t_2]_{\mathbf{M},w} \rangle \in V^{is}(R, w)$,
ou $i = 2$ et $\langle [t_1]_{\mathbf{M},@}, d \rangle \in V^{is}(R, w)$, et si
(ii.b) $d = V(t_i)$ (si $w = @$),
alors $\exists loise$ gagne ; sinon c'est $\forall belard$ qui gagne.

Conditions de vérité. Il s'agit des conditions de vérité analogues à celles données p. 112 et p. 150. Pour une formule φ de $\mathcal{L}_{IF\cdot is}(\Sigma, [Int])$ on a :

$\langle \mathbf{M}, @ \rangle, w \vDash^{+}_{\text{eGTS}} \varphi$ (φ est eGTS-vraie dans w) ssi il y a une stratégie gagnante pour le vérificateur initial ($\exists loise$) dans $eG_{\mathbf{M},@}(\varphi^{br}, w)$ telle que pour chaque expression $e_i \in DeOb(\varphi)$, la fonction de choix associée $\mathbf{f}_{e_i}$ est uniforme relativement à l'occurrence de la modalité dont elle est indépendante.

$\langle \mathbf{M}, @ \rangle, w \vDash^{-}_{\text{eGTS}} \varphi$ (φ est eGTS-fausse dans w) ssi φ n'est pas eGTS-vraie dans w.

3.3. *Intensionnalité des attitudes objectuelles*

Les verbes transitifs intensionnels. Ce sont les verbes qui permettent d'attribuer des attitudes objectuelles comme : « voir », « chercher », « chasser », « vénérer », « dessiner », etc. Les traits caractéristiques de leur intensionnalité sont dûment répertoriés (voir p.ex. (Richard 2001), ou (Sainsbury 2010, chap. 6)) :

(1) La non-substituabilité des identiques : Igor peut *voir* le facteur, sans voir son voisin, même s'il s'agit du même individu ; Œdipe peut *désirer* Jocaste sans désirer sa mère, même si Jocaste est sa mère ;

(2) L'ambiguïté des lectures spécifique/non spécifique pour les énoncés quantifiés : si Igor *cherche* un chat, il peut chercher un chat spécifique (celui qu'il a perdu), ou être prêt à se satisfaire du premier venu (pour le manger) ;

(3) La neutralité quant à l'existence de l'objet de l'attitude : Igor peut *chercher* un dragon (spécifique ou non), même s'il n'en existe aucun ; les Grecs peuvent *vénérer* Zeus, même s'il n'existe pas ;

(4) L'échec de la généralisation existentielle : ce n'est pas parce qu'Igor *cherche* un chat qu'il existe un chat qu'Igor cherche ; ce n'est pas parce qu'Igor *cherche* un dragon qu'il existe des dragons.

Ces traits ont déjà été rencontrés avec les attitudes propositionnelles. Certains sont mutuellement liés : l'échec de la généralisation existentielle (4) peut reposer sur le caractère non spécifique de l'attitude (2) ou sur la non-existence de l'objet de l'attitude (3). Par ailleurs tous les verbes transitifs intensionnels ne vérifient pas tous les critères : ainsi « vénérer » n'admet pas de lecture non spécifique.

Réponse aux difficultés posées. La combinaison des relations inter-mondaines aux attributions *de objecto* permet de traiter les spécificités des verbes transitifs intensionnels, et donc celles des attributions d'attitudes objectuelles que ces verbes permettent d'exprimer.

(1) *La non-substituabilité des identiques* : si Igor cherche Hesperus, il ne cherche pas obligatoirement Phosphorus ; et s'il cherche de l'eau, il ne cherche pas obligatoirement du H_2O [1]. Le point n'est pas géré pour les noms propres, ni pour les termes d'espèces naturelles traités

1. Alors que s'il a besoin d'eau, il a besoin d'H_2O, le verbe « avoir besoin de », qui est transitif en anglais (*need*), respectant le principe de substituabilité des identiques malgré son intensionnalité (Forbes 2013).

comme des désignateurs rigides, c'est-à-dire pour les attributions d'attitudes sensibles au mode de présentation linguistique : pour cela il faut l'extension $\mathcal{A}$ des attitudes *de dicto*, introduite au chapitre 2 et que l'on pourrait également introduire ici.

Le langage IF intentionnel est toutefois suffisant pour gérer la non-substituabilité des identiques avec les descriptions définies (non rigides), donc l'échec de la substitution pour les exemples cités (Igor avec son facteur et son voisin, ou Œdipe avec Jocaste et sa mère), sensibles au mode de présentation conceptuel. On aura par exemple :

(40) a. Igor voit le facteur (φ), mais il ne voit pas son voisin (ψ).
b. $[Int]\ (\texttt{Voit}^{is}(\texttt{igor}, \iota x.\varphi(x)) \wedge \neg\texttt{Voit}^{is}(\texttt{igor}, \iota x.\psi(x)))$
c. $[Int]\ \exists x_{/[Int]} \exists y_{/[Int]} (\varphi(x) \wedge \psi(y) \wedge \texttt{Voit}^{is}(\texttt{igor}, x) \wedge \neg\texttt{Voit}^{is}(\texttt{igor}, y))$

La formalisation (40b) passe par deux descriptions définies qui n'ont pas la même extension dans les mondes de l'interprétation. Chaque description est l'expression linguistique choisie par l'attributeur pour désigner l'individu visé par Igor sous un mode de présentation. Dans la version plus développée (40c) (quoique faisant abstraction des clauses d'unicité), les quantificateurs existentiels sont indépendants de l'opérateur [*Int*] : cela correspond au fait que l'attitude d'Igor vise spécifiquement son facteur (ou son voisin), et pas n'importe quel individu qui serait son facteur (ou son voisin). Si Igor avait exprimé directement l'attitude qu'on lui prête, il aurait fait un usage référentiel (vs. attributif) des descriptions.

(2) *L'ambiguïté des lectures spécifique/non spécifique* : l'ambiguïté, qui se pose au moins pour certains verbes, est traitée pour les verbes d'attitudes *propositionnelles* par un jeu sur les portées relatives d'un opérateur et d'un quantificateur ; mais ici, à première vue, il n'y a pas d'opérateur pour faire le travail. C'est l'un des motifs mis en avant pour réduire les attitudes objectuelles à des attitudes propositionnelles. On trouve chez Quine (1956) cette idée de réduction :

(41) a. Igor cherche un chat.
b. $\exists x\ (\texttt{Chat}(x) \wedge \texttt{Cherche}(\texttt{igor}, x))$

(42) a. Igor désire attraper un chat.
b. $\exists x\ \mathbf{Désire}_{\texttt{igor}}(\texttt{Chat}(x) \wedge \texttt{Attrape}(\texttt{igor}, x))$
c. $\mathbf{Désire}_{\texttt{igor}} \exists x\ (\texttt{Chat}(x) \wedge \texttt{Attrape}(\texttt{igor}, x))$

La forme relationnelle (41b) étant la seule disponible avec le terme de relation « cherche », la formalisation directe du verbe intensionnel force l'interprétation spécifique, là où une réinterprétation comme attitude propositionnelle (42a) permet les deux interprétations, spécifique (b) et non spécifique (c).

La stratégie réductionniste de Quine rencontre cependant des difficultés : les verbes mobilisés dans les attitudes propositionnelles sont plus spécifiques que les verbes transitifs intensionnels, d'où une multiplicité de choix dans la paraphrase (quand Igor cherche un chat, désire-t-il *attraper* un chat, ou *manger* un chat, ou... ?). Par ailleurs, certains verbes d'attitudes objectuelles, comme « admirer » ou « vénérer », paraissent irréductibles à des attitudes propositionnelles[1]. Avec ma proposition, on dispose simultanément d'une formalisation directe du verbe intensionnel et de l'expressivité offerte par un opérateur modal :

(43) a. Igor cherche un chat.
b. *de re* : $\exists x\ (\texttt{Chat}(x) \wedge [Int]\ \texttt{Cherche}^{is}(\texttt{igor}, x))$
c. *de facto* : $[Int]\ \exists x\ (\texttt{Chat}(x) \wedge \texttt{Cherche}^{is}(\texttt{igor}, x))$

Selon l'interprétation *de re* (lecture spécifique), on sélectionne tout d'abord un chat dans le monde actuel, puis on se déplace dans les mondes de l'interprétation où l'on vérifie que le chat est cherché par Igor (du monde actuel). Pour l'interprétation *de facto* (lecture non spécifique), on commence par le déplacement vers les mondes de l'interprétation puis on sélectionne un chat, qui est donc variable selon le monde où l'on se trouve, avant de vérifier que le chat sélectionné est bien cherché par Igor (du monde actuel).

(3) *La neutralité quant à l'existence de l'objet de l'attitude* : la question est parfaitement appréhendée par les attributions *de objecto* ou *de facto*, les premières étant focalisées et les secondes générales, mais aucune n'impliquant de relation à un objet actuel. On peut analyser les exemples donnés plus haut :

(44) a. Igor cherche un dragon
b. *de objecto* : $[Int]\ \exists x_{/[Int]}(\texttt{Dragon}(x) \wedge \texttt{Cherche}^{is}(\texttt{igor}, x))$
c. *de facto* : $[Int]\ \exists x\ (\texttt{Dragon}(x) \wedge \texttt{Cherche}^{is}(\texttt{igor}, x))$

(45) a. Les Grecs vénèrent Zeus
b. $\forall x(\texttt{Grec}(x) \rightarrow [Int]\ \texttt{Vénère}^{is}(x, \texttt{zeus}_{/[Int]}))$

1. Ces constats dressés par Sainsbury (2010, pp. 133 *sq.*) ne l'empêchent pas de poursuivre la stratégie réductionniste autrement, avec l'idée que les phrases d'attitudes objectuelles seraient toutes les conséquences nécessaires de phrases d'attitudes propositionnelles. Cette stratégie me paraît erronée, notamment quand Sainsbury prétend que « penser à » quelque chose suppose toujours d'avoir une attitude propositionnelle impliquant cet objet.

Dans les deux lectures de (44a), le quantificateur existentiel est dans la portée syntaxique de l'opérateur [*Int*], ce qui signifie que la sélection du dragon est systématiquement effectuée dans les mondes de l'interprétation, et non pas dans le monde actuel (comme c'était le cas avec l'interprétation *de re* de l'exemple précédent (43b)). S'il y avait eu des dragons dans le monde actuel, la forme *de objecto* aurait coïncidé avec la forme *de re*.

L'exemple (45) avec Zeus est semblable. La valuation d'un nom propre est un objet du domaine global, qui n'a pas besoin d'être présent dans tous les domaines locaux, *i.e.* d'exister dans tous les mondes possibles. Un nom propre actuellement vide comme « Zeus » désigne un individu qui n'existe pas dans le monde actuel, mais qui existe dans les mondes de l'interprétation. La marque d'indépendance qui suit le nom assure que l'individu sélectionné est bien le même dans tous les mondes de l'interprétation[1]. Les Grecs (actuels) peuvent donc vénérer Zeus, le terme de relation ayant une extension inter-mondaine, sans que Zeus n'existe actuellement.

(4) *L'échec de la généralisation existentielle* : quand on a affaire à une lecture non spécifique, l'attitude prêtée au sujet n'est pas focalisée sur un individu particulier et la seule généralisation acceptable est celle effectuée dans la portée de l'opérateur [*Int*], ce qui exprime l'attribution d'une attitude *de facto*. Lorsqu'on a affaire à une lecture spécifique, mais que le problème est la non-existence de l'objet de l'attitude, on peut alors procéder à la généralisation existentielle toujours dans la portée syntaxique de [*Int*], mais en marquant l'indépendance du quantificateur vis-à-vis de l'opérateur, ce qui correspond à l'attribution d'une attitude *de objecto*. Ainsi pour reprendre l'exemple des Grecs qui vénèrent Zeus, on a potentiellement trois généralisations à partir de (45) :

(46) a. Les Grecs vénèrent un dieu.

b. *de facto* :
$\forall x(\texttt{Grec}(x) \rightarrow [Int]\exists y\ (Dieu(y) \wedge \texttt{Vénère}^{is}(x,y)))$

c. *de objecto* :
$\forall x(\texttt{Grec}(x) \rightarrow [Int]\exists y_{/[Int]}(Dieu(y) \wedge \texttt{Vénère}^{is}(x,y)))$

1. Cette marque est obligatoire étant données les règles des jeux sémantiques associées aux constantes individuelles : ces dernières ont une valuation constante, *i.e.* elles sont traitées comme des désignateurs rigides au niveau du modèle, dans les jeux elles sont traitées comme flexibles dans la portée des opérateurs d'attitude.

d. *de re* :
$\exists y\ \forall x(\texttt{Grec}(x) \rightarrow [Int](Dieu(y) \wedge \texttt{Vénère}^{is}(x,y)))$

Seules les inférences vers (46b) et (46c) sont admises, donc des formes de généralisations existentielles restreintes ; la généralisation existentielle (46d) n'est en revanche pas valide. Autrement dit, affirmer qu'il y a un dieu que les Grecs vénèrent n'est vrai que relativement à une interprétation ; actuellement, il n'y a aucun dieu que les Grecs vénèrent.

Autres aspects de la formalisation. Grâce aux extensions inter-mondaines, on parvient donc à analyser les verbes transitifs intentionnels en évitant de postuler des relations authentiques entre les agents et des objets exotiques, ou avec des objets inexistants (comme Priest (2005)), tout en maintenant les avantages d'une formalisation à l'aide de termes relationnels. Quand Igor pense à Pégase, il n'y a pas d'objet exotique avec lequel Igor entretient une relation, mais plutôt une relation exotique entre Igor et un objet purement intentionnel. Et quand Igor pense à son facteur, il y a la même relation exotique entre Igor et un objet actuel. On revient sur ce point dans la prochaine sous-section.

Les objets intentionnels appréhendés grâce aux interprétations (ou autres modes de discours ou attitudes) de type *de objecto* ont la propriété d'incomplétude. Pour les inexistants l'incomplétude est essentielle, ce qui n'est évidemment pas le cas quand l'objet existe actuellement. Mais cela ne change rien dans la perspective de l'agent pour qui l'appréhension de l'objet sera généralement incomplète.

Un cas d'école est offert par les douleurs dans les membres absents, qui donnent lieu à un paradoxe : Igor ressent une douleur dans le bras, Igor n'a pas de bras, donc Igor ne ressent pas de douleur. Pour analyser ce paradoxe on peut contraster deux exemples :

(47) a. Ingrid ressent une douleur dans le bras (réel).
b. $\exists x\ (\texttt{Bras}(x) \wedge [Int]\ \exists y\ (\texttt{Douleur}(y) \wedge \texttt{Dans}(y,x) \wedge \texttt{Ressent}^{is}(\texttt{ingrid},y)))$

(48) a. Igor ressent une douleur dans le bras (absent).
b. $[Int]\ \exists x_{/[Int]} \exists y\ (\texttt{Bras}(x) \wedge \texttt{Douleur}(y) \wedge \texttt{Dans}(y,x) \wedge \texttt{Ressent}^{is}(\texttt{igor},y))$

Dans les deux exemples, la douleur n'existe que dans les mondes de l'interprétation : la douleur prêtée à Ingrid n'est pas plus *réelle* que celle attribuée à Igor. Une différence de statut intervient évidemment au niveau du bras : celui d'Ingrid est sélectionné dans le monde actuel tandis que celui d'Igor n'existe que dans les mondes de l'interprétation. Comme ce qui est ressenti par les sujets est interprété comme une relation les liant à leur bras respectif *dans les mondes de l'interprétation*, il n'y a pas de différence fondamentale entre la douleur ressentie par Ingrid et celle ressentie par Igor. On doit donc réviser l'inférence paradoxale de la manière suivante :

(49) a. *Dans les mondes de l'interprétation* : Igor ressent une douleur dans le bras, et Igor a un bras, donc Igor ressent une douleur.
b. *Dans le monde actuel* : Igor ne ressent pas de douleur dans le bras, d'ailleurs Igor n'a pas de bras, et quoi qu'il en soit Igor ne ressent pas de douleur.

L'inférence avec Ingrid serait la même, à ceci près qu'Ingrid a un bras dans le monde actuel : elle ne ressentirait de douleur que dans les mondes de l'interprétation. Ici encore, le langage IF intentionnel et les relations inter-mondaines semblent donc pouvoir faire le travail.

3.4. *Relations intentionnelles, relations physicalistes*

Statut métaphysique des relations inter-mondaines. Les relations inter-mondaines ont été qualifiées d'*exotiques* dans la sous-section précédente. Parler de *relations inter-mondaines* est d'ailleurs un excès de langage, puisqu'on a en fait tout au plus défini une extension inter-mondaine de symboles de relations. Le fait est que ces prétendues relations ne ressemblent pas aux relations usuelles dont l'extension, qu'elle soit actuelle ou contre-factuelle, est intra-mondaine.

Conformément à l'actualisme qui prévaut dans ce travail, seule l'extension actuelle des symboles de relations mérite sa place dans l'ontologie. Car seule cette extension comporte des *relata* actuels donc réels. Les relations inter-mondaines non seulement ne peuvent pas être des relations physiques, mais elles ne peuvent pas être considérées comme des relations authentiques. Ce sont des pseudo-relations, des relations irréelles car fondamentalement intentionnelles (*i.e.* mentales ou internes). Comme on utilise les relations inter-mondaines pour représenter formellement les relations intentionnelles, on parvient finalement à une équivalence entre les deux types de relations : *les relations inter-mondaines sont exactement les (contreparties formelles et théoriques de) relations intentionnelles.*

Les relations inter-mondaines lient les agents aux objets intentionnels. Comme j'y ai déjà insisté, ces derniers n'ont pas en tant que tels de statut ontologique particulier : ce sont des objets ordinaires, en tant qu'ils sont objets d'attitudes. Certains existent, d'autres pas. Quand ils existent ils appartiennent à l'ontologie, quand ils n'existent pas ce sont des objets possibles, des projections de nos modes de conception, qui ne relèvent pas de l'ontologie. Les agents peuvent donc être liés par des relations inter-mondaines à des objets actuels, ou à des objets possibles. Mais ces relations ne sont pas véritables : ce sont les projections des attributeurs d'attitudes.

Quand on affirme qu'Igor ressent une douleur, on fait comme s'il y avait une relation entre Igor et sa douleur (objet phénoménal purement interne). Quand on affirme qu'Igor craint le loup-garou, on fait comme s'il y avait une relation entre Igor et le loup-garou (objet purement intentionnel). Quand on affirme qu'Igor pense au facteur, on fait comme s'il y avait une relation réelle entre Igor et son facteur (objet actuel). En aucun cas les relations intentionnelles prêtées à Igor ne doivent être comprises comme des relations réelles, même quand l'objet intentionnel se trouve être un objet actuel. Pour autant, l'attribution des relations intentionnelles n'est pas toujours sans lien avec les relations réelles pouvant impliquer les agents et leur environnement.

Les relations inter- et intra-mondaines peuvent en effet se superposer : un agent peut *laver* sa voiture (relation physicaliste, intra-mondaine) et l'*idolâtrer* (relation intentionnelle, inter-mondaine). Ces superpositions accidentelles présentent cependant relativement peu d'intérêt [1]. D'autres cas doivent en revanche retenir notre attention. Dans la *vision*, il y a la superposition non fortuite d'une interaction causale (intra-mondaine) et d'une relation intentionnelle (inter-mondaine). Si l'intentionnalité dépend de l'interprétation, elle n'est pas pour autant totalement débridée et peut admettre certaines contraintes physicalistes.

Les relations (de second ordre) entre relations intentionnelles et relations physicalistes ne sont qu'un cas particulier des relations entre prédicats intentionnels (ou évaluatifs, ou qualitatifs) et prédicats physicalistes. On rencontre des cas de survenance, comme entre les prédicats phénoménaux de couleurs et la fréquence

1. Même si la superposition des deux relations intentionnelles, la propriété et l'idolâtrie, n'est probablement pas anodine...

électromagnétique ; d'autres cas de dépendance, conventionnelle et moins systématique, comme pour nombre de prédicats évaluatifs (juridiques ou esthétiques) et les prédicats physicalistes ; d'autres cas enfin qui tolèrent une grande indépendance comme dans le jeu de rôles, quand on décide que ce buisson sera une licorne pendant cinq minutes, mais pas les autres buissons ni même ce buisson après cinq minutes.

De façon analogue, on peut donc trouver des relations intentionnelles qui surviennent sur des relations physicalistes attachant les mêmes *relata*, comme les relations perceptives, et d'autres éventuellement plus autonomes comme certaines relations affectives. Bien entendu, il y a aussi des relations intentionnelles qui n'exigent pas de relation physicaliste sous-jacente, notamment toutes celles qui peuvent nous lier à des objets inexistants, comme *désirer* ou *concevoir*, et que l'on peut qualifier de *purement intentionnelles*[1].

Les représentations physiques d'objets. Les relations de second ordre entre relations intentionnelles et relations physicalistes prennent une importance particulière lorsqu'on a affaire à des objets qui en représentent d'autres, *i.e.* à des représentations physiques d'objets, existants *ou non*. Les relations binaires entre un agent et le représentant, et entre un agent et le représenté, sont pour la première dépendante d'une relation de type physicaliste, et pour la seconde peut-être purement intentionnelle. Dans (Rebuschi 2012*c*) j'ai proposé une analyse sémantique de ces représentations en termes de *fenêtres modales*, une idée que j'introduis ici.

Que voit-on dans un portrait ou dans une statue ? Il y a deux manières de *voir* : on peut voir l'objet actuel (la représentation physique : le portrait ou la statue), et la vision se superpose à une interaction causale intra-mondaine. On peut également voir un individu *à travers* l'objet actuel (le portrait ou la statue) qui fonctionne alors comme une fenêtre modale : la représentation permet de voir comment l'individu représenté serait dans des circonstances possibles, éventuellement contrefactuelles.

1. Le fait que les relations purement intentionnelles ne dépendent pas de relations physicalistes sous-jacentes ne signifie pas qu'elles ne dépendent pas de propriétés physicalistes : pour pouvoir vénérer Zeus il faut avoir un cerveau.

Pour formaliser cette seconde relation, on va postuler que chaque représentation physique introduit une modalité propre. Ainsi la Joconde, censée représenter Mona Lisa, introduira la modalité $[joconde]$, dont la relation d'accessibilité $R_{joconde}$ relie les mondes compatibles avec le tableau : dans tous les mondes accessibles, Mona Lisa se tient assise devant un paysage avec un lac, la main droite posée sur le poignet gauche ; dans certains de ces mondes, elle a les pieds croisés, dans d'autres non (les deux possibilités sont compatibles avec ce que l'on voit dans le cadre)[1]. Une formule $[joconde]\varphi$ sera vraie dans un monde si et seulement si dans tous les mondes accessibles selon la relation $R_{joconde}$, la formule φ est vraie, autrement dit si et seulement si la phrase représentée par φ est impliquée par le contenu du tableau[2]. La *double vision* d'Igor peut alors être exprimée par deux énoncés :

(50) $[Int]\ \texttt{Voit}^{is}(\texttt{igor},\texttt{joconde}_{/[Int]})$

(51) $[Int][joconde]\ \texttt{Voit}^{is}(\texttt{igor},\texttt{monalisa}_{/[Int][joconde]})$

quand Igor voit la Joconde, et qu'il voit (intentionnellement) Mona Lisa à travers la Joconde. La Joconde a donc deux fonctions et elle est représentée de deux manières dans la formalisation : par une constante individuelle `joconde` quand elle est considérée comme objet, par une modalité $[joconde]$ quand elle est est utilisée comme fenêtre.

Selon l'analyse en termes de fenêtres modales, la relation de représentation est alors une relation inter-mondaine :

(52) $[Int][joconde]\ \texttt{Repr}^{is}(\texttt{joconde},\texttt{monalisa}_{/[Int][joconde]})$

la formule signifiant que la relation ($\texttt{Repr}^{is}$) lie l'objet actuel (`joconde`) au représenté (`monalisa`) pris dans les mondes du tableau selon l'interprétation (double préfixe $[Int][joconde]$) ; ce que l'on exprime habituellement en disant simplement que la Joconde représente Mona Lisa (sous-entendu : selon une interprétation).

1. On peut se limiter aux mondes possibles les plus proches du mondes actuel (au sens de Lewis), et écarter ainsi les possibilités farfelues quoique logiquement possibles où Mona Lisa a trois jambes, etc.

2. La proposition devrait être affinée, à la manière de la sémantique des situations de Barwise & Perry (1983), pour se limiter aux vérités pertinentes. Que le World Trade Center ait été détruit ou n'ait pas été détruit le 11 septembre 2001, c'est comme n'importe quelle tautologie une conséquence logique du contenu du tableau, mais n'est absolument pas pertinent. Je laisse de côté cette question, qui n'est pas centrale pour mon propos.

La relation de représentation n'est pas nécessairement une relation purement intentionnelle. Elle peut en effet dépendre de relations physicalistes sous-jacentes, comme dans le cas de la photographie. Si une photo d'Einstein représente Einstein tirant la langue, ce n'est pas sans lien avec le fait que la photo est insérée dans une chaîne causale (dans le monde actuel) qui débute avec Einstein tirant la langue. On pourrait dans ce cas retirer le préfixe [*Int*] qui relativise la représentation à une interprétation. Mais cela resterait une présentation d'Einstein dans une situation contrefactuelle (à un indice temporel : le 14 mars 1951), qui peut être représentée à l'aide d'un opérateur modal. D'après la photo (dans la portée de l'opérateur [$photo_E$]), Einstein porte manifestement une écharpe, mais il est possible qu'il porte des chaussettes comme il est possible qu'il n'en porte pas. La relation de représentation, élémentaire dans ce cas (notons-la $\texttt{Repr}_0$), car totalement dépendante de la relation physicaliste sous-jacente, n'en est pas moins une relation intermondaine[1].

La dépendance est moins stricte, mais elle n'est pas absente, quand un peintre réalise un portrait de son modèle : si le portrait représente le modèle, c'est en partie lié à une interaction entre le portrait et le modèle, par l'intermédiaire de la vision du peintre. Mais il y a des cas de représentation plus subtils. Un cinéaste peut représenter Einstein en filmant Andy Serkis[2]. Que se passe-t-il alors ? Une photo d'Andy Serkis jouant Einstein représente Andy Serkis (avec une dépendance forte à la relation physique, sans le préfixe [*Int*]), mais elle représente également Einstein (avec une dépendance moins forte, en restaurant le préfixe). Il y a ainsi deux relations de représentation à l'œuvre, donc trois manières de regarder la photo. Pour le mettre en formules (en notant *a* la photo en question), on aurait :

(53) a. La photo représente Andy Serkis et elle représente Albert Einstein.

b. $[a]\ \texttt{Repr}_0^{is}(a, \texttt{serkis}_{/[a]}) \wedge [Int][a]\ \texttt{Repr}_1^{is}(a, \texttt{einstein}_{/[Int][a]})$

(54) a. Igor voit la photo, il voit Andy Serkis et aussi Albert Einstein.

1. Ce lien étroit avec une relation physicaliste sous-jacente permet d'envisager une naturalisation de ce type de représentation. Je crois cependant que cette réduction est exceptionnelle, et qu'elle ne fonctionne pas dans les cas de représentations plus sophistiquées et conventionnelles.

2. Exemple tiré du téléfilm *Einstein and Eddington* de Philip Martin, novembre 2008.

b. $[Int]$ $\mathtt{Voit}^{is}(\mathtt{igor}, a) \wedge [Int][a]$ $\mathtt{Voit}^{is}(\mathtt{igor}, \mathtt{serkis}_{/[Int][a]}) \wedge$
$[Int][a]$ $\mathtt{Voit}^{is}(\mathtt{igor}, \mathtt{einstein}_{/[Int][a]})$

Si la photographie représente Einstein, c'est en quelque sorte par transititivité, parce qu'une relation de représentation intermédiaire, clairement intentionnelle, relie l'acteur Andy Serkis à Einstein. On pourrait aller plus loin dans l'interprétation et ajouter des relations de représentation à volonté. Si Einstein est une figure de la Science pour Igor (ou pour le réalisateur du téléfilm joué par Andy Serkis), alors le fait qu'Einstein représente la Science (individu purement intentionnel) permet à Igor de voir la Science en regardant la photo. Et ainsi de suite[1].

Même s'il y a de nombreuses conventions culturellement bien ancrées, il n'y a pas de limites au jeu interprétatif qui consiste à traiter certains objets comme des représentations d'autres objets. La conception de la représentation comme relation inter-mondaine permet en outre de traiter uniformément les représentations des objets existants et celles des objets inexistants. Par exemple, la Diane de Versailles est censée représenter la déesse Artemis. Igor peut observer la statue (`diane`), sans savoir qui elle représente, ou à l'inverse il peut voir Artemis (`artemis`) à travers la statue.

(55) a. La Diane de Versailles représente Artemis.
b. $[Int][diane]$ $\mathtt{Repr}^{is}(\mathtt{diane}, \mathtt{artemis}_{/[Int][diane]})$

(56) a. Igor voit la Diane, et il voit Artemis.
b. $[Int]$ $\mathtt{Voit}^{is}(\mathtt{igor}, \mathtt{diane}_{/[Int]}) \wedge$
$[Int][diane]$ $\mathtt{Voit}^{is}(\mathtt{igor}, \mathtt{artemis}_{/[Int][diane]})$

La formalisation donne donc une analyse semblable à celle de la Joconde et de Mona Lisa, à ceci près que le nom propre « Artemis », interprété dans la portée de l'opérateur $[Int]$, ne désigne pas un individu existant en dehors des mondes de l'interprétation (interprétation irréductiblement *de objecto*), tandis que « Mona Lisa » désigne également un individu du monde actuel (interprétation *de re*).

Questions d'identité. Une conséquence notable de l'analyse en termes de fenêtres modales est qu'elle résout certains paradoxes apparents, comme lorsqu'un individu est prédiqué de certaines

1. Je remercie Shahid Rahman d'avoir attiré mon attention sur les interprétations en termes de type (comme *la Science*) au travers des fenêtres modales.

propriétés dans le monde actuel et d'autres propriétés tel qu'il est représenté. Un exemple est offert par la chanteuse Rihanna posant à côté de sa statue de cire au musée Madame Tussauds de Londres : la chanteuse porte alors des cheveux rouges, alors que la statue la représente avec les cheveux blonds. On exprime cette dualité très simplement avec l'opérateur $[statue_R]$:

(57) a. Rihanna est blonde, mais en fait elle n'est pas blonde.
b. $[Int][statue_R]\ \mathtt{Blonde}(\mathtt{rihanna}_{/[Int][statue_R]}) \wedge \neg\mathtt{Blonde}(\mathtt{rihanna})$

La contradiction apparente du même individu qui ne partagerait pas les mêmes propriétés est résorbée grâce à l'opérateur introduit par la fenêtre modale, qui permet de prédiquer le même individu différemment dans différents mondes possibles. D'autres solutions consistent à attribuer des propriétés à l'individu d'origine et des propriétés éventuellement contradictoires à sa représentation (un autre individu). Mais c'est assez peu satisfaisant pour nombre de prédications : en affirmant qu'Ingrid est fatiguée sur la photo (ou sur le portrait) alors qu'elle est actuellement en bonne forme, il est étrange d'attribuer la fatigue à une représentation d'Ingrid plutôt qu'à Ingrid elle-même (dans d'autres circonstances).

Que se passe-t-il quand nous identifions un individu (actuellement existant) à travers une fenêtre modale ? Comme je l'ai indiqué, il n'y a pas de limites au jeu interprétatif, ce qui signifie que n'importe quel objet a (dessin, statue, ou n'importe quoi) peut être utilisé pour représenter n'importe quel autre objet b. Les deux objets ne se confondent pas, et il ne saurait être question d'identifier b à sa représentation physique a. Mais selon la conception proposée ici, la représentation ouvre une fenêtre modale (et génère un opérateur $[a]$) au travers de laquelle on peut voir l'objet b. C'est bien l'objet b, et pas une de ses représentations, que l'on voit au travers de la fenêtre. C'est l'objet dans d'autres circonstances, dans les mondes de la représentation. On doit ainsi pouvoir *identifier* l'objet actuel à l'objet vu au travers de la fenêtre :

(58) a. L'objet b (actuel) est identique à b (à travers sa représentation)
b. $[Int][a]\ (b =^{is} b_{/[Int][a]})$

Cette identification passe par l'identité trans-mondaine qui n'est autre que l'identité ordinaire. Ce n'est pas seulement le cas parce qu'on l'a définie ainsi (*cf.* la définition des modèles de Kripke et des jeux sémantiques, section 3.2). C'est aussi la conséquence du fait que l'interprétation *de objecto* de la constante b dans la portée de la double modalité $[Int][a]$ coïncide avec l'interprétation *de re*, étant donné que cette constante désigne un objet actuellement existant. C'est donc (heureusement) *le même objet* du domaine qui est sélectionné par la constante b, que cela soit dans le monde actuel ou dans les mondes de la représentation.

Que se passe-t-il alors si nous jugeons que l'individu vu au travers de la fenêtre modale représente soit un individu, soit un autre ? On peut juger que la Joconde représente Mona Lisa, ou qu'elle représente Pacifica Brandani. Il ne s'agit plus d'une superposition ou d'une conjonction de représentations comme dans l'exemple de la photo d'Andy Serkis, mais plutôt d'une disjonction entre deux interprétations rivales. On pourrait représenter l'exemple à l'aide de deux opérateurs d'interprétation, mais comme pour l'exemple de la photo d'Andy Serkis on peut s'en tenir à un seul.

Quand on voit un individu actuellement existant b dans une représentation, on procède d'une certaine façon à une *projection intentionnelle* de l'individu actuel à travers la fenêtre modale : l'interprétation de la représentation comme représentation *de* b consiste à identifier b à l'objet de la représentation[1]. Cette identification est, là encore, identité trans-mondaine donc identité ordinaire. Ce n'est pas l'identité qui change entre les mondes de l'interprétation, *i.e.* ce ne sont pas les objets actuels qui sont tantôt identifiés à tel objet intentionnel, tantôt à tel autre objet intentionnel. Ce sont les mondes de l'interprétation qui gravitent autour des objets, tel objet actuel ayant telle ou telle propriété dans les mondes de l'interprétation.

Une transposition aux fictions. Le procédé peut-il par ailleurs être mobilisé pour traiter la question épineuse de la polysémie apparente de certains noms propres fictionnels ? Oui, à condition de l'adapter. Les noms propres fictionnels désignent tantôt un personnage dans la fiction, tantôt la contrepartie actuelle du personnage en tant que personnage de fiction (qui a un créateur, qui rapporte de l'argent, etc.) (Sainsbury 2010, p. 139). Le bon fonctionnement des liens anaphoriques dans les discours où un pronom renvoie au contexte fictionnel et l'antécédent au contexte méta-fictionnel (ou l'inverse)

1. On peut donc avoir deux interprétations disjointes qui identifient l'objet de la représentation à deux objets actuels distincts, ou une interprétation unique qui identifie deux objets dans la représentation à deux objets actuels distincts.

pourrait plaider en faveur d'une identification intentionnelle des deux référents du nom :

(59) a. James Bond est un agent secret, il a été créé par Ian Fleming.

b. $[Int][Fict_{JB}]$ `AgentSecret(jamesbond`$_{/[Int][Fict_{JB}]}$`)` $\wedge$ `Crée(fleming, jamesbond)`

Il ne s'agit pas de se rallier au réalisme fictionnel et de considérer que James Bond serait un agent secret comme Poutine l'a été, et qu'il s'en distinguerait simplement en n'existant pas tandis que Poutine existe. Le nom propre « James Bond » désigne tantôt la création actuelle de Fleming, disons JB_A, qui n'a rien d'un agent secret mais est le personnage principal d'une œuvre de fiction de même nom, tantôt l'agent secret à l'intérieur de cette œuvre, disons JB_F [1]. Les deux individus JB_A et JB_F sont bien distincts dans le domaine global, et ils n'existent pas dans les mêmes mondes (*i.e.* ils ne sont pas présents dans les domaines locaux des mêmes mondes).

Peut-on alors procéder à une identification des deux individus, comme cela est impliqué par la formalisation (59b) ? En fait on ne peut pas, car deux individus ne sont pas le même individu. Pour un adepte des essences, les deux individus ont d'ailleurs des propriétés essentielles distinctes : JB_A dépend génétiquement de Fleming, alors que JB_F dépend génétiquement de Sir Andrew Bond of Glencoe et de Monique Delacroix [2] ; JB_A est un être de papier, alors que JB_F est un être humain. Conformément aux modèles construits, chacun possède ses propriétés essentielles dans tous les mondes, y compris les mondes où il n'existe pas. Le fait que les deux individus ne coexistent dans aucun monde ne suffit pas à forcer leur identification mutuelle.

1. Dans la lignée des travaux de Woods, une approche formelle liant les aspects internes et externes de la fiction est développée par le groupe *Pragmatisme dialogique* de Lille. Voir notamment les travaux de Fontaine & Rahman : la reconstruction multimodale de la théorie des personnages fictionnels de Ingarden-Thomasson (Fontaine & Rahman 2010), ou encore une analyse formelle à base de lignes de mondes prenant en compte le rôle du lecteur dans l'identité des personnages (Fontaine & Rahman 2012).

2. Au plan sémantique, dans tous les mondes possibles où JB_A existe Fleming existe aussi, et respectivement dans tous les mondes où JB_F existe, Sir Andrew Bond et Monique Delacroix existent également.

On reste donc avec une polysémie irréductible caractéristique des noms propres fictionnels[1]. Le nom propre « James Bond » doit être formalisé à l'aide de deux constantes, l'une désignant l'individu actuel JB_A, l'autre l'individu fictionnel JB_F. On aura alors cette formalisation modifiée de (59) :

(60) c. $[Int][Fict_{JB}]$ $\mathtt{AgentSecret}(\mathtt{jamesbond}_{\mathtt{F}/[Int][Fict_{JB}]}) \wedge$ $\mathtt{Crée}(\mathtt{fleming}, \mathtt{jamesbond}_{\mathtt{A}})$

Un personnage de fiction actuel (*i.e.* un être de papier) n'est donc pas lui-même présent dans les mondes fictionnels, mais il est conventionnellement lié à un objet intentionnel qui lui, est présent dans ces mondes mais absent du monde actuel. Le plus naturel est alors de considérer que l'être de papier est une représentation physique de l'être fictionnel : la polysémie du nom propre fictionnel lui fait désigner tantôt la représentation physique (JB_A dans l'exemple), tantôt le personnage fictionnel (JB_F)[2].

Le mécanisme est différent pour les individus réels cités dans la fiction : ils sont directement projetés dans les mondes fictionnels, les noms propres d'individus actuels n'étant pas polysémiques. Autrement dit, quand James Bond se promène à Londres, c'est dans le cadre de la fiction, le personnage fictionnel qui se promène dans la véritable Londres (vue au travers de la fiction). Il n'y a pas plus besoin d'introduire un double fictionnel de Londres dans les mondes fictionnels de James Bond, qu'il n'y a besoin de produire un double de Mona Lisa dans les mondes de la Joconde : l'original fait l'affaire.

Extensions intentionnelles de relations actuelles. J'ai qualifié plus haut (p. 189) de *purement intentionnelles* les relations

1. On trouve la polysémie dans des termes généraux comme « bouteille » (qui peut désigner le contentant ou le contenu), ou « livre » (qui peut signifier l'entité abstraite, *i.e.* le contenu, ou l'exemplaire physique). Comme Sainsbury l'indique, la polysémie n'empêche pas l'anaphore, comme dans : « Il a bu toute la bouteille puis l'a jetée ».

2. Comme l'a souligné Shahid Rahman, l'histoire ne peut pas s'arrêter là : il reste à déterminer ce qu'est cet être de papier. Dans le cas des bandes-dessinées la nature pictoriale de la représentation laisse entrevoir comment un être fictionnel peut être représenté par un dessin. Mais ici déjà, il faut rendre compte de l'existence actuelle d'un « être de papier » comme Astérix, qui a apporté célébrité et honneurs à ses concepteurs, relativement à la multitude des dessins et reproductions du personnage. Pour la fiction littéraire, la délimitation des « êtres de papier », *i.e.* des correspondants actuels des être fictionnels, s'avère encore plus délicate.

intentionnelles dont l'attribution à un agent n'exige pas de relation physicaliste sous-jacente. *Imaginer*, *concevoir*, *désirer* sont ainsi purement intentionnelles : certaines de leurs instances peuvent se superposer à des relations physicalistes, mais cela n'est pas indispensable. D'autres relations ne sont clairement pas purement intentionnelles, comme *voir*, qui suppose une relation sous-jacente : voir Mona Lisa à travers la Joconde suppose de voir la Joconde, et voir la Joconde suppose une interaction causale intra-mondaine donc une relation physicaliste avec la Joconde.

Penchons-nous maintenant sur des verbes transitifs de comportement, comme *toucher*, *tenir*, *frapper*, *embrasser*, *manger*, *habiller*, *déshabiller*... Ces verbes dénotent des relations physicalistes (ou des comportements impliquant des relations physicalistes) qui n'ont rien d'intentionnel. Ce sont des relations ordinaires, intra-mondaines, dont l'extension est entièrement contenue dans le monde actuel (ou dans d'autres mondes possibles). Les verbes eux-mêmes sont d'ailleurs parfaitement extensionnels : substitution des identiques et généralisation existentielle s'appliquent à première vue sans problème. Pour toucher l'actuel président de la République (en janvier 2016), il faut et il suffit de toucher François Hollande ; et quand on touche François Hollande, il y a bien quelque chose que l'on touche.

Cette image peut toutefois se compliquer et s'enrichir. Les représentations physiques d'objets permettent en effet de *dédoubler* certaines relations physicalistes actuelles en relations intentionnelles. Si Igor embrasse la Diane de Versailles, il peut le faire de deux manières indiscernables (au moins) : il peut prendre simplement la statue dans ses bras, mais il peut aussi embrasser Artemis à travers la statue. Dans le premier cas, la relation reste intra-mondaine, confinée au monde actuel, et physique ; dans le second, c'est une relation inter-mondaine, à travers la fenêtre modale ouverte par la statue, en bref une relation intentionnelle. Dans le second cas, Igor embrasse physiquement la Diane en visant intentionnellement Artemis.

On peut utiliser l'exposant ^{is} pour indiquer l'extension inter-mondaine, et écrire alors qu'Igor embrasse^{is} Artemis à travers la Diane. Embrasser^{is} est une relation intentionnelle, qui relie un individu actuel à un individu intentionnel ; ce n'est pas une relation purement intentionnelle, puisque son attribution exige que soit instanciée une relation sous-jacente intra-mondaine, celle d'embrasser physiquement. Les autres verbes transitifs cités plus hauts pourraient également donner lieu à une extension intermondaine : *toucher*^{is}, *tenir*^{is}, etc. Toutes les extensions ne se posent pas pour tous les types de représentation physique : on peut toucher^{is} une personne (actuelle ou imaginaire) à travers une statue ou une photo, on peut la tenir^{is} à travers une statue mais pas à travers une photo.

Avec leur extension intentionnelle, les relations physiques perdent l'extensionnalité. La généralisation existentielle échoue : quand Igor embrasse^{is} Artemis en embrassant la Diane, cela implique qu'il existe un individu qu'Igor embrasse mais n'implique pas qu'il existe un individu qu'Igor embrasse^{is}. La substituabilité des identiques échoue également : quand Œdipe embrasse^{is} Jocaste à travers une statue, cela n'implique pas qu'il embrasse^{is} sa mère du même geste. Car lorsqu'une interprétation considère que la statue représente Jocaste en tant que la femme qu'il aime, cela n'implique pas qu'elle représente la mère d'Œdipe [1].

Cette dualité physicaliste et intentionnelle de la relation est en réalité également à l'œuvre lorsqu'Œdipe embrasse non plus une statue, mais Jocaste elle-même. Il peut l'embrasser machinalement, peut-être sans savoir qui il embrasse ni même s'il embrasse une personne, et dans ce cas la relation est physicaliste. Mais il peut aussi l'embrasser^{is} intentionnellement : en tant que la femme qu'il aime, ou en tant que sa mère. La relation physicaliste se double alors de la relation intentionnelle, et elle perd l'extensionnalité : Œdipe peut très bien embrasser^{is} la femme qu'il aime sans embrasser^{is} sa mère.

Le schéma semble pouvoir être généralisé à tous les verbes transitifs *non*-intentionnels dénotant des comportements. Igor peut regarder la Joconde sans la voir, ou la regarder et la voir, c'est-à-dire la regarder^{is}. Igor peut manger un plat sans y prendre garde, ou goûter, c'est-à-dire manger^{is} un plat typique de cuisine vietnamienne. Cela suggère l'hypothèse que les relations

1. L'exemple est compliqué si l'on fait intervenir des propriétés essentielles. Que Jocaste soit la mère d'Œdipe est une propriété essentielle pour lui. Donc dans tous les mondes possibles où la mère d'Œdipe existe, elle est identique à Jocaste. C'est la raison pour laquelle je fais intervenir ici une description (Jocaste *en tant que la femme qu'il aime*), censée exprimer le mode de présentation sous lequel Jocaste est conçue par Œdipe.

inter-mondaines sont systématiquement partie prenante de la sémantique des verbes d'action transitifs. L'action dirigée vers quelque chose mobiliserait ainsi systématiquement des objets intentionnels ; en l'absence d'objet intentionnel, on aurait tout au plus un comportement.

4. Attitudes de se

Les attitudes *de se* sont généralement considérées comme constituant une classe particulière d'attitudes *de re*. Une analyse alternative est proposée, qui s'appuie sur la notion d'attitude *de objecto* et qui évite un engagement ontologique envers le sujet. De cette sémantique résulte une conception du Moi, dénotation de « Je », comme un objet purement intentionnel [1].

4.1. *Formalisation des indexicaux*

La spécificité des attitudes de se. Anscombe (1975), Castañeda (1968), Chisholm (1981), Lewis (1979*a*), Perry (1979, 1990, 1998) et d'autres auteurs ont montré que les comptes rendus d'attitudes *de se* (à la première personne) sont irréductibles à des comptes rendus d'attitudes *de re*. L'irréductibilité se manifeste par le fait que partant d'une phrase employant le pronom personnel « je » (ou l'adjectif possessif « mon », ou toute autre expression à la première personne), on ne peut pas trouver de formulation équivalente qui éliminerait ce pronom (ou cette expression) et qui en préserverait le sens. Cette spécificité des attitudes *de se* est particulièrement bien illustrée dans l'extrait suivant d'Ernst Mach :

> Il y a quelque temps, après un éprouvant voyage en train de nuit, alors que j'étais très fatigué je suis monté dans un omnibus quand un autre homme est apparu à l'autre bout. « Quel pédagogue défraîchi ! », ai-je pensé. C'était moi-même : il y avait en face de moi un grand miroir. Je connaissais assurément mieux la physionomie de ma classe que ma propre physionomie [2].

1. Cette section s'appuie en partie sur des matériaux publiés dans deux articles : (Rebuschi 2012*b*) et (Rebuschi 2012*c*).

2. « Not long ago, after a trying railway journey by night, when I was very tired, I got into an omnibus, just as another man appeared at the other

La situation évoquée dans l'extrait peut être résumée ainsi. Avant de réaliser qu'il s'observait lui-même comme après sa découverte, Mach croit ou pense *de re* de lui-même (*i.e.* de Mach) qu'il est un pédagogue défraîchi (*a shabby pedagogue*). Autrement dit, avant comme après sa découverte, la croyance de Mach a un contenu identique, qui est une proposition singulière au sujet d'un individu donné (le même prédicat est prédiqué du même individu qui se trouve être Mach lui-même). Quand il réalise son erreur, Mach ne croit pas quelque chose de neuf à propos du monde, mais à propos de lui-même : il acquiert une nouvelle croyance au sujet de sa propre localisation dans le monde. Quand il découvre qu'il est celui qu'il observe dans le miroir, le sujet s'identifie à l'objet de son attitude : d'une attitude *de re*, le sujet passe une attitude *de se*.

Mondes centrés. L'irréductibilité des locutions à la première personne nécessite un enrichissement du formalisme et de la sémantique. Comme on ne peut pas paraphraser les pronoms personnels et réfléchis par des noms propres ou des descriptions, on ajoute des variables distinguées au vocabulaire :

- x_s représente le pronom à la première personne, « je ».
- y_s représente le pronom réfléchi à la troisième personne, *i.e.* le « soi » (le *oneself*, ou le *he** de Castañeda).

Ces deux variables distinguées seront donc spécifiquement utilisées pour formaliser les attitudes *de se*, que celles-ci soient directement exprimées à la première personne (x_s) ou attribuées à la troisième personne (y_s). La sémantique doit tenir compte de la spécificité de ces variables dont la valeur dépendra du contexte : le locuteur pour x_s, un antécédent sujet d'un verbe d'attitude ou d'action pour y_s. On formalisera par exemple :

(61) a. Je marche.
b. $\texttt{Marche}(x_s)$

(62) a. Igor croit marcher (*i.e.* Igor croit qu'*il** marche)
b. $\mathbf{B}_{\texttt{igor}}\ \texttt{Marche}(y_s)$

L'interprétation des démonstratifs dépend également du contexte d'énonciation des phrases où ils apparaissent. On peut les formaliser

end. 'What a shabby pedagogue that is, that has just entered,' thought I. It was myself : opposite me hung a large mirror. The physiognomy of my class, accordingly, was better known to me than my own. » (Ernst Mach 1885, cité par (Perry 1990)).

à l'aide d'occurrences de variables libres $(x, y, z...)$, le contexte se chargeant de fournir les assignations de valeurs aux variables. Quand un locuteur emploie un démonstratif il est en relation directe avec l'objet qu'il désigne. En reprenant l'idée de Maier (2009) d'expliciter dans la formalisation la relation d'*aquaintance* Acq entre le locuteur et l'objet visé, on peut reconstruire les démonstratifs comme « ceci » ou « ce(tte) φ » à partir de « je » (x_s). On aura par exemple :

(63) a. Ce chat dort.
b. $Acq(x_s, y) \wedge \texttt{Chat}(y) \wedge \texttt{Dort}(y)$

dont la formalisation pourrait être paraphrasée par « Je suis en acquaintance avec y qui est un chat et qui dort ».

L'évaluation sémantique des formules contenant des indexicaux et démonstratifs, suggérée par (Lewis 1979*a*) (voir aussi (Ninan 2010)), se fait non pas simplement relativement à un monde, mais relativement à un *monde centré* $\langle w, \alpha \rangle$, c'est-à-dire à une paire composée d'un monde et d'un agent. Le fait de considérer des mondes centrés permet d'attribuer une valeur aux indexicaux comme « je », « ici », « ce », etc. Ici la valeur de x_s sera donc α, le *centre* du monde (le locuteur), quel que soit le monde w considéré. Cette formalisation et cette sémantique garantissent deux propriétés centrales des locutions à la première personne : la *rigidité* du pronom personnel « je », ainsi que le caractère *non conceptuel* du mode de présentation *de se*.

Il faut en vérité introduire *plusieurs* centres dans chaque monde du modèle pour obtenir une sémantique adéquate à la formalisation. Ninan (2010) et d'autres auteurs développent cette proposition pour rendre compte des locutions *de te*, comme « Igor croyait que *tu* étais partie », où le pronom de la seconde personne est tout autant inéliminable que le pronom de la première personne dans les locutions *de se*. Le pronom « tu » a un comportement tout à fait analogue à « je » : c'est un désignateur rigide, et il exprime un mode de présentation non conceptuel de l'interlocuteur.

Les variables distinguées et les centres de mondes doivent par principe être démultipliés : qu'un locuteur s'adresse à trois personnes, il y a potentiellement autant de « tu » (avec chacun son propre centre), un voire plusieurs « vous », un voire plusieurs « nous » (avec des centres pluriels), etc. Mais il n'y a pas de changement majeur dans l'interprétation de toutes ces variables. Là où on a une différence notable, c'est entre l'interprétation du pronom à la première personne et celle du pronom réfléchi à la troisième personne : le premier renvoie au locuteur donc à un élément du contexte de l'énonciation, tandis que le second renvoie à un antécédent qui est indépendant de ce contexte.

Dans la prochaine section, on définit le langages *IF* intentionnel avec indexicaux. Pour des raisons de simplicité, la définition se limite aux deux seules variables x_s et y_s, et à un seul opérateur d'attitude (la croyance), mais on pourrait par principe l'étendre à d'autres variables distinguées et d'autres opérateurs. Pour traiter les démonstratifs, il faut évaluer les formules ouvertes (*i.e.* avec une ou plusieurs occurences de variables libres) : c'est immédiatement faisable pour les formules atomiques au niveau du modèle, mais cela complique immanquablement les règles des jeux sémantiques associés.

4.2. *Langage IF intentionnel avec indexicaux*

Cette section définit le langage IF intentionnel avec indexicaux (ou langage IF2i), qui est le dernier et le langage le plus complexe du mémoire. C'est un nouvel enrichissement du langage IF intentionnel présenté section 3.2, qui porte à trois les extensions réalisées à partir d'un langage modal du premier ordre : IF, les relations intermondaines, et les indexicaux. Par simplicité on se contente d'un seul opérateur modal, $\mathbf{B}_i$ [1]. Le langage s'étend naturellement à plusieurs modalités, et on l'utilisera notamment avec l'opérateur $[Int]$ ou avec les opérateurs liés aux fenêtres modales introduits précédemment dans le chapitre. Ici à nouveau, le lecteur pressé ou lassé peut aller directement à la section suivante, 4.3.

Syntaxe. Étant donné un vocabulaire $\Sigma = \texttt{Cons} \cup \texttt{Pred}$, on définit le langage $\mathcal{L}_{IF\cdot 2i}(\Sigma, \mathbf{B}_i)$ de la manière suivante :

$$\begin{array}{lrl} \text{Termes :} & t ::= & x \mid a \mid a_{/\mathbf{B}_i} \mid x_s \mid y_s \\ \text{Formules :} & \varphi ::= & \top \mid (t_1 = t_2) \mid Pt_1 \ldots t_n \mid R^{is}t_1t_2 \mid (t_1 =^{is} t_2) \mid \\ & & \exists x\, \varphi \mid \exists x_{/\mathbf{B}_i}\varphi \mid \forall x_{/\mathbf{B}_i}\varphi \mid \neg\varphi \mid (\varphi \wedge \varphi) \mid \mathbf{B}_i\varphi \end{array}$$

x étant une variable individuelle, a une constante individuelle de `Cons`, x_s et y_s deux variables distinguées, P un prédicat n-aire et R un prédicat binaire de `Pred`.

1. Le lecteur intéressé par une présentation avec plusieurs agents (et la gestion des noms propres des agents) pourra se reporter à l'annexe de mon (Rebuschi 2012*c*).

On définit les formules régulières, la forme bridée φ^{br} et l'ensemble des expressions *de objecto* $DeOb(\varphi)$ d'une formule φ exactement comme pour les langages précédents.

On note $\mathcal{L}_{2i}(\Sigma, \mathbf{B}_i)$ le fragment non-IF du langage, *i.e.* le fragment composé de toutes les formules de $\mathcal{L}_{IF\text{-}2i}(\Sigma, \mathbf{B}_i)$ qui ne contiennent pas de constantes ni de quantificateurs indépendants.

$\mathcal{L}_{is}(\Sigma, \mathbf{B}_i)$ est le fragment non-IF et non-indexical du langage, *i.e.* le fragment composé des formules de $\mathcal{L}_{IF\text{-}2i}(\Sigma, \mathbf{B}_i)$ qui ne contiennent ni constantes ni quantificateurs indépendants, ni occurrences des variables x_s et y_s.

Sémantique. Les formules φ de $\mathcal{L}_{IF\text{-}2i}(\Sigma, \mathbf{B}_i)$ sont évaluées à l'aide de jeux sémantiques joués sur leur forme bridée φ^{br}, relativement à un modèle de Kripke enrichi de relations intermondaines pour $\mathcal{L}_{is}(\Sigma, \mathbf{B}_i)$. La sémantique du langage IF2i s'appuie donc sur les *modèles de Kripke avec relations inter-mondaines* définis pour le langage intentionnel IF (voir p. 179), en remplaçant la relation d'accessibilité pour $[Int]$ par celle pour $\mathbf{B}_i$. Les modèles de Kripke en question sont des n-uplets $\mathbf{M} = \langle W, @, R_{\mathbf{B}_i}, \{D_w\}_{w \in W}, V, V^{is} \rangle$.

Idée de l'évaluation. La nouveauté par rapport au langage précédent réside dans la présence des deux variables distinguées x_s et y_s, et de possibles variables libres dans les formules atomiques. L'évaluation des termes et des formules est relative à un modèle de Kripke $\mathbf{M}$ (avec son monde distingué @), à un monde *doublement centré* $\langle w, \alpha, \beta \rangle$ (un centre par variable : le locuteur α et l'agent β désigné par l'indice i de l'opérateur $\mathbf{B}_i$), et à une assignation g. La définition modèle-théorétique de l'évaluation des termes, qui sera reconstituée par les règles des jeux sémantiques atomiques, est alors la suivante :

> *Valeur des termes* : Soit un modèle de Kripke avec relations intermondaines $\mathbf{M}$, un monde doublement centré $\langle w, \alpha, \beta \rangle$ (α et β étant deux individus du domaine global D), et une assignation $g : Var \to D$.

$$
\begin{aligned}
[x]_{\mathbf{M},\langle w,\alpha,\beta\rangle,g} &= g(x), \text{ où } x \text{ est une variable;} \\
[a]_{\mathbf{M},\langle w,\alpha,\beta\rangle,g} &= V(a), \text{ où } a \text{ est une constante individuelle;} \\
[x_S]_{\mathbf{M},\langle w,\alpha,\beta\rangle,g} &= \alpha\,; \\
[y_S]_{\mathbf{M},\langle w,\alpha,\beta\rangle,g} &= \beta.
\end{aligned}
$$

Jeux sémantiques. À chaque énoncé φ de $\mathcal{L}_{2i}(\Sigma, \mathbf{B}_i)$, pour un modèle de Kripke $\mathbf{M}$ du fragment non-indexical $\mathcal{L}_{is}(\Sigma, \mathbf{B}_i)$ du langage, de monde distingué @, un monde doublement centré $\langle w, \alpha, \beta \rangle$ ($\alpha, \beta \in D$), et une assignation g, on associe un jeu sémantique $eG_{\mathbf{M},@,g}(\varphi, \langle w, \alpha, \beta \rangle)$. Ce jeu est joué par $\exists$*loise* et $\forall$*belard* conformément aux règles eGTS pour la logique modale du premier ordre. Les règles des jeux moléculaires sont celles indiquées p. 106, appliquées aux jeux correspondants $eG_{\mathbf{M},@}(\varphi, w)$ avec la règle pour l'opérateur $\mathbf{B}_i$ donnée p. 150. Les règles des jeux atomiques sont les règles $(\mathbf{R.At}_1^{1\ldots n})$ et $(\mathbf{R.At}_2)$ données p. 107, et la règle $(\mathbf{R.At}^{is})$ de la p. 181 pour les extensions inter-mondaines, avec deux clauses supplémentaires : chacune des trois règles envisage deux cas pour le terme t_i (l'indice i étant choisi par $\forall$*belard*), à savoir (i) t_i est une constante individuelle inédite introduite au cours du jeu, et (ii) t_i est une constante individuelle de `Cons`. Les deux clauses supplémentaires correspondent aux deux autres cas possibles : (iii) t_i est une variable distinguée x_s ou y_s, et (iv) t_i est une variable libre. Comme ces deux types de termes ne sont pas susceptibles d'être rendus indépendants dans les formules IF (seules les constantes individuelles peuvent être *de objecto* étant donnée la syntaxe), faire jouer $\exists$*loise* sur la valeur de ces termes n'apporte rien de nouveau. Les clauses sont donc semblables aux clauses (i), pour les constantes inédites introduites dans le jeu. Je n'écris pas ici les règles, mais le lecteur les trouvera dans l'annexe 3.7.

Conditions de vérité. Il s'agit des conditions de vérité analogues à celles données pour les langages précédents. Elles sont également détaillées dans l'annexe 3.7.

4.3. *Miroirs et représentations de soi*

Indexicaux et fenêtres modales. Avec la notion de fenêtre modale, on a de fait admis la possibilité de faire référence à des objets dans d'autres mondes possibles, à l'aide de noms propres pouvant être actuellement vides comme « Artemis ». Cette possibilité paraît s'étendre aux indexicaux et démonstratifs. On peut utiliser « ceci » pour désigner un objet actuellement inexistant, comme dans un délire hallucinatoire :

(64) Regarde *ceci* ! On dirait que c'est gluant et que ça fonce sur nous !

énoncé en indiquant un point vide de l'espace. Dans ce cas, le démonstratif est utilisé pour introduire un objet purement intentionnel, et il y réussit puisqu'un interlocuteur peut ensuite y faire référence à l'aide d'un anaphorique (« Et *c*'était gros ? ») [1].

Mais on peut également utiliser un démonstratif pour désigner un objet à travers une représentation. L'exemple (64) pourrait être énoncé en montrant une image tirée d'un film de science-fiction. Le locuteur ne parlerait pas alors de l'image (*i.e.* de la représentation physique) mais bien de l'objet représenté. L'énonciation pourrait être formalisée ainsi :

(65) a. *Ceci* est gluant.
b. $[Int][image]\ (Acq^{is}(x_s, y) \wedge \texttt{Gluant}(y))$

le symbole Acq^{is} jouant un rôle crucial : il correspond à l'extension inter-mondaine, donc intentionnelle, de la relation physicaliste d'*acquaintance*. C'est par cet élargissement de l'intra- à l'inter-mondain que l'on parvient à rendre compte du fonctionnement du démonstratif dans l'exemple. Comme pour la vision discutée précédemment, l'extension inter-mondaine de la relation d'*acquaintance* exige dans ce cas une relation intra-mondaine sous-jacente, entre le sujet (ici le locuteur) et la représentation de l'objet visé.

On peut déceler un fonctionnement analogue dans l'attribution de prédicats non physicalistes à des objets actuels désignés par des démonstratifs. L'intérêt réside alors dans le fait qu'on obtient parfois une dualité d'interprétation des énoncés. Ainsi, la phrase suivante, énoncée face à un échiquier, peut faire l'objet de deux analyses :

(66) a. *Ce* pion menace la reine.
b. $Acq(x_s, y) \wedge [Echecs]\ (\texttt{Pion}(y) \wedge \texttt{MenaceReine}(y))$
c. $[Echecs]\ (Acq^{is}(x_s, z) \wedge \texttt{Pion}(z) \wedge \texttt{MenaceReine}(z))$

Selon la formalisation (66b), le locuteur est en *acquaintance* avec un objet actuel (la valeur de y), disons une pièce de bois, qui dans les mondes échiquéens a le statut de pion et menace la reine. Selon (66c), le locuteur est en *acquaintance* intentionnelle avec un objet (la valeur de z) qui n'existe que dans les mondes échiquéens, et qui est un pion menaçant la reine. Si l'on suit la seconde interprétation de la phrase, l'*acquaintance* intentionnelle avec la pièce interne au jeu (z) résulte de l'*acquaintance* actuelle avec la pièce de bois (y)

1. La question des présuppositions conversationnelles a été brièvement évoquée à la fin du chapitre précédent, p. 159.

qui a le statut de représentation physique de la pièce interne au jeu (z), autrement dit (avec la même assignation) :

(67) $Acq(x_s, y) \wedge [Echecs]\ \mathtt{Repr}^{is}(y,z) \rightarrow [Echecs]\ Acq^{is}(x_s, z)$

L'implication réciproque ne tient pas, puisqu'un joueur pourrait suivre une même partie en faisant varier les supports, d'abord un échiquier physique et ensuite un écran, tout en restant en *acquaintance* intentionnelle avec le pion qui menace la reine. Mais surtout, on rencontre des cas où l'*acquaintance* intentionnelle ne s'appuie pas sur une *acquaintance* actuelle, et où par conséquent il n'y a pas d'implication analogue à (67) faute d'antécédent. Dans le délire hallucinatoire (64), le démonstratif « ceci » fonctionne bien qu'il n'y ait pas d'*acquaintance* physique. L'exemple du pion qui menace la reine fonctionne également dans une partie à l'aveugle, où il n'y a pas de représentation physique de l'échiquier entre les joueurs. Qu'il y ait ou non une représentation physique de l'échiquier, c'est finalement le pion au sens interne au jeu qui est déterminant. La formalisation (66b) est donc secondaire : pour que l'énoncé de la phrase ait un sens, seule l'interprétation (66c) est indispensable.

Il reste que lorsqu'un échiquier est physiquement présent les deux interprétations sont disponibles. C'est le cas notamment lorsqu'on a une double prédication, physicaliste et échiquéenne, à propos du même objet :

(68) a. *Ce* pion cassé menace la reine.
b. $Acq(x_s, y) \wedge \mathtt{Cassé}(y) \wedge [Echecs]\ (\mathtt{Pion}(y) \wedge \mathtt{MenaceReine}(y))$
c. $Acq(x_s, y) \wedge \mathtt{Cassé}(y) \wedge [Echecs]\ (\mathtt{Repr}^{is}(y,z) \wedge \mathtt{Pion}(z) \wedge \mathtt{MenaceReine}(z))$

Dans l'interprétation privilégiée (68c), le démonstratif est ambigu puique sa valeur change selon qu'il se trouve dans la portée de l'opérateur échiquéen ou en dehors. Mais l'expression « ce pion cassé » est elle-même ambiguë, qui renvoie simultanément à la pièce de bois et à la pièce interne au jeu. Un interlocuteur à distance qui suivrait la partie sur un écran pourrait rétorquer : « Tu parles du pion b4 ? Pour moi ce pion n'est pas cassé ! », sans contredire le premier locuteur.

De façon plus générale, en présence de fenêtres modales ou de possibles jeux interprétatifs, les démonstratifs sont ainsi massivement ambigus : un « ceci » pourra être interprété comme désignant un objet de l'environnement ou le même objet vu au travers d'une fenêtre modale, comme c'est le cas pour les noms propres (*cf.* l'exemple (57)). Mais il pourra également être interprété comme désignant un objet de l'environnement et alternativement, au travers d'une fenêtre modale, un *second* objet représenté par le premier.

L'image dans le miroir. Intéressons-nous à la manière dont une personne s'identifie au travers d'un miroir ou, plus généralement, au travers de ce qu'elle interprète comme étant une représentation d'elle-même. La scène relatée par Mach dans la citation reproduite p. 199 aurait pu se dérouler avec une photo, le sujet observant (*de re*) un individu avant réaliser (*de se*) qu'il était lui-même cet individu. La question est à chaque fois celle de la localisation dans le monde, ou plus exactement dans les mondes de la représentation. Si le sujet est en *acquaintance* avec un objet, il peut exprimer et on peut lui attribuer une attitude *de re* ; s'il s'identifie à l'objet, on peut passer à une attitude *de se*. L'exemple de la découverte de Mach, exprimé à la première personne, sera formalisé ainsi :

(69) a. *de re* : *C'est* un pédagogue défraîchi
b. $[miroir](Acq^{is}(x_s, y) \wedge \texttt{PédagogueDéfraîchi}(y))$

(70) a. *de se* : *Je suis* un pédagogue défraîchi
b. $[miroir](Acq^{is}(x_s, y) \wedge (x_s = y) \wedge \texttt{PédagogueDéfraîchi}(y))$
$\Rightarrow [miroir]\ \texttt{PédagogueDéfraîchi}(x_s)$

et l'attribution correspondante à la troisième personne de cette manière :

(71) a. *de re* : Mach croit de lui-même qu'il est un pédagogue défraîchi
b. $\mathbf{B}_m[miroir](Acq^{is}(y_s, m_{/\mathbf{B}_m[miroir]}) \wedge \texttt{PédagogueDéfraîchi}(m_{/\mathbf{B}_m[miroir]}))$

(72) a. *de se* : Mach croit de lui-même qu'*il** est un pédagogue défraîchi (= Mach croit être un pédagogue défraîchi)
b. $\mathbf{B}_m[miroir](y_s = m_{/\mathbf{B}_m[miroir]} \wedge \texttt{PédagogueDéfraîchi}(m_{/\mathbf{B}_m[miroir]}))$
$\Rightarrow B_m[miroir](\texttt{PédagogueDéfraîchi}(y_s))$

De façon générale, les attributions d'attitudes *de se* peuvent porter directement sur le sujet, ou être médiatisées par une représentation physique qui fait fonction de fenêtre modale. Pour saisir le point, il faut prendre de la distance avec le cas très particulier du miroir non déformant, où le sujet infère immédiatement des croyances (*de se*) dans le monde actuel de ce qu'il observe dans le miroir [1]. La situation est en effet différente avec une photo, où le sujet peut avoir des croyances *de se* à propos de lui-même selon la représentation, qui sont distinctes voire contradictoires avec les croyances *de se* à propos de lui-même dans le monde actuel. En observant une photo d'elle-même avec les cheveux blonds quand ses cheveux sont actuellement rouges, Rihanna pourrait s'écrier :

(73) a. J'ai les cheveux blonds, mais en fait j'ai les cheveux rouges !

b. [*photo*] $\texttt{CheveuxBlonds}(x_S) \wedge \texttt{CheveuxRouges}(x_S)$

De même que les noms propres, l'indexical « je » est donc susceptible de plusieurs lectures selon les fenêtres modales contextuellement présentes. Le pronom de la première personne désigne toujours le même individu (le locuteur, qui est le *centre des mondes* au plan sémantique), mais il peut le désigner dans des mondes possibles autres que le monde actuel. Dans ce qui suit je vais pousser plus loin, et envisager l'hypothèse qu'en présence de fenêtres modales, l'indexical « je » peut être ambigu au même titre qu'un démonstratif, c'est-à-dire désigner des individus distincts dans le monde actuel et dans des mondes alternatifs.

Dans quel monde suis-je ? L'exemple de la photographie est encore trop particulier pour appréhender toutes les possibilités offertes par les jeux interprétatifs. Dans la présentation des fenêtres modales (pp. 189 *sq.*), on a indiqué que la relation de représentation n'était pas nécessairement dépendante d'une relation physicaliste sous-jacente comme c'est le cas avec la photographie. On peut interpréter des objets comme des représentations physiques d'inexistants, par exemple telle statue comme représentant telle déesse, ou telle pièce de bois comme représentant tel pion.

L'identification de soi peut se faire au travers d'un miroir, d'une photographie, mais aussi de tout objet que l'on interprète comme étant une représentation de soi-même. Rihanna aurait pu énoncer la phrase (73a) devant sa statue de cire, ou devant toute autre

1. Les mondes du miroir sont comme le monde actuel à ceci près que gauche et droite sont inversées. En s'observant dans un miroir, on fait la correction automatiquement. Par exemple, si je m'observe dans le miroir écrivant de la main gauche, je corrige immédiatement et je me vois bien écrivant de la main droite ; mais si je ne me reconnais pas et pense observer quelqu'un d'autre à travers une vitre, je peux alors croire voir un gaucher.

représentation qu'elle aurait interprétée comme une représentation d'elle-même. La thèse que je veux défendre est qu'en s'auto-attribuant un prédicat mental via sa statue de cire (« Oh, je suis triste là ! »), Rihanna n'aurait pas été nécessairement dans une situation très différente d'Igor attribuant n'importe quel prédicat à Artemis via la Diane de Versailles : l'objet visé, le Moi, n'est peut-être alors que purement intentionnel. Je prétends en outre que la statue de cire est ici optionnelle, et que Rihanna serait exactement dans la même situation si elle s'auto-attribuait directement un prédicat mental.

Comment cela peut-il fonctionner ? Le prédicat « triste » n'étant pas physicaliste, son attribution au Moi comme à quiconque se fait selon le mode interprétatif de discours : il apparaît donc systématiquement dans la portée d'un opérateur [*Int*]. On aura par exemple :

(74) a. Je suis triste.
b. $[Int]\ \texttt{Triste}(x_s)$

Comme l'a suggéré Castañeda (1968), on peut séparer nettement les auto-attributions de prédicats physicalistes qui concernent le corps, des auto-attributions de prédicats mentaux qui concernent le sujet. J'introduis pour cela une nouvelle variable distinguée hypothétique, x_s^c, qui représente le Moi corporel, quand la variable distinguée d'origine désigne toujours le Moi mental ou subjectif habituel. On peut proposer deux lectures de la déclaration :

(75) a. Je suis mince et triste.
b. $\texttt{Mince}(x_s^c) \wedge [Int]\ \texttt{Triste}(x_s^c)$
c. $\texttt{Mince}(x_s^c) \wedge [Int](Repr^{is}(x_s^c, x_s) \wedge \texttt{Triste}(x_s))$

La dualité est semblable à celle de l'exemple (68) du pion cassé qui menace la reine. Selon la première lecture, la minceur est attribuée au Moi corporel dans le monde actuel, et la tristesse est également attribuée au Moi corporel mais dans les mondes de l'interprétation. Selon la seconde lecture, la minceur est attribuée au Moi corporel dans le monde actuel et la tristesse est attribuée au Moi mental dans les mondes de l'interprétation, le Moi corporel étant interprété comme une *représentation physique* du Moi mental.

La seconde lecture est la plus fondamentale car elle concentre les prédicats mentaux sur un Moi interne à la sphère intentionnelle, qui est seule indispensable, de même que la lecture (68c) était la plus fondamentale car elle concentrait les prédicats échiquéens sur le pion interne au jeu. Mais surtout, cette lecture rend justice à la dualité de perspectives que le sujet porte sur lui-même : cette dualité est celle des points de vue, à la première et à la troisième personnes, qui se traduit par une dualité des modes d'expression, l'égologie vs. l'altérologie (Chauvier 2001). Si la double prédication était effectuée à la troisième personne, on n'aurait pas alors besoin ni même la possibilité de cette dissociation :

(76) a. Rihanna est mince et triste.
b. `Mince(rihanna)` $\wedge$ [*Int*] `Triste(rihanna)`

Il n'y a pas un corps de Rihanna qui serait mince et un esprit de Rihanna qui serait triste : il a une seule Rihanna dont on dit à la troisième personne qu'elle est mince et triste.

Plutôt que le Moi corporel et le Moi mental ou subjectif, il faut voir dans le couple $\langle x_S^c, x_S \rangle$ la dualité entre sujet public (l'agent, à la troisième personne), et sujet privé (le Moi, à la première personne). L'impression de dualisme ontologique qui peut se dégager de l'interprétation (75c) n'est qu'apparente, et je ne me suis pas écarté du dualisme conceptuel annoncé au début. L'image qui ressort de l'analyse est représentée sur la figure p. 211. Le sujet public [en blanc] est le seul objet actuel, donc le seul objet réel. C'est le sujet actuel. Le sujet privé (le Moi) [grisé] est un objet purement intentionnel, qui n'existe pas en dehors de la sphère intentionnelle, c'est-à-dire en dehors des mondes de l'interprétation. Le Moi a un statut semblable à celui d'Artemis : c'est une entité in-existante, qui n'a pas de correspondant dans le monde actuel mais tout au plus des représentations. Les attitudes *de se* sont ainsi fondamentalement des attitudes *de objecto* et non pas des attitudes *de re*.

Quelle identité pour le Moi ? Par la pensée en première personne, le sujet (actuel) s'identifie au Moi (intentionnel)[1]. Il peut par ailleurs admirer ou détester son Moi, ce qui met en jeu autant d'autres relations du sujet à son Moi. Mais il doit préalablement procéder à cette identification. Dans le cadre sémantique proposé ici, la relation d'identification est une extension inter-mondaine, donc intentionnelle, de l'identité intramondaine. Mais bien qu'inter-mondaine, je l'ai précisé à plusieurs reprises, il s'agit pourtant de l'identité ordinaire. Il serait donc illusoire de vouloir identifier deux entités distinctes, l'une présente dans le monde actuel, l'autre non.

1. Ce paragraphe reprend, en s'en écartant un peu, la conclusion de mon article (Rebuschi 2012*b*).

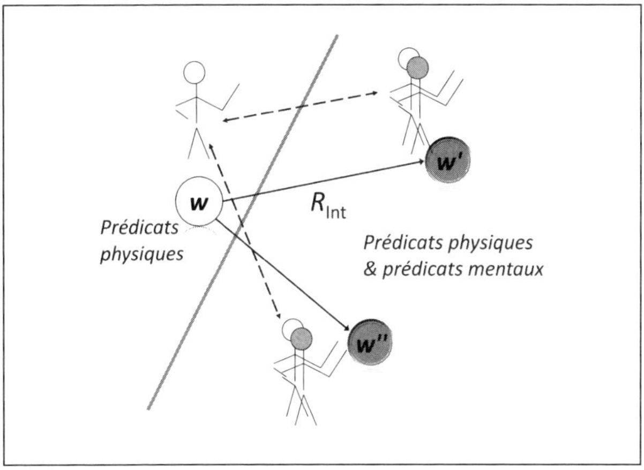

FIGURE I. *Sphère physicaliste et sphère intentionnelle*

L'identification du Moi par le sujet n'est donc pas une identification du Moi au sujet actuel. C'est l'identification, tout entière dans la sphère intentionnelle, d'un objet intentionnel privilégié et lié au sujet, le Moi. Si le sujet se prêtait au jeu de déclarer : « Je suis moi », il ne ferait rien de plus qu'affirmer son identité dans les mondes de l'interprétation (en formule : $[Int]x_s = x_s$), donc une trivialité. Le sujet aurait tout aussi bien pu dire : « Artemis est elle-même ». Comme l'écrit Castañeda, dans une veine wittgensteinienne : le Moi « est une entité à l'extérieur du monde qui doit être identifiable en termes d'entités dans le monde » (Castañeda 1968, p. 266). C'est un point de vue sur le monde, et non pas une entité dans le monde. En s'identifiant à son Moi, le sujet projette son point de vue dans les mondes intentionnels : il fait de son point de vue un objet.

Une autre identification est cependant possible : celle entre sujet privé et sujet public. C'est l'identification qui est à l'œuvre quand Igor déclare : « Je suis Igor ». Il ne s'agit pas alors de la déclaration d'une véritable identité, puisque les objets respectivement désignés par « je » et par « Igor » *sont* distincts. Cette identification est l'affirmation d'une *indiscernabilité relative à l'interprétation*. Quand Igor exprime qu'*il** est Igor, il n'énonce pas une (fausse) identité mais il postule une (vraie) indiscernabilité. Le sujet public et le sujet privé ne sont pas identiques et ils sont évidemment discernables ;

mais dans la portée de l'opérateur $[Int]$, autrement dit dans les mondes de l'interprétation (ceux d'Igor si l'auto-identification est exprimée à la première personne, ceux de l'attributeur si elle est énoncée à la troisième), les deux objets sont prédiqués des mêmes prédicats mentaux et physiques. On peut donc analyser l'identification par :

(77) a. Je suis Igor.
b. $[Int]\ Indisc(x_S, \texttt{igor}_{/[Int]})$

ou à la troisième personne :

(78) a. Igor croit qu'*il*⋆ est Igor.
b. $[Int]\mathbf{B}_i\ Indisc(y_S, \texttt{igor}_{/[Int]\mathbf{B}_i})$

avec la définition habituelle de l'indiscernabilité $Indisc(x, y)$: $\forall P\ (Px \leftrightarrow Py)$. Les deux sujets, le sujet public et le sujet privé, se superposent ainsi parfaitement dans la sphère intentionnelle.

Le Moi n'est pas une substance mais une entité qui dépend des attitudes intentionnelles des sujets. Mon propre Moi est construit par mes attitudes intentionnelles, au travers de mes auto-attributions de prédicats mentaux. Pour reprendre une expression de Dennett (1992), proche en cela de Ricœur, il est comme un centre de gravité narrative. C'est en racontant des histoires à la première personne que le Moi se constitue. En étant analysé comme un objet uniformément choisi dans un ensemble de mondes possibles plutôt que comme une entité existant dans le monde actuel, le Moi est alors, comme tous les objets purement intentionnels, un objet *essentiellement* incomplet [1]. Il n'est pas épistémiquement incomplet, au sens où on ne parvient pas à en avoir une connaissance complète – à ce compte-là, la plupart des objets ordinaires, actuellement existants, sont peut-être épistémiquement incomplets. Le Moi est essentiellement incomplet au sens où certains prédicats mentaux ne sont ni vrais ni faux de lui, tant qu'ils ne lui ont pas été attribués ni déniés dans le cadre d'une interprétation. C'est la narration qui, par un processus continu, constitue pas à pas le Moi en lui prêtant de nouveaux prédicats.

Mais il y a ici un point crucial : la narration n'est pas seulement un monologue. Le Moi se constitue par les dialogues (comme ce qui est désigné par un « tu »), et par les histoires que d'autres racontent à son propos (comme ce qui est désigné à la troisième personne). Le

1. *Cf.* plus haut, p. 147.

Moi dépend de la perspective d'un sujet au point qu'il est n'est pas aisé de savoir quel sens donner à l'idée que deux sujets appréhendent le même Moi. Quand je m'adresse à Ingrid, j'interprète ce qu'elle dit comme exprimant des attitudes de son Moi ; j'ai donc une image d'Ingrid qui est aussi une image de son Moi, et un autre interlocuteur construira une autre image du Moi d'Ingrid. Si le Moi d'Ingrid n'est pas une entité substantielle au-delà de ce que nous interprétons, est-ce que cela a bien un sens de dire que ses deux interlocuteurs appréhendent le Moi d'Ingrid ? Est-ce que nous ne construisons pas deux Moi distincts ? Les narrations constitutives du sujet étant multiples et éventuellement contradictoires, elles peuvent mettre en péril l'identité du Moi [1].

Il semble que l'on puisse s'en tirer par une décision. C'est une norme de l'interprétation que de s'accorder intersubjectivement sur l'identité d'un Moi. Mais ce n'est pas une norme arbitraire. Elle s'appuie sur la relation particulière qui lie Ingrid à son propre Moi : quand Ingrid s'exprime à la première personne, elle s'identifie à ce Moi, au sens où elle pose son indiscernabilité intentionnelle avec ce Moi. Cela fait autorité et si Ingrid n'est pas en plein délire, ses interlocuteurs acceptent et se plient à cette identification. De ce point de vue aussi il y a bien une spécificité du discours à la première personne : l'identification du sujet à son Moi est une relation qu'elle ne partage pas avec les autres sujets. L'autorité du sujet s'étend certainement à ses états mentaux qualitatifs (comme la douleur, la tristesse, la joie), ainsi qu'à l'auto-attribution d'attitudes liées au vouloir [2]. Mais l'autorité du sujet sur son propre Moi ne va guère au-delà. L'attribution de nombreux prédicats mentaux au Moi par le sujet lui-même, notamment concernant ses croyances, désirs, ou intentions, n'est ni plus ni moins vraie que celle effectuée par d'autres de ses interprètes.

5. Conclusion

Ce chapitre a permis d'enrichir et d'affiner sensiblement l'analyse des attributions d'attitudes. Avec les relations inter-mondaines, on

1. On retrouve ici une question analogue à celle de l'identité intentionnelle de la sorcière de Hob et Nob (voir p. 154).

2. Sur ce point, *cf.* (Chauvier 2001, pp. 226 *sq.*).

dispose d'un moyen simple et radical pour contourner toutes les tentatives de réduction des attitudes objectuelles à des attitudes propositionnelles. Le traitement évite les contorsions imposées par cette approche réductionniste lorsqu'il est question d'offrir une sémantique simple aux verbes transitifs intensionnels. Mais on a vu que le traitement avait d'autres effets bénéfiques.

Tout d'abord, jointes aux attitudes *de objecto*, les relations inter-mondaines permettent de mettre sur le même plan les attitudes objectuelles focalisées sur des objets actuels et celles focalisées sur des objets purement intentionnels (*i.e.* actuellement inexistants). Cette uniformité dans l'analyse formelle reflète une uniformité des usages linguistiques : que l'on dise d'Igor qu'il adore Rihanna, ou que l'on dise de lui qu'il adore Artemis, cela ne change rien à la surface grammaticale; grâce à l'approche présentée, cela ne change pas non plus au niveau de la formalisation. Il n'y a pas d'un côté un prédicat binaire qui dénoterait une vraie relation entre Igor et Rihanna, et de l'autre un prédicat jumeau du premier qui ne dénoterait pas une relation mais un état d'Igor. Il y a un seul prédicat, et ce prédicat dénote une relation intentionnelle entre Igor et des objets intentionnels. Cette relation n'est pas une relation ordinaire qui relie Igor à des objets parfois exotiques; ce n'est pas une relation physicaliste, contenue dans le monde actuel. C'est une relation inter-mondaine, donc une relation plutôt exotique, qui relie Igor à des objets intentionnels parfois ordinaires (ceux qui existent actuellement), parfois exotiques (les inexistants).

En introduisant d'autre part la notion de fenêtre modale, on a pu proposer une analyse de la relation de représentation qui rend justice à de nombreuses subtilités liées à l'interprétation. La généralité des jeux interprétatifs nous a conduit à généraliser l'idée des fenêtres modales, et à envisager un dédoublement des relations physicalistes désignées par les verbes d'action transitifs. L'action transitive est alors conçue comme ne mobilisant pas seulement une relation intra-mondaine mais également son double inter-mondain : elle acquiert par là l'intensionnalité qui lui est généralement reconnue.

Pour finir, j'ai esquissé une compréhension renouvelée des attributions d'attitudes *de se*. Outre la reprise de la sémantique des mondes centrés, connue pour résoudre des questions spécifiques aux locutions à la première personne, l'irréductibilité de ces dernières aux locutions à la troisième personne a été analysée en termes de dualité des références. Le « je » doit être interprété comme désignant un objet purement intentionnel, en marge du monde, tandis que le « il/elle » désigne un objet actuel. Le jeu de la représentation et de l'interprétation se poursuit là encore, ou plutôt celui des interprétations, puisque c'est par l'interaction et le dialogue que le sujet se constitue, et qu'il enrichit son Moi sans jamais l'épuiser.

CONCLUSION GÉNÉRALE

Jeux sémantiques et modalités à foison. Au terme des quatre chapitres, le moment est venu de faire le point sur ce qui a été accompli et sur les moyens employés. Bien que les chapitres puissent être lus comme quatre essais relativement autonomes, j'espère qu'il peut s'en dégager une vue unifiée.

Les jeux sémantiques ont permis dans un premier temps de faire le lien entre constitution de la signification et compréhension linguistique. D'un côté nous avons les jeux abstraits eGTS, les stratégies gagnantes pour $\exists$*loise* étant constitutives des conditions de vérité des phrases, de l'autre nous trouvons les jeux de recherche et de découverte, joués par des créatures finies, où les fonctions de Skolem sont remplacées par des fonctions de piochage. Du côté d'$\exists$*loise* on reconstruit le modèle, de l'autre on reconstitue la compétence sémantique des locuteurs telle qu'elle est bornée par les conventions linguistiques. Les stéréotypes-eGTS, ensembles d'algorithmes de piochage attribués aux locuteurs compétents, ont été interprétés comme des types de contenus étroits permettant de classer des mécanismes cognitifs concrets. Les jeux et stratégies sont alors restés entièrement confinés au monde actuel.

Dans un second temps, on est entré dans la modélisation des attributions d'attitudes propositionnelles. La distinction entre types d'attributions *de dicto* et *de re*, utile en première approche, est apparue très vite comme réductrice et erronée.

(i) Les attributions d'attitudes *de dicto* masquent une dualité, celle entre le contenu propositionnel et le mode de présentation linguistique. En introduisant le type *de facto*, on a pu clarifier la situation et démarquer explicitement les attributions de savoir propositionnel qui impliquent l'attribution d'une connaissance *de lingua*, de celles qui ne l'impliquent pas. Les lignes de mondes de Hintikka et de Kraut, comprises comme stratégies d'$\exists$*loise* dans des jeux sémantiques associés aux énoncés d'attitudes, ont permis de formaliser ces distinctions en termes de *restrictions* sur les classes de fonctions constitutives des stratégies : restriction nulle pour les attitudes *de facto*, restriction aux fonctions disponibles (selon une fonction d'*awareness*) pour les attitudes *de dicto*, et restriction aux fonctions uniformes pour les attitudes *de re*.

(ii) Les attributions d'attitudes propositionnelles *de re* masquent quant à elles une autre dualité, celle entre attitudes relationnelles et attitudes focalisées. Avec le type *de objecto* dédié aux attitudes focalisées, on explique le fonctionnement des attitudes qui visent des inexistants, ce qui était impossible avec les attitudes *de re* sans s'engager dans une ontologie meinongienne ou vers des quantifications déviantes. Ce sont les jeux sémantiques et la logique IF qui permettent d'introduire ce nouveau type : les fonctions uniformes qui entrent dans la composition des stratégies gagnantes d'$\exists$*loise*, habituellement pour les attitudes *de re*, ne sont pas obligatoirement totales; autrement dit, elles peuvent sélectionner des objets dans certains mondes et ne pas être définies dans d'autres mondes.

Le type *de objecto* a finalement été transposé à l'analyse des attitudes objectuelles et des attitudes *de se*. À cette fin, on a montré que des modalités pouvaient intervenir dans l'analyse logique de nombreuses locutions qui en étaient jusque-là dépourvues. Les relations intentionnelles ont été formalisées comme des relations inter-mondaines, liant des objets présents dans des mondes possibles distincts. Des relations ordinaires ont été réinterprétées comme des relations intentionnelles, ce qui a étendu à nouveau le champ des modalités. Mais c'est également pour analyser l'expression directe des attitudes que l'on a introduit des modalités : pour formaliser le mode de discours interprétatif, voire plus généralement pour représenter nos présuppositions conversationnelles.

Dans l'ensemble du mémoire, les jeux sémantiques de Hintikka ont donc été à l'honneur : ils ont offert un cadre formel général d'analyse des locutions intentionnelles, suffisamment ouvert pour pouvoir être enrichi de la gestion des relations inter-mondaines ou des mondes centrés. Beaucoup aurait pu être formulé avec une sémantique standard, c'est-à-dire à partir de modèles de Kripke enrichis. Beaucoup mais pas tout, et notamment pas les attitudes *de objecto* qui occupent une place centrale dans ce travail – ou alors avec un coût ontologique rédhibitoire.

Forme logique, paraphrase ou remplacement. À propos d'analyses antiréalistes des récits fictionnels, Sainsbury (2010) envisage trois interprétations des réécritures que j'ai ici appelées réductions sémantiques. La première, l'idée de révéler la *forme logique* véritable des locutions fictionnelles, est théoriquement fortement chargée. Suivant la seconde, la *paraphrase*, l'idée est d'offrir une formulation équivalente (*i.e.* avec les mêmes conditions de vérité) mais dénuée des imprécisions et/ou engagements des locutions initiales. La troisième enfin, le *remplacement*, est l'interprétation la plus légère de la réécriture, vue comme dégageant l'essentiel de ce que nous voulons dire (sans forcément livrer un contenu logiquement équivalent).

On peut y voir trois degrés d'ambition pour l'analyse formelle. La réduction sémantique est elle-même une interprétation, qui plus est une interprétation tributaire de choix théoriques d'arrière-plan. Si on tolère les domaines variables d'un monde possible à l'autre, on dispose d'autres possibilités qu'avec des domaines constants ; si on accepte l'extension inter-mondaine des symboles de relations, on bénéficie d'une expressivité accrue pour nos formules ; si on adopte la sémantique des jeux, on gagne le levier des stratégies et des fonctions qui les constituent sur lesquelles on peut imposer des conditions.

Sans se lancer dans une méta-analyse de la relation entre représentations sémantiques et locutions représentées, il serait pour le moins décalé d'annoncer que l'analyse sémantique consiste à dévoiler les structures profondes cachées sous la surface des locutions ordinaires. Si c'est ce que signifie l'idée de *forme logique*, je ne prétends donc pas avoir contribué à révéler celle des locutions intentionnelles.

Avec l'analyse formelle de nos attributions d'attitudes, on a bien plutôt affaire à une reconstruction systématique des structures conceptuelles mobilisées par ces attributions. Si dire qu'Igor admire Artemis en observant la statue, est analysé par la donnée de deux relations, une entre Igor et la statue, une autre entre Igor et Artemis, il faut mesurer ce qu'implique la seconde relation en termes ontologiques, métaphysiques et doxastiques. C'est là que nos concepts entrent dans des systèmes, dont l'étude relève de la philosophie plutôt que de la linguistique.

Paraphrase ou *remplacement* ? On peut donner une connotation révisionniste à la seconde option. Si l'objectif d'une *description* des significations est abandonné, la paraphrase apparaît comme voulant restituer le maximum de ce qui est dit, alors que le remplacement est une réécriture à côté de ce que l'on pense être exprimé. Le choix entre les deux options dépend alors de la portée donnée à la philosophie, entre une fonction diagnostique et un rôle thérapeutique.

Philosophie formelle. L'analyse sémantique proposée dans le mémoire a apporté un éclairage nouveau sur les notions d'*objet intentionnel*, de *représentation* et de *sujet*. Les traits relevés sur chacune de ces notions ne sont pas la simple récollection d'hypothèses philosophiques postulées en amont. Ces postulats ne sont pas absents, et ils ont été explicitement présentés dans le préambule métaphysique de l'introduction générale : une ontologie physicaliste, un dualisme conceptuel, une position actualiste, un conceptualisme modal appuyé sur un conventionnalisme déontique. Ces postulats ont indirectement guidé la formalisation, par exemple quand il s'est agi d'analyser les prédicats évaluatifs ou phénoménaux, ou d'analyser les noms propres fictionnels. À défaut d'offrir des solutions, les postulats ont imposé des limites strictes aux solutions possibles.

Pour arriver à la formulation de propositions positives, les postulats ont été combinés avec des concepts et outils théoriques formels : les lignes de mondes, la sémantique des jeux et l'indépendance informationnelle, les relations inter-mondaines, les mondes centrés. C'est cette combinaison qui offre une perspective spéciale sur les objets intentionnels, sur la représentation et l'intentionnalité, et sur le sujet. Si on a pu construire une notion unifiée d'objet intentionnel comme objet pouvant être actuel ou purement intentionnel, c'est grâce à l'indépendance informationnelle offerte par la sémantique des jeux. Pour obtenir une notion de représentation plus fine que celle directement dépendante de relations physicalistes sous-jacentes, il a fallu utiliser les extensions inter-mondaines. Pour proposer une conception moniste du sujet qui fasse une place au dualisme des perspectives en troisième et première personnes, on a dû ajouter à cela la sémantique des mondes centrés.

En privilégiant des thèses philosophiques fortes au départ du mémoire, j'ai produit une analyse partiale de la sémantique des locutions intentionnelles et, par conséquent, une reconstruction également partiale du système conceptuel qui sous-tend nos locutions intentionnelles. Un dualiste des substances pourrait simplement rejeter tout cela en bloc et tourner les talons. Un moniste pourra y trouver une reconstruction cohérente, consistante avec ses principes, qui écarte certaines des difficultés qui assaillent habituellement les conceptions de la signification et de l'intentionnalité. Mais le résultat n'est pas neutre. C'est la raison pour laquelle il serait finalement abusif de présenter l'analyse sémantique comme offrant une *paraphrase* des locutions intentionnelles. C'est bel et bien une proposition de *remplacement*, à destination de celles et ceux qui partagent les postulats philosophiques initiaux.

Et maintenant ? Le travail présenté dans cet essai est loin d'être achevé, plusieurs questions exigeant une attention spéciale et certaines pistes méritant d'être explorées. Ces questions et pistes touchent notamment à l'articulation des modalités et à la prise en compte de modalités dynamiques.

- *Une articulation plus fine entre modalités.* À l'exception de la factivité et de quelques axiomes pour l'opérateur [Int], je ne me suis pas intéressé de près aux propriétés des modalités et encore moins à leur combinaison. On a pourtant utilisé des combinaisons quand plusieurs modalités ont été juxtaposées, comme dans $[Int]\mathbf{B}_i\varphi$. En me cantonnant à l'analyse formelle de locutions intentionnelles, je me suis reposé sur le fait que l'on peut aisément construire des modèles qui représentent adéquatement les situations visées. Mais une approche systématique de l'interaction entre modalités (*i.e.* des axiomes régissant l'interaction entre opérateurs) permettrait d'explorer les propriétés générales des (attributions de) croyances et de connaissances intentionnelles. Le point est certainement crucial si, après l'analyse du sujet proposée ici, on veut aborder la question de la connaissance de soi.
- *Les omnisciences.* Deux cas problématiques d'omniscience se posent pour la logique épistémique. Ce que l'on peut appeler *omniscience du métaphysicien* est la thèse suivant laquelle un agent connaît sans effort le caractère nécessaire ou contingent de tout énoncé. Elle semble affecter les approches habituelles de la connaissance modale, notamment l'analyse offerte par la sémantique bidimensionnelle (Rebuschi 2016). L'*omniscience logique*, plus connue, est la thèse suivant laquelle un agent connaît sans effort toutes les conséquences logiques de ce qu'il sait. Le problème est particulièrement aigu dès lors qu'on s'intéresse à la connaissance mathématique. Pour proposer

des solutions à ces deux énigmes, c'est la combinaison entre modalités épistémiques et modalités aléthiques qui doit être traitée. La sémantique des jeux permet de faire varier le comportement des constantes (rigides pour les modalités aléthiques, flexibles pour les opérateurs d'attitudes), mais il reste à voir comment elle peut bloquer effectivement les omnisciences.

- *Le jeu du contexte.* J'ai évoqué la question du contexte et de sa dynamique à propos des présuppositions conversationnelles. L'interprétation des locutions *in vivo* se fait sur fond d'un contexte mouvant, constamment mis à jour par les interventions des locuteurs, leurs gestes et positions. Si l'arrière-plan des conventions est généralement relativement stable, toutes les présuppositions ne le sont pas. Des formalismes visant à prendre en compte la dynamique discursive et conversationnelle ont été développés en linguistique [1], qui mériteraient d'être exploités pour affiner l'analyse des fenêtres modales et du mode de discours interprétatif proposée dans cet essai. Une attention particulière doit être portée à l'analyse des expressions à la première personne, dont le traitement sémantique habituel est plutôt éloigné de l'approche anti-substantialiste qui a été défendue ici.

L'analyse conceptuelle du langage, de nos discours et conversations, et donc de l'expression de nos pensées, n'est résolument pas la propriété des linguistes ou des logiciens. J'espère avoir montré cependant que l'analyse philosophique a tout à gagner à puiser dans leurs travaux.

1. Je pense notamment à la DRT (*Discourse representation theory*) de Kamp & Reyle (1993) et à la SDRT (*Segmented discourse representation theory*) d'Asher & Lascarides (2003).

ANNEXES

Les définitions des langages, des modèles et des règles des jeux introduites au fil du texte sont reprises de façon systématique dans cette annexe. La figure p. 239 présente de façon schématique les rapports entre langages, types de modèles et types de jeux.

1. Langages

La syntaxe des langages du premier ordre présentés ci-après suppose un ensemble infini de variables individuelles (`Var`). Chaque langage est relatif à un vocabulaire Σ, qui est la réunion d'un ensemble de constantes individuelles (`Cons`) et d'un ensemble de prédicats du premier ordre (`Pred`). Le vocabulaire des langages non modaux $\mathcal{L}(\Sigma)$ comporte en outre un ensemble de symboles de fonctions (`Fonc`), que l'on supprime de la définition des autres langages pour simplifier la présentation.

1.1. $\mathcal{L}(\Sigma)$

• Soit un vocabulaire : $\Sigma = \texttt{Cons} \cup \texttt{Pred} \cup \texttt{Fonc}$. Le langage $\mathcal{L}(\Sigma)$ est un langage du premier ordre non modal, dont les termes et formules sont définis comme suit :

Termes : $t ::= x \mid a \mid f(t_1 \ldots t_n)$
Formules : $\varphi ::= \top \mid (t_1 = t_2) \mid Pt_1 \ldots t_n \mid \exists x\, \varphi \mid \neg\varphi \mid (\varphi \wedge \varphi)$

x étant une variable individuelle, a une constante individuelle de `Cons`, f un symbole de fonction n-aire de `Fonc`, et P un prédicat n-aire de `Pred`. On note `Form` l'ensemble des formules.

1.2. $\mathcal{L}(\Sigma, \mathbf{K}_i)$

• Soit un vocabulaire : $\Sigma = \texttt{Cons} \cup \texttt{Pred}$. Le langage $\mathcal{L}(\Sigma, \mathbf{K}_i)$ est un langage épistémique du premier ordre, dont les termes et formules sont définis comme suit :

$$\begin{array}{ll} \text{Termes :} & t ::= x \mid a \\ \text{Formules :} & \varphi ::= \top \mid (t_1 = t_2) \mid Pt_1 \dots t_n \mid \exists x\ \varphi \mid \neg\varphi \mid (\varphi \wedge \varphi) \mid \mathbf{K}_i\varphi \end{array}$$

x étant une variable individuelle, a une constante individuelle de `Cons`, et P un prédicat n-aire de `Pred`. On note `Form` l'ensemble des formules.

1.3. $\mathcal{L}_{IF}(\Sigma, \mathbf{K}_i)$, $\mathcal{L}_{IF\cdot\mathcal{A}}(\Sigma, \mathbf{K}_i)$

• Soit un vocabulaire : $\Sigma = \texttt{Cons} \cup \texttt{Pred}$. Le langage $\mathcal{L}_{IF\cdot\mathcal{A}}(\Sigma, \mathbf{K}_i)$ est un langage épistémique étendu $IF \cdot \mathcal{A}$, dont les termes et formules sont définis comme suit :

$$\begin{array}{lll} \text{Termes :} & t ::= & x \mid a \mid a_{/\mathbf{K}_i} \mid \ulcorner a \urcorner \mid \ulcorner a \urcorner_{/\mathbf{K}_i} \\ \text{Formules :} & \varphi ::= & \top \mid (t_1 = t_2) \mid Pt_1 \dots t_n \mid \exists x\ \varphi \mid \exists x_{/\mathbf{K}_i}\varphi \\ & & \mid \forall x_{/\mathbf{K}_i}\varphi \mid \neg\varphi \mid (\varphi \wedge \varphi) \mid \mathbf{K}_i\varphi \end{array}$$

x étant une variable individuelle, a une constante individuelle de `Cons`, et P un prédicat n-aire de `Pred`.

• $DeRe(\varphi)$: ensemble des expressions dites *de re* ayant une occurrence dans φ, *i.e.* les termes de la forme $t_{/\mathbf{K}_i}$, les quantificateurs de la forme $\exists x_{/\mathbf{K}_i}$ dans la portée d'un nombre pair de négations et les quantificateurs de la forme $\forall x_{/\mathbf{K}_i}$ dans la portée d'un nombre impair de négations ;

• $DeDi(\varphi)$: ensemble des expressions dites *de dicto*, *i.e.* les termes de la forme $\ulcorner t \urcorner$.

• `Form` : ensemble des *formules régulières*, *i.e.* des formules dont les termes indépendants $t_{/\mathbf{K}_i}$ et les quantificateurs indépendants $\exists x_{/\mathbf{K}_i}$ ou $\forall x_{/\mathbf{K}_i}$ sont tous dans la portée syntaxique de l'opérateur $\mathbf{K}_i$.

• φ^{br} : à chaque formule (régulière ou non) φ de $\mathcal{L}_{IF\cdot\mathcal{A}}(\Sigma, \mathbf{K}_i)$ on associe une formule de $\mathcal{L}(\Sigma, \mathbf{K}_i)$, la *forme bridée* de φ, que l'on note φ^{br} et qui est obtenue à partir de φ en transformant (i) les termes de la forme $\ulcorner t \urcorner$ en termes correspondants t, (ii) les termes de la forme $t_{/\mathbf{K}_i}$ en termes t, et les quantificateurs de la forme $\exists x_{/\mathbf{K}_i}$ (resp. $\forall x_{/\mathbf{K}_i}$) en quantificateurs $\exists x$ (resp. $\forall x$).

• $\mathcal{L}_{IF}(\Sigma, \mathbf{K}_i)$: fragment IF de $\mathcal{L}_{IF\cdot\mathcal{A}}(\Sigma, \mathbf{K}_i)$ des formules qui ne contiennent aucun terme de la forme $\ulcorner t \urcorner$.

• $\mathcal{L}_{\mathcal{A}}(\Sigma, \mathbf{K}_i)$: fragment $\mathcal{A}$ de $\mathcal{L}_{IF\cdot\mathcal{A}}(\Sigma, \mathbf{K}_i)$ des formules qui ne contiennent aucun terme de la forme $t_{/\mathbf{K}_i}$ ni aucun quantificateur indépendant $\exists x_{/\mathbf{K}_i}$ ou $\forall x_{/\mathbf{K}_i}$.

1.4. $\mathcal{L}_{IF\cdot\mathcal{A}^2}(\Sigma, \mathbf{K}_i)$

• Soit un vocabulaire $\Sigma = \texttt{Cons} \cup \texttt{Pred}$). Le langage $\mathcal{L}_{IF\cdot\mathcal{A}^2}(\Sigma, \mathbf{K}_i)$ est un langage épistémique étendu $IF \cdot \mathcal{A}^2$, dont les termes et formules sont définis comme suit :

$$\begin{array}{lll} \text{Termes :} & t ::= & x \mid a \mid a_{/\mathbf{K}_i} \mid \ulcorner a \urcorner \mid \ulcorner a \urcorner_{/\mathbf{K}_i} \\ \text{Formules :} & \varphi ::= & \top \mid (t_1 = t_2) \mid Pt_1 \dots t_n \mid \ulcorner P \urcorner t_1 \dots t_n \mid \exists x\ \varphi \mid \\ & & \exists x_{/\mathbf{K}_i}\varphi \mid \forall x_{/\mathbf{K}_i}\varphi \mid \neg\varphi \mid (\varphi \wedge \varphi) \mid \mathbf{K}_i\varphi \end{array}$$

x étant une variable individuelle, a une constante individuelle de Cons, et P un prédicat n-aire de Pred.

• $DeDi(\varphi)$: ensemble des expressions *de dicto* ayant une occurrence dans φ, *i.e.* les termes de la forme $\ulcorner t \urcorner$ et les prédicats de la forme $\ulcorner P \urcorner$.

1.5. $\mathcal{L}(\Sigma, \mathbf{B}_i)$, $\mathcal{L}_{IF}(\Sigma, \mathbf{B}_i)$

• Soit un vocabulaire $\Sigma = \texttt{Cons} \cup \texttt{Pred}$. Le langage $\mathcal{L}_{IF}(\Sigma, \mathbf{B}_i)$ est un langage doxastique IF, dont les termes et formules sont définis comme suit :

$$\begin{array}{lll} \text{Termes :} & t ::= & x \mid a \mid a_{/\mathbf{B}_i} \\ \text{Formules :} & \varphi ::= & \top \mid (t_1 = t_2) \mid Pt_1 \dots t_n \mid \exists x\ \varphi \mid \exists x_{/\mathbf{B}_i}\varphi \\ & & \mid \forall x_{/\mathbf{B}_i}\varphi \mid \neg\varphi \mid (\varphi \wedge \varphi) \mid \mathbf{B}_i\varphi \end{array}$$

x étant une variable individuelle, a une constante individuelle de Cons, et P un prédicat n-aire de Pred.

• $DeOb(\varphi)$: ensemble des expressions *de objecto* ayant une occurrence dans φ, *i.e.* les termes de la forme $a_{/\mathbf{B}_i}$, les quantificateurs de la forme $\exists x_{/\mathbf{B}_i}$ dans la portée d'un nombre pair de négations et les quantificateurs de la forme $\forall x_{/\mathbf{B}_i}$ dans la portée d'un nombre impair de négations.

• Form : ensemble des *formules régulières*, *i.e.* des formules dont les constantes indépendantes $a_{/\mathbf{B}_i}$ et les quantificateurs indépendants $\exists x_{/\mathbf{B}_i}$ ou $\forall x_{/\mathbf{B}_i}$ sont tous dans la portée syntaxique de l'opérateur $\mathbf{B}_i$.

• φ^{br} : à chaque formule φ de $\mathcal{L}_{IF}(\Sigma, \mathbf{B}_i)$ on associe une formule de $\mathcal{L}(\Sigma, \mathbf{B}_i)$, la *forme bridée* de φ, que l'on note φ^{br} et qui est obtenue à partir de φ en transformant les termes de la forme $a_{/\mathbf{B}_i}$ en termes a, et les quantificateurs de la forme $\exists x_{/\mathbf{B}_i}$ (resp. $\forall x_{/\mathbf{B}_i}$) en quantificateurs $\exists x$ (resp. $\forall x$).

• $\mathcal{L}(\Sigma, \mathbf{B}_i)$: fragment non-IF de $\mathcal{L}_{IF}(\Sigma, \mathbf{B}_i)$ des formules qui ne contiennent aucun terme de la forme $t_{/\mathbf{K}_i}$ ni aucun quantificateur indépendant $\exists x_{/\mathbf{B}_i}$ ou $\forall x_{/\mathbf{B}_i}$.

1.6. $\mathcal{L}_{is}(\Sigma, \mathbf{O})$, $\mathcal{L}_{IF\cdot is}(\Sigma, \mathbf{O})$

• Soit un vocabulaire $\Sigma = \texttt{Cons} \cup \texttt{Pred}$, $\mathbf{O}$ une modalité (autre que $\Box$). Le langage $\mathcal{L}_{IF\cdot is}(\Sigma, \mathbf{O})$ est un langage IF intentionnel, dont les termes et formules sont définis comme suit :

Termes :	$t ::=$	$x \mid a \mid a_{/\mathbf{O}}$
Formules :	$\varphi ::=$	$\top \mid (t_1 = t_2) \mid Pt_1 \ldots t_n \mid R^{is}t_1t_2 \mid (t_1 =^{is} t_2) \mid$
		$\exists x\ \varphi \mid \exists x_{/\mathbf{O}}\varphi \mid \forall x_{/\mathbf{O}}\varphi \mid \neg\varphi \mid (\varphi \wedge \varphi) \mid \mathbf{O}\ \varphi$

x étant une variable individuelle, a un constante individuelle de `Cons`, P un prédicat n-aire et R un prédicat binaire de `Pred`.

• $DeOb(\varphi)$, `Form`, φ^{br} : *cf.* définitions pour le langage $\mathcal{L}_{IF}(\Sigma, \mathbf{B}_i)$ (§.1.5).

• $\mathcal{L}_{is}(\Sigma, \mathbf{O})$: fragment non-IF du langage $\mathcal{L}_{IF\cdot is}(\Sigma, \mathbf{O})$, composé des formules qui ne contiennent aucun terme de la forme $t_{/\mathbf{O}}$ ni aucun quantificateur indépendant $\exists x_{/\mathbf{O}}$ ou $\forall x_{/\mathbf{O}}$.

1.7. $\mathcal{L}_{2i}(\Sigma, \mathbf{O})$, $\mathcal{L}_{IF\cdot 2i}(\Sigma, \mathbf{O})$

• Soit un vocabulaire $\Sigma = \texttt{Cons} \cup \texttt{Pred}$, $\mathbf{O}$ une modalité (autre que $\Box$). Le langage $\mathcal{L}_{IF\cdot 2i}(\Sigma, \mathbf{O})$ est un langage IF intentionnel avec indexicaux, dont les termes et formules sont définis comme suit :

Termes :	$t ::=$	$x \mid a \mid a_{/\mathbf{O}} \mid x_s \mid y_s$
Formules :	$\varphi ::=$	$\top \mid (t_1 = t_2) \mid Pt_1 \ldots t_n \mid R^{is}t_1t_2 \mid (t_1 =^{is} t_2) \mid$
		$\exists x\ \varphi \mid \exists x_{/\mathbf{O}}\varphi \mid \forall x_{/\mathbf{O}}\varphi \mid \neg\varphi \mid (\varphi \wedge \varphi) \mid \mathbf{O}\ \varphi$

x étant une variable individuelle, a une constante individuelle de `Cons`, x_s et y_s deux variables distinguées, P un prédicat n-aire et R un prédicat binaire de `Pred`.

• $DeOb(\varphi)$, `Form`, φ^{br} : *cf.* définitions pour le langage $\mathcal{L}_{IF}(\Sigma, \mathbf{B}_i)$ (§.1.5).

• $\mathcal{L}_{2i}(\Sigma, \mathbf{O})$: fragment non-IF du langage $\mathcal{L}_{IF\cdot 2i}(\Sigma, \mathbf{O})$, composé des formules qui ne contiennent aucun terme de la forme $t_{/\mathbf{O}}$ ni aucun quantificateur indépendant $\exists x_{/\mathbf{O}}$ ou $\forall x_{/\mathbf{O}}$.

2. Modèles

2.1. *Structures standards pour $\mathcal{L}(\Sigma)$*

Une *structure de Tarski* pour un langage du premier ordre (non modal) $\mathcal{L}(\Sigma)$ est une paire ordonnée $\mathbf{M} = \langle D, V \rangle$, où :

- D est un ensemble non vide d'objets individuels (le *domaine*) ;
- V est une fonction de *valuation* qui attribue :
  - une extension $V(P) \subseteq D^n$ à chaque prédicat n-aire P de Pred ;
  - un objet $V(a) \in D$ à chaque constante individuelle a de Cons (parfois noté d_a) ;
  - une fonction $V(f) : D^n \to D$ à chaque symbole de fonction n-aire f de Fonc.

Assignations. Étant donnée une structure de Tarski pour un langage $\mathcal{L}(\Sigma)$:

- une assignation g est une fonction qui assigne un objet $d \in D$ à chaque variable ;
- l'assignation $g[x_i/\alpha]$ est une assignation qui coïncide avec g sauf éventuellement pour la variable x_i à laquelle elle assigne l'objet $\alpha \in D$.

Évaluation. L'évaluation des termes et des formules est relative à une structure de Tarski $\mathbf{M} = \langle D, V \rangle$ et à une assignation g.

Valeur des termes

$$\begin{array}{lcl} [x]_{\mathbf{M},g} & = & g(x) \\ [a]_{\mathbf{M},g} & = & V(a) \\ [f(t_1, \ldots, t_n)]_{\mathbf{M},g} & = & V(f)([t_1]_{\mathbf{M},g}, \ldots, [t_n]_{\mathbf{M},g}) \end{array}$$

x étant une variable, a une constante individuelle, et f un symbole de fonction n-aire.

Évaluation des formules

$$\begin{array}{lll} \mathbf{M}, g \vDash Pt_1 \ldots t_n & \text{ssi} & \langle [t_1]_{\mathbf{M},g}, \ldots, [t_n]_{\mathbf{M},g} \rangle \in V(P) \\ \mathbf{M}, g \vDash (t_1 = t_2) & \text{ssi} & [t_1]_{\mathbf{M},g} = [t_2]_{\mathbf{M},g} \\ \mathbf{M}, g \vDash \neg\varphi & \text{ssi} & \mathbf{M}, g \nvDash \varphi \\ \mathbf{M}, g \vDash \varphi \wedge \psi & \text{ssi} & \mathbf{M}, g \vDash \varphi \text{ et } \mathbf{M}, g \vDash \psi \\ \mathbf{M}, g \vDash \exists x\, \varphi & \text{ssi} & \exists \alpha \in D \text{ tel que : } \mathbf{M}, g[x/\alpha] \vDash \varphi \end{array}$$

2.2. *Modèles avec lignes de mondes pour $\mathcal{L}(\Sigma, \mathbf{K}_i)$*

Un *modèle de Kripke avec lignes de monde* pour un langage épistémique du premier ordre $\mathcal{L}(\Sigma, \mathbf{K}_i)$ est un n-uplet $\mathbf{M} = \langle W, R_{\mathbf{K}_i}, \{D_w\}_{w \in W}, \mathsf{WL}, \mathcal{A}_i, V \rangle$, où :

- W est un ensemble non vide de mondes possibles ;
- $R_{\mathbf{K}_i} \subseteq W \times W$ est la relation d'accessibilité entre mondes possibles ;
- D_w est un ensemble non vide d'individus (le *domaine local* de w), avec : $D := \bigcup_{w \in W} D_w$ (le *domaine global*) ;
- WL est l'ensemble des *lignes de mondes* :
  $\mathsf{WL} = \{\ell : X \to D \mid X \subseteq W;\ \forall w(w \in X \to \ell(w) \in D_w)\}$,
  avec RWL, le sous-ensemble de *lignes de mondes rigides* :
  $\mathsf{RWL} := \{\ell \in \mathsf{WL} \mid \forall w \forall w'((w \in \mathtt{dom}(\ell) \wedge w' \in \mathtt{dom}(\ell)) \to \ell(w) = \ell(w'))\}$, où $\mathtt{dom}(\ell)$ est le domaine de ℓ ;
- $\mathcal{A}_i$ est une fonction (*fonction d'awareness*) qui envoie les couples formés d'une constante individuelle et d'une formule, sur un ensemble (éventuellement vide) de lignes de mondes : $\mathcal{A}_i : \mathtt{Cons} \times \mathtt{Form} \to \wp(\mathsf{WL})$;
- V est une fonction de *valuation* qui attribue :
  - une extension $V(P,w)$, *i.e.* un sous-ensemble de D^n à chaque prédicat n-aire P de $\mathtt{Pred}$ et monde possible w ;
  - une ligne de mondes $V(a) \in \mathsf{WL}$ à chaque constante individuelle a de $\mathtt{Cons}$, notée ℓ_a.

Assignation. Étant donné un modèle de Kripke avec lignes de mondes $\mathbf{M}$:
- une assignation g est une fonction qui assigne une ligne de mondes $g(x) \in \mathsf{WL}$ à chaque variable ;
- l'assignation $g[x_i/\ell]$ est une assignation qui coïncide avec g sauf éventuellement pour la variable x_i à laquelle elle assigne la ligne de mondes $\ell \in \mathsf{WL}$.

Évaluation. L'évaluation des termes et des formules est relative à un modèle de Kripke $\mathbf{M}$, un monde possible w, une assignation g, et pour les formules, à un contexte c.

Valeur des termes

$$\begin{array}{lcl} [x]_{\mathbf{M},w,g} & = & g(x)(w), \text{ où } x \text{ est une variable ;} \\ [a]_{\mathbf{M},w,g} & = & \ell_a(w), \text{ où } a \text{ est une constante individuelle.} \end{array}$$

Évaluation des formules

$$\begin{array}{lll} \mathbf{M},w,g \vDash_c Pt_1 \ldots t_n & \text{ssi} & \langle [t_1]_{\mathbf{M},w,g}, \ldots, [t_n]_{\mathbf{M},w,g} \rangle \in V(P,w) \\ \mathbf{M},w,g \vDash_c (t_1 = t_2) & \text{ssi} & [t_1]_{\mathbf{M},w,g} = [t_2]_{\mathbf{M},w,g} \\ \mathbf{M},w,g \vDash_c \neg\varphi & \text{ssi} & \mathbf{M},w,g \nvDash_c \varphi \\ \mathbf{M},w,g \vDash_c \varphi \wedge \psi & \text{ssi} & \mathbf{M},w,g \vDash_c \varphi \text{ et } \mathbf{M},w,g \vDash_c \psi \\ \mathbf{M},w,g \vDash_c \mathbf{K}_i\varphi & \text{ssi} & \text{pour tout } w', \text{ si } wR_{\mathbf{K}_i}w' \text{ alors } \mathbf{M},w',g \vDash_c \varphi \\ \mathbf{M},w,g \vDash_c \exists x\ \varphi & \text{ssi} & \exists \ell \in \mathsf{WL}^c \text{ tel que : } \mathbf{M},w,g[x/\ell] \vDash_c \varphi \end{array}$$

où $\mathsf{WL}^c \subseteq \mathsf{WL}$ est une restriction contextuelle de l'ensemble des lignes de mondes.

2.3. *Modèles standards pour* $\mathcal{L}(\Sigma, \mathbf{K}_i)$

Ces modèles sont utilisés pour les langages $\mathcal{L}$, $\mathcal{L}_{IF}$, $\mathcal{L}_{IF\cdot\mathcal{A}}$ et $\mathcal{L}_{IF\cdot\mathcal{A}^2}(\Sigma, \mathbf{K}_i)$.

Un *modèle de Kripke (standard)* pour un langage épistémique du premier ordre $\mathcal{L}(\Sigma, \mathbf{K}_i)$ est un n-uplet $\mathbf{M} = \langle W, R_{\mathbf{K}_i}, \{D_w\}_{w \in W}, V \rangle$, où :
- W est un ensemble non vide de mondes possibles ;
- $R_{\mathbf{K}_i} \subseteq W \times W$ est la relation d'accessibilité entre mondes possibles ;
- D_w est un ensemble non vide d'individus (le *domaine local* de w), avec : $D := \bigcup_{w \in W} D_w$ (le *domaine global*) ;
- V est une fonction de valuation qui attribue :
  - une extension, *i.e.* un sous-ensemble $V(P, w)$ de D^n à chaque prédicat n-aire P de `Pred` et monde possible w ;
  - un objet individuel $d_a \in D$ à chaque constante individuelle a de `Cons`.

2.4. *Modèles standards pour* $\mathcal{L}(\Sigma, \mathbf{B}_i)$

Ces modèles sont utilisés pour les langages $\mathcal{L}$ et $\mathcal{L}_{IF}(\Sigma, \mathbf{B}_i)$.

Un *modèle de Kripke (standard)* pour un langage doxastique du premier ordre $\mathcal{L}(\Sigma, \mathbf{B}_i)$ est un n-uplet $\mathbf{M} = \langle W, R_{\mathbf{B}_i}, \{D_w\}_{w \in W}, V \rangle$, où :
- W est un ensemble non vide de mondes possibles ;
- $R_{\mathbf{B}_i} \subseteq W \times W$ est une relation d'accessibilité entre mondes possibles ;
- D_w est un ensemble non vide d'individus (le *domaine local* de w),
- avec : $D := \bigcup_{w \in W} D_w$ (le *domaine global*) ;
- V est une fonction de valuation qui attribue :
  - une extension, *i.e.* un sous-ensemble $V(P, w)$ de D^n à chaque prédicat n-aire P de `Pred` et monde possible w ;
  - un objet individuel $d_a \in D$ à chaque constante individuelle a de `Cons`.

2.5. *Modèles pour* $\mathcal{L}_{is}(\Sigma, \mathbf{O})$

Ces modèles sont utilisés pour les langages $\mathcal{L}_{is}$, $\mathcal{L}_{IF\cdot is}$, $\mathcal{L}_{2i}$ et $\mathcal{L}_{IF\cdot 2i}(\Sigma, \mathbf{O})$.

Un *modèle de Kripke avec relations inter-mondaines* pour un langage modal du premier ordre intentionnel $\mathcal{L}_{is}(\Sigma, \mathbf{O})$ est un n-uplet $\mathbf{M} = \langle W, @, R_{\mathbf{O}}, \{D_w\}_{w \in W}, V, V^{is} \rangle$, où :
- W est un ensemble non vide de mondes possibles ;
- @ est un monde distingué (*le monde actuel*) ;
- $R_{\mathbf{O}} \subseteq W \times W$ est une relation d'accessibilité entre mondes possibles ;

- D_w est un ensemble non vide d'individus (le *domaine local* de w), avec : $D := \bigcup_{w \in W} D_w$ (le *domaine global*) ;
- V est une fonction de valuation (standard) qui attribue :
  - un objet individuel $d_a \in D$ à chaque constante individuelle a de `Cons`.
  - une *extension intra-mondaine*, *i.e.* un sous-ensemble $V(P, w)$ de D^n à chaque prédicat n-aire P de `Pred` et monde possible w ;
- V^{is} est une fonction de valuation inter-mondaine qui assigne :
  - une *extension inter-mondaine*, *i.e.* un sous-ensemble $V^{is}(R, w)$ de $D_@ \times D_w$ à chaque prédicat binaire R de `Pred` et monde possible $w \in W$, tel que $V^{is}(R, @) \subseteq V(R, @)$;
  - la relation d'identité sur le domaine global au symbole d'identité, *i.e.* $V^{is}(=, w) = \{\langle d, d \rangle : d \in D\}$.

3. Jeux sémantiques

3.1. *Règles GTS pour $\mathcal{L}(\Sigma)$*

Pour une formule φ de $\mathcal{L}(\Sigma)$ et une structure de Tarski $\mathbf{M} = \langle D, V \rangle$, le jeu $G(\varphi, \mathbf{M})$, joué entre $\exists$*loise* (vérificateur initial) et $\forall$*belard* (falsificateur initial) est défini par les règles suivantes :

(R.At) Si α est un énoncé atomique vrai dans $\mathbf{M}$, alors le vérificateur gagne $G(\alpha, \mathbf{M})$, et le falsificateur perd. Si α est un énoncé atomique faux dans $\mathbf{M}$, les résultats sont inversés.

(R.$\vee$) Dans le jeu $G(\varphi_1 \vee \varphi_2, \mathbf{M})$ le vérificateur choisit un indice $i \in \{1, 2\}$. La suite du jeu est comme $G(\varphi_i, \mathbf{M})$.

(R.$\wedge$) Dans le jeu $G(\varphi_1 \wedge \varphi_2, \mathbf{M})$ le falsificateur choisit un indice $i \in \{1, 2\}$. La suite du jeu est comme $G(\varphi_i, \mathbf{M})$.

(R.$\exists$) Le jeu $G(\exists x\, \varphi(x), \mathbf{M})$ débute avec le choix par le vérificateur d'un objet du domaine $d \in D$, et d'un nouveau nom $\mathbf{c}$ pour le désigner ; la suite du jeu est comme $G(\varphi(\mathbf{c}), \mathbf{M})$.

(R.$\forall$) Le jeu $G(\forall x\, \varphi(x), \mathbf{M})$ est similaire au précédent, sauf que les choix sont effectués par le falsificateur.

(R.$\neg$) Le jeu $G(\neg\varphi, \mathbf{M})$ est comme $G(\varphi, \mathbf{M})$, sauf que les rôles des deux joueurs (tels qu'ils sont définis par les règles) sont inversés.

Vérité et fausseté GTS

- $\mathbf{M} \vDash^{+}_{\text{GTS}} \varphi$ (φ est GTS-vraie dans $\mathbf{M}$) ssi il y a une stratégie gagnante pour le vérificateur initial ($\exists$*loise*) dans $G(\varphi, \mathbf{M})$.
- $\mathbf{M} \vDash^{-}_{\text{GTS}} \varphi$ (φ est GTS-fausse dans $\mathbf{M}$) ssi il y a une stratégie gagnante pour le falsificateur initial ($\forall$*belard*) dans $G(\varphi, \mathbf{M})$.

3.2. *Règles eGTS pour $\mathcal{L}(\Sigma)$*

Pour une *formule complexe* φ de $\mathcal{L}(\Sigma)$ et une structure de Tarski $\mathbf{M} = \langle D, V\rangle$, le *jeu moléculaire* $eG(\varphi, \mathbf{M})$, joué entre $\exists$*loise* et $\forall$*belard*, est identique au jeu $G(\varphi, \mathbf{M})$ de la section précédente.

Pour une *formule atomique* ou une identité φ de $\mathcal{L}(\Sigma)$, le *jeu atomique* $eG(\varphi, \mathbf{M})$ est joué en remplaçant la règle (R.At) par les quatre règles suivantes :

(R.At*) Dans le *jeu atomique* $eG(\alpha, \mathbf{M})$, si $\exists$*loise* est le vérificateur et que α est fausse dans $\mathbf{M}$, ou si elle est le falsificateur et que α est vraie, alors $\forall$*belard* gagne et $\exists$*loise* perd ; sinon il y a deux cas : (i) α est de la forme $Rt_1 \ldots t_n$, R étant un prédicat n-aire et les t_is étant des termes : $\forall$*belard* choisit un indice $i \in \{0, 1, \ldots, n\}$; si $i = 0$ alors la suite du jeu est comme dans $eG(R, \mathbf{M})$, sinon elle est comme dans $eG(t_i, \mathbf{M})$. (ii) α est de la forme $(t_1 = t_2)$, les t_is étant des termes : $\forall$*belard* choisit un indice $i \in \{1, 2\}$; la suite du jeu est comme dans $eG(t_i, \mathbf{M})$.

(R.Pred) Dans le *jeu sur le prédicat* $eG(R, \mathbf{M})$, où R est un prédicat n-aire, $\forall$*belard* choisit un n-uplet d'objets $\langle d_1, \ldots, d_n\rangle \in D^n$, et $\exists$*loise* répond **oui** ou **non**. Si elle répond **oui** et que $\langle d_1, \ldots, d_n\rangle \in I(R)$, ou si elle répond **non** et que $\langle d_1, \ldots, d_n\rangle \notin I(R)$, alors $\exists$*loise* gagne et $\forall$*belard* perd ; sinon $\forall$*belard* gagne $\exists$*loise* perd.

(R.Term) Dans le *jeu sur le terme* $eG(t, \mathbf{M})$, où t est un terme, on a l'un des trois cas suivants :

(i) t est une nouvelle constante individuelle introduite au cours de la partie, *i.e.* qui n'apparaît pas dans la formule d'origine ; alors $\exists$*loise* gagne et $\forall$*belard* perd ;

(ii) t est une constante individuelle ; alors $\exists$*loise* choisit un objet $d \in D$; si $d = I(t)$ alors $\exists$*loise* gagne et $\forall$*belard* perd ; si $d \neq I(t)$ c'est l'inverse ;

(iii) t est un terme complexe impliquant un symbole de fonction n-aire : $t = f(t_1, \ldots, t_n)$; alors $\forall$*belard* choisit un indice $i \in \{0, 1, \ldots, n\}$. Si $i > 0$ alors la suite du jeu est comme dans $eG(t_i, \mathbf{M})$, et si $i = 0$ elle est comme dans $eG(f, \mathbf{M})$.

(R.Fun) Dans le *jeu sur la fonction* $eG(f, \mathbf{M})$, f étant un symbole de fonction n-aire, $\forall$*belard* choisit un n-uplet $\langle d_1, \ldots, d_n\rangle \in D^n$, puis $\exists$*loise* choisit un objet $d \in D$. Si $d = I(f)(d_1, \ldots, d_n)$ alors $\exists$*loise* gagne et $\forall$*belard* perd ; sinon c'est l'inverse.

3.3. *Règles eGTS pour $\mathcal{L}$, $\mathcal{L}_{IF}$ et $\mathcal{L}_{IF\text{-}\mathcal{A}}(\Sigma, \mathbf{K}_i)$*

Règles des jeux moléculaires. À chaque énoncé épistémique du premier ordre φ de $\mathcal{L}(\Sigma, \mathbf{K}_i)$, pour un modèle de Kripke pointé $\langle \mathbf{M}, v\rangle$ et un monde w donnés, on associe un jeu sémantique $eG_{\mathbf{M},v}(\varphi, w)$. Ce jeu est joué par $\exists$*loise* et $\forall$*belard* conformément aux règles eGTS pour la logique modale du premier ordre :

(R.$\vee$) Dans le jeu $eG_{\mathbf{M},v}(\varphi_1 \vee \varphi_2, w)$ le vérificateur choisit un indice $i \in \{1,2\}$. La suite du jeu est comme $eG_{\mathbf{M},v}(\varphi_i, w)$.

(R.$\wedge$) Dans le jeu $eG_{\mathbf{M},v}(\varphi_1 \wedge \varphi_2, w)$ le falsificateur choisit un indice $i \in \{1,2\}$. La suite du jeu est comme $eG_{\mathbf{M},v}(\varphi_i, w)$.

(R.$\exists$) Le jeu $eG_{\mathbf{M},v}(\exists x\ \varphi(x), w)$ débute avec le choix par le vérificateur d'un objet $d \in D_w$, et d'un nouveau nom **c** pour le désigner ; la suite du jeu est comme $eG_{\mathbf{M},v}(\varphi(\mathbf{c}), w)$.

(R.$\forall$) Le jeu $eG_{\mathbf{M},v}(\forall x\ \varphi(x), w)$ est similaire au précédent, sauf que les choix sont effectués par le falsificateur.

(R.$\neg$) Le jeu $eG_{\mathbf{M},v}(\neg\varphi, w)$ est comme $eG_{\mathbf{M},v}(\varphi, w)$, sauf que les rôles des deux joueurs (tels qu'ils sont définis par les règles) sont inversés.

(R.$\mathbf{K}_i$) Le jeu $eG_{\mathbf{M},v}(\mathbf{K}_i\varphi, w)$ débute avec le choix par le falsificateur d'un monde w' accessible depuis w selon $R_{\mathbf{K}_i}$; la suite du jeu est comme $eG_{\mathbf{M},v}(\varphi, w')$.

Règles de jeux atomiques

Valeur des termes

$$[a]_{\mathbf{M},w} = V(a) \in D, \text{ où } a \text{ est une constante de } \texttt{Cons}.$$
$$[\mathbf{c}]_{\mathbf{M},w} = d \in D, \text{ où } \mathbf{c} \text{ est une constante introduite par } \exists loise \text{ ou } \forall belard \text{ pour désigner } d \text{ au cours du jeu.}$$

(R.$\mathbf{At}_1^{1...n}$) Dans le *jeu atomique* $eG_{\mathbf{M},v}(Pt_1 \ldots t_n, w)$, où $P \in$ `Pred` est un prédicat n-aire et les t_i sont n termes, $\forall$*belard* choisit un indice $i \in \{1, \ldots, n\}$; on a alors l'un des deux cas suivants :

(i) t_i est une constante individuelle inédite introduite au cours de la partie pour désigner un objet $d \in D$;
si $\langle [t_1]_{\mathbf{M},w}, \ldots, d, \ldots, [t_n]_{\mathbf{M},w} \rangle \in V(P, w)$ (d occupant la $i$ème place) alors $\exists$*loise* gagne, sinon c'est $\forall$*belard* gagne ;

(ii) t_i est une constante individuelle de `Cons` ; alors $\exists$*loise* choisit un objet $d \in D$; si
(ii.a) $\langle [t_1]_{\mathbf{M},w}, \ldots, d, \ldots, [t_n]_{\mathbf{M},w} \rangle \in V(P, w)$ (d occupant la $i$ème place), et si
(ii.b) $d = V(t_i)$ (si $w = v$),
alors $\exists$*loise* gagne ; sinon c'est $\forall$*belard* qui gagne.

(R.$\mathbf{At}_2$) Dans le *jeu atomique* $eG_{\mathbf{M},v}(t_1 = t_2, w)$, où t_1 et t_2 sont deux termes, $\forall$*belard* choisit un indice $i \in \{1,2\}$; on a alors l'un des deux cas suivants :

(i) t_i est une constante individuelle inédite introduite au cours de la partie pour désigner un objet $d \in D$; si $[t_1]_{\mathbf{M},w} = [t_2]_{\mathbf{M},w}$ alors $\exists$*loise* gagne, sinon c'est $\forall$*belard* gagne ;

(ii) t_i est une constante individuelle de Cons ; alors $\exists$*loise* choisit un objet $d \in D$; si
(ii.a) $d = [t_2]_{\mathbf{M},w}$ (si $i = 1$) ou $[t_1]_{\mathbf{M},w} = d$ (si $i = 2$), et si
(ii.b) $d = V(t_i)$ (si $w = v$),
alors $\exists$*loise* gagne ; sinon c'est $\forall$*belard* qui gagne.

Conditions de vérité. Pour une formule φ de $\mathcal{L}(\Sigma, \mathbf{K}_i)$ et un modèle pointé $\langle \mathbf{M}, v \rangle$, on a :

$\langle \mathbf{M}, v \rangle, w \vDash^+_{\text{eGTS}} \varphi$ (φ est eGTS-vraie dans w) ssi il y a une stratégie gagnante pour le vérificateur initial ($\exists$*loise*) dans $eG_{\mathbf{M},v}(\varphi, w)$.
$\langle \mathbf{M}, v \rangle, w \vDash^-_{\text{eGTS}} \varphi$ (φ est eGTS-fausse dans w) ssi il y a une stratégie gagnante pour le falsificateur initial ($\forall$*belard*) dans $eG_{\mathbf{M},v}(\varphi, w)$.

• Soit un langage épistémique du premier ordre (non étendu) $\mathcal{L}(\Sigma, \mathbf{K}_i)$, un modèle de Kripke standard $\mathbf{M}$, un monde distingué v, et une fonction d'*awareness* : $\mathcal{A}_i$: $\mathsf{Cons} \times \mathsf{Form} \rightarrow \wp(\mathsf{WL})$ avec $\mathsf{WL} = \{\ell : X \rightarrow D \mid X \subseteq W; \forall w(w \in X \rightarrow \ell(w) \in D_w)\}$. Pour une formule φ régulière de $\mathcal{L}_{IF\cdot\mathcal{A}}(\Sigma, \mathbf{K}_i)$ on a :

$\langle \mathbf{M}, v \rangle, \mathcal{A}_i, w \vDash^+_{\text{eGTS}} \varphi$ (φ est eGTS-vraie dans w) ssi il y a une stratégie gagnante pour le vérificateur initial ($\exists$*loise*) dans $eG_{\mathbf{M},v}(\varphi^{br}, w)$ telle que :

- pour chaque expression $e_i \in DeRe(\varphi)$, la fonction de choix associée $\mathbf{f}_{e_i}$ est uniforme relativement à l'occurrence de la modalité dont elle est indépendante ;
- pour chaque expression $e_i \in DeDi(\varphi)$, la fonction de choix associée $\mathbf{f}_{e_i}$ est disponible, *i.e.* $\mathbf{f}_{e_i} \in \mathcal{A}_i(e_i, \varphi^{br})$

$\langle \mathbf{M}, v \rangle, \mathcal{A}_i, w \vDash^-_{\text{eGTS}} \varphi$ (φ est eGTS-fausse dans w) ssi φ n'est pas eGTS-vraie dans w.

3.4. *Règles eGTS pour* $\mathcal{L}_{IF\cdot\mathcal{A}^2}(\Sigma, \mathbf{K}_i)$

À chaque énoncé épistémique du premier ordre φ de $\mathcal{L}(\Sigma, \mathbf{K}_i)$, pour un modèle de Kripke pointé $\langle \mathbf{M}, v \rangle$ et un monde w donnés, on associe un jeu sémantique du *second-ordre* $eG^2_{\mathbf{M},v}(\varphi, w)$.

Les jeux moléculaires sont comme les jeux correspondants $eG_{\mathbf{M},v}(\varphi, w)$ de la précédente section.

Les jeux atomiques sont comme les jeux correspondants pour les énoncés d'identité (règle $(\mathbf{R.At}_2)$), mais la règle $(\mathbf{R.At}_1^{1\ldots n})$ est remplacée par la règle :

$(\mathbf{R.At}_1)$ Dans le *jeu atomique* $eG^2_{\mathbf{M},v}(Pt_1 \ldots t_n, w)$, où $P \in \mathsf{Pred}$ est un prédicat n-aire et les t_i sont n termes, $\forall$*belard* choisit un indice $i \in \{0, \ldots, n\}$; on a alors l'un des trois cas suivants :

(i) $i = 0$: $\forall$*belard* choisit un monde $w' \in W$ et un n-uplet $\langle d_1, \ldots, d_n \rangle \in D^n$, et $\exists$*loise* répond par **oui** ou **non**. Si elle répond **oui** et que $\langle d_1, \ldots, d_n \rangle \in V(P, w')$, ou si elle répond **non** et que $\langle d_1, \ldots, d_n \rangle \notin V(P, w')$, alors $\exists$*loise* gagne ; sinon c'est $\forall$*belard* qui gagne.

(ii) t_i est une constante individuelle inédite introduite au cours de la partie pour désigner un objet $d \in D$;
si $\langle [t_1]_{\mathbf{M},w}, \ldots, d, \ldots, [t_n]_{\mathbf{M},w} \rangle \in V(P, w)$ (d occupant la $i$ème place) alors $\exists$*loise* gagne, sinon c'est $\forall$*belard* gagne ;

(iii) t_i est une constante individuelle de Cons ; alors $\exists$*loise* choisit un objet $d \in D$; si
(ii.a) $\langle [t_1]_{\mathbf{M},w}, \ldots, d, \ldots, [t_n]_{\mathbf{M},w} \rangle \in V(P, w)$ (d occupant la $i$ème place), et si
(ii.b) $d = V(t_i)$ (si $w = v$),
alors $\exists$*loise* gagne ; sinon c'est $\forall$*belard* qui gagne.

Conditions de vérité. Soit un langage épistémique du premier ordre (non étendu) $\mathcal{L}(\Sigma, \mathbf{K}_i)$, un modèle de Kripke standard $\mathbf{M}$ et un monde distingué v. On appelle *fonction d'awareness du second-ordre* une fonction définie sur $\Sigma \times \texttt{Form}$ qui associe des lignes de mondes aux constantes et des fonctions de Skolem aux prédicats, $\mathcal{A}_i^2 = \mathcal{A}_i^{\texttt{Cons}} \cup \mathcal{A}_i^{\texttt{Pred}}$, telles que :

- $\mathcal{A}_i^{\texttt{Cons}} : \texttt{Cons} \times \texttt{Form} \to \wp(\mathsf{WL})$ avec $\mathsf{WL} = \{\ell : X \to D \mid X \subseteq W; \forall w(w \in X \to \ell(w) \in D_w)\}$;
- $\mathcal{A}_i^{\texttt{Pred}} = \mathcal{A}_i^{\texttt{Pr}_1} \cup \ldots \cup \mathcal{A}_i^{\texttt{Pr}_n}$, telles que pour chaque indice k, on ait : $\mathcal{A}_i^{\texttt{Pr}_k} : \texttt{Pr}_k \times \texttt{Form} \to \wp(\mathsf{SF}_k)$ avec $\mathsf{SF}_k = \{f : X \times D^k \to D \mid X \subseteq W; \forall w \forall \vec{d}((w \in X \wedge \vec{d} \in D^k) \to f(w, \vec{d}) \in D_w)\}$,
$\texttt{Pr}_k$ étant l'ensemble des prédicats d'arité k et n étant l'arité maximale (*i.e.* $\texttt{Pred} = \texttt{Pr}_1 \cup \ldots \cup \texttt{Pr}_n$).

Pour une formule φ de $\mathcal{L}_{IF\text{-}\mathcal{A}^2}(\Sigma, \mathbf{K}_i)$ et un monde distingué v du modèle, on a :

$\langle \mathbf{M}, v \rangle, \mathcal{A}_i^2, w \vDash^+_{\mathsf{eGTS}} \varphi$ (φ est eGTS-vraie dans w) ssi il y a une stratégie gagnante pour le vérificateur initial ($\exists$*loise*) dans $eG^2_{\mathbf{M},v}(\varphi^{br}, w)$ telle que :

- pour chaque expression $e_i \in DeRe(\varphi)$, la fonction de choix associée $\mathbf{f}_{e_i}$ est uniforme relativement à l'occurrence de la modalité dont elle est indépendante ;
- pour chaque expression $e_i \in DeDi(\varphi)$, la fonction de choix associée $\mathbf{f}_{e_i}$ est disponible, *i.e.* $\mathbf{f}_{e_i} \in \mathcal{A}_i^2(e_i, \varphi^{br})$

$\langle \mathbf{M}, v \rangle, \mathcal{A}_i^2, w \vDash^-_{\mathsf{eGTS}} \varphi$ (φ est eGTS-fausse dans w) ssi φ n'est pas eGTS-vraie dans w.

3.5. *Règles eGTS pour $\mathcal{L}$ et $\mathcal{L}_{IF}(\Sigma, \mathbf{B}_i)$*

Jeux sémantiques. À chaque énoncé doxastique du premier ordre φ de $\mathcal{L}(\Sigma, \mathbf{B}_i)$, pour un modèle de Kripke pointé $\langle \mathbf{M}, v\rangle$ et un monde w donnés, on associe un jeu sémantique $eG_{\mathbf{M},v}(\varphi, w)$. Ce jeu est joué par $\exists$*loise* et $\forall$*belard* conformément aux règles des jeux moléculaires et atomiques du langage épistémique §.3.3, avec la règle suivante pour l'opérateur doxastique :

(R.B$_i$) Le jeu $eG_{\mathbf{M},v}(\mathbf{B}_i\varphi, w)$ débute avec le choix par le falsificateur d'un monde w' accessible depuis w selon $R_{\mathbf{B}_i}$; la suite du jeu est comme $eG_{\mathbf{M},v}(\varphi, w')$.

Conditions de vérité. Pour une formule φ de $\mathcal{L}_{IF}(\Sigma, \mathbf{B}_i)$ on a :

$\langle \mathbf{M}, v\rangle, w \vDash^{+}_{\text{eGTS}} \varphi$ (φ est eGTS-vraie dans w) ssi il y a une stratégie gagnante pour le vérificateur initial ($\exists$*loise*) dans $G_{\mathbf{M},v}(\varphi^{br}, w)$ telle que pour chaque expression $e_i \in DeOb(\varphi)$, la fonction de choix associée $\mathbf{f}_{e_i}$ est uniforme relativement à l'occurrence de la modalité dont elle est indépendante.
$\langle \mathbf{M}, v\rangle, w \vDash^{-}_{\text{eGTS}} \varphi$ (φ est eGTS-fausse dans w) ssi φ n'est pas eGTS-vraie dans w.

3.6. *Règles eGTS-is pour $\mathcal{L}_{is}$ et $\mathcal{L}_{IF\text{-}is}(\Sigma, \mathbf{O})$*

Jeux sémantiques À chaque énoncé φ de $\mathcal{L}_{is}(\Sigma, \mathbf{O})$, pour un modèle de Kripke **M** de monde distingué @ et un monde w donnés, on associe un jeu sémantique $eG_{\mathbf{M},@}(\varphi, w)$. Ce jeu est joué par $\exists$*loise* et $\forall$*belard* conformément aux règles des jeux moléculaires et atomiques du langage épistémique §.3.3, avec la règle suivante pour l'opérateur **O** :

(R.O) Le jeu $eG_{\mathbf{M},v}(\mathbf{O}\varphi, w)$ débute avec le choix par le falsificateur d'un monde w' accessible depuis w selon $R_{\mathbf{O}}$; la suite du jeu est comme $eG_{\mathbf{M},v}(\varphi, w')$.

et une règle supplémentaire pour les symboles de relations intermondaines :

(R.At^{is}) Dans le *jeu atomique* $eG_{\mathbf{M},@}(R^{is}t_1t_2, w)$, où R est un prédicat binaire de `Pred` ou le symbole d'identité (=), et t_1 et t_2 sont deux termes, $\forall$*belard* choisit un indice $i \in \{1,2\}$; on a alors l'un des deux cas suivants :

(i) t_i est une constante individuelle inédite introduite au cours de la partie pour désigner un objet $d \in D$;
si $\langle [t_1]_{\mathbf{M},@}, [t_2]_{\mathbf{M},w}\rangle \in V^{is}(R, w)$ alors $\exists$*loise* gagne, sinon c'est $\forall$*belard* gagne ;

(ii) t_i est une constante individuelle de **Cons** ; alors $\exists loise$ choisit un objet $d \in D$; si
(ii.a) $i = 1$ et $\langle d, [t_2]_{\mathbf{M},w} \rangle \in V^{is}(R, w)$,
ou $i = 2$ et $\langle [t_1]_{\mathbf{M},@}, d \rangle \in V^{is}(R, w)$, et si
(ii.b) $d = V(t_i)$ (si $w = @$),
alors $\exists loise$ gagne ; sinon c'est $\forall belard$ qui gagne.

Conditions de vérité. Pour une formule φ de $\mathcal{L}_{IF\cdot is}(\Sigma, \mathbf{O})$ on a :

$\langle \mathbf{M}, @ \rangle, w \vDash^+_{\mathsf{eGTS}} \varphi$ (φ est eGTS-vraie dans w) ssi il y a une stratégie gagnante pour le vérificateur initial ($\exists loise$) dans $eG_{\mathbf{M},@}(\varphi^{br}, w)$ telle que pour chaque expression $e_i \in DeOb(\varphi)$, la fonction de choix associée $\mathbf{f}_{e_i}$ est uniforme relativement à l'occurrence de la modalité dont elle est indépendante.
$\langle \mathbf{M}, @ \rangle, w \vDash^-_{\mathsf{eGTS}} \varphi$ (φ est eGTS-fausse dans w) ssi φ n'est pas eGTS-vraie dans w.

3.7. *Règles eGTS-2i pour $\mathcal{L}_{2i}$ et $\mathcal{L}_{IF\cdot 2i}(\Sigma, \boldsymbol{O})$*

Évaluation

Valeur des termes : Soit un modèle de Kripke avec relations intermondaines $\mathbf{M}$, un monde doublement centré $\langle w, \alpha, \beta \rangle$ (α et β étant deux individus du domaine global D), et une assignation $g : Var \to D$.

$$
\begin{aligned}
[x]_{\mathbf{M},\langle w,\alpha,\beta\rangle,g} &= g(x), \text{ où } x \text{ est une variable ;}\\
[a]_{\mathbf{M},\langle w,\alpha,\beta\rangle,g} &= V(a), \text{ où } a \text{ est une constante individuelle ;}\\
[x_s]_{\mathbf{M},\langle w,\alpha,\beta\rangle,g} &= \alpha\,;\\
[y_s]_{\mathbf{M},\langle w,\alpha,\beta\rangle,g} &= \beta.
\end{aligned}
$$

Jeux sémantiques. À chaque énoncé φ de $\mathcal{L}_{2i}(\Sigma, \mathbf{B}_i)$, pour un modèle de Kripke $\mathbf{M}$ du fragment non-indexical $\mathcal{L}_{is}(\Sigma, \mathbf{B}_i)$ du langage, de monde distingué @, un monde doublement centré $\langle w, \alpha, \beta \rangle$ ($\alpha, \beta \in D$), et une assignation g, on associe un jeu sémantique $eG_{\mathbf{M},@,g}(\varphi, \langle w, \alpha, \beta \rangle)$. Ce jeu est joué par $\exists loise$ et $\forall belard$ conformément aux règles eGTS pour la logique modale du premier ordre.

Jeux moléculaires. Les règles des jeux moléculaires sont celles du §.3.3, appliquées aux jeux correspondants $eG_{\mathbf{M},@}(\varphi, w)$ avec la règle pour l'opérateur $\mathbf{O}$ du §.3.6. Pour chaque constante individuelle inédite $\mathbf{c}$ introduite au cours du jeu moléculaire, on note $[\mathbf{c}]_{\mathbf{M},\langle w,\alpha,\beta\rangle,g}$ sa valeur, qui est l'objet $d \in D$ qu'elle sert à désigner.

Jeux atomiques. Les règles sont les suivantes :

(R.At$_{1\cdot 2i}^{1..n}$) Dans le *jeu atomique* $eG_{\mathbf{M},@,g}(Pt_1 \ldots t_n, \langle w, \alpha, \beta \rangle)$, où $P \in \texttt{Pred}$ est un prédicat n-aire et les t_i sont n termes, $\forall$*belard* choisit un indice $i \in \{1, \ldots, n\}$; on a alors l'un des deux cas suivants :

(i) t_i est une constante individuelle inédite introduite au cours de la partie, ou une variable (ordinaire ou distinguée) ;
si $\langle [t_1]_{\mathbf{M},\langle w,\alpha,\beta\rangle}, \ldots, [t_n]_{\mathbf{M},\langle w,\alpha,\beta\rangle}\rangle \in V(P, w)$ alors $\exists$*loise* gagne, sinon c'est $\forall$*belard* gagne ;

(ii) t_i est une constante individuelle de $\texttt{Cons}$; alors $\exists$*loise* choisit un objet $d \in D$; si
(ii.a) $\langle [t_1]_{\mathbf{M},\langle w,\alpha,\beta\rangle}, \ldots, d, \ldots, [t_n]_{\mathbf{M},\langle w,\alpha,\beta\rangle}\rangle \in V(P, w)$ (d occupant la $i$ème place), et si
(ii.b) $d = V(t_i)$ (si $w = @$),
alors $\exists$*loise* gagne ; sinon c'est $\forall$*belard* qui gagne.

(R.At$_{2\cdot 2i}$) Dans le *jeu atomique* $eG_{\mathbf{M},@,g}(t_1 = t_2, \langle w, \alpha, \beta \rangle)$, où t_1 et t_2 sont deux termes, $\forall$*belard* choisit un indice $i \in \{1, 2\}$; on a alors l'un des deux cas suivants :

(i) t_i est une constante individuelle inédite introduite au cours de la partie, ou une variable (ordinaire ou distinguée) ;
si $[t_1]_{\mathbf{M},\langle w,\alpha,\beta\rangle,g} = [t_2]_{\mathbf{M},\langle w,\alpha,\beta\rangle,g}$ alors $\exists$*loise* gagne, sinon c'est $\forall$*belard* gagne ;

(ii) t_i est une constante individuelle de $\texttt{Cons}$; alors $\exists$*loise* choisit un objet $d \in D$; si
(ii.a) $d = [t_2]_{\mathbf{M},\langle w,\alpha,\beta\rangle,g}$ (si $i = 1$) ou
$[t_1]_{\mathbf{M},\langle w,\alpha,\beta\rangle,g} = d$ (si $i = 2$), et si
(ii.b) $d = V(t_i)$ (si $w = @$),
alors $\exists$*loise* gagne ; sinon c'est $\forall$*belard* qui gagne.

(R.At^{2i}) Dans le *jeu atomique* $eG_{\mathbf{M},@,g}(R^{is}t_1t_2, \langle w, \alpha, \beta \rangle)$, où R est un prédicat binaire de $\texttt{Pred}$ ou le symbole d'identité $(=)$, et t_1 et t_2 sont deux termes, $\forall$*belard* choisit un indice $i \in \{1, 2\}$; on a alors l'un des deux cas suivants :

(i) t_i est une constante individuelle inédite introduite au cours de la partie, ou une variable (ordinaire ou distinguée) ;
si $\langle [t_1]_{\mathbf{M},\langle @,\alpha,\beta\rangle,g}, [t_2]_{\mathbf{M},\langle w,\alpha,\beta\rangle,g}\rangle \in V^{is}(R, w)$ alors $\exists$*loise* gagne, sinon c'est $\forall$*belard* gagne ;

(ii) t_i est une constante individuelle de $\texttt{Cons}$; alors $\exists$*loise* choisit un objet $d \in D$; si
(ii.a) $\langle d, [t_2]_{\mathbf{M},\langle w,\alpha,\beta\rangle,g}\rangle \in V^{is}(R, w)$ si $(i = 1)$ ou
$\langle [t_1]_{\mathbf{M},\langle @,\alpha,\beta\rangle,g}, d\rangle \in V^{is}(R, w)$ (si $i = 2$), et si
(ii.b) $d = V(t_i)$ (si $w = @$),
alors $\exists$*loise* gagne ; sinon c'est $\forall$*belard* qui gagne.

Conditions de vérité. Pour une formule φ de $\mathcal{L}_{IF\text{-}2i}(\Sigma,\mathbf{O})$ on a :

$\langle \mathbf{M},@\rangle, \langle w,\alpha,\beta\rangle, g \vDash^{+}_{\mathsf{eGTS}} \varphi$ (φ est eGTS-vraie dans $\langle w,\alpha,\beta\rangle$ pour g) ssi il y a une stratégie gagnante pour le vérificateur initial ($\exists$*loise*) dans $eG_{\mathbf{M},@,g}(\varphi^{br}, \langle w,\alpha,\beta\rangle)$ telle que pour chaque expression $e_i \in DeOb(\varphi)$, la fonction de choix associée $\mathbf{f}_{e_i}$ est uniforme relativement à l'occurrence de la modalité dont elle est indépendante.

$\langle \mathbf{M},@\rangle, \langle w,\alpha,\beta\rangle, g \vDash^{-}_{\mathsf{eGTS}} \varphi$ (φ est eGTS-fausse dans $\langle w,\alpha,\beta\rangle$ pour g) ssi φ n'est pas eGTS-vraie dans $\langle w,\alpha,\beta\rangle$ pour g.

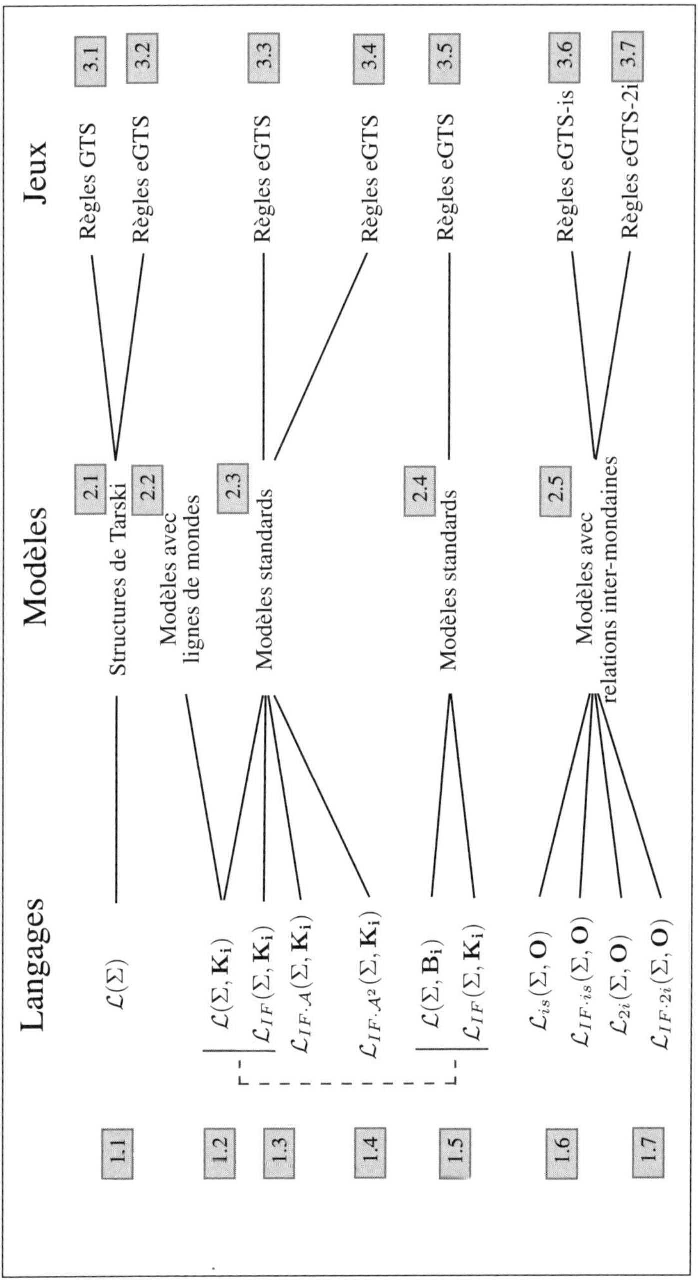

FIGURE I. *Distribution des types de modèles et de jeux sémantiques selon les langages*

BIBLIOGRAPHIE

ABBOTT, Barbara (2001), « Attributive, referential, *de dicto* and *de re* », [en ligne] `http://semanticsarchive.net/Archive/DU3YTgyN/` (consulté le 2 février 2016).

ANSCOMBE, Elizabeth (1975), « The first person », *dans* Samuel Guttenplan (éd.), *Mind and Language*, Oxford, Oxford University Press.

ASHER, Nicholas & LASCARIDES, Alex (2003), *Logics of Conversation*, Cambridge University Press.

AUCOUTURIER, Valérie (2012), *Qu'est-ce que l'intentionalité ?*, Paris, Vrin.

AYDEDE, Murat (1997), « Has Fodor really changed his mind on narrow content ? », *Mind & Language*, 12 (3/4), p. 422–458.

BARWISE, Jon & PERRY, John (1983), *Situations and Attitudes*, Cambridge, MA, Bradford Book.

BEAVER, David (2001), *Presupposition and Assertion in Dynamic Semantics*, Stanford, CA, CSLI Publications.

BLASS, Andreas, DERSHOWITZ, Nachum & GUREVICH, Yuri (2009), « When are two algorithms the same ? », *The Bulletin of Symbolic Logic*, 15 (2), p. 145–168.

BOUVERESSE, Jacques (1987), *La Force de la règle. Wittgenstein et l'invention de la nécessité*, Paris, Les Éditions de Minuit.

BROWN, Curtis (2011), « Narrow mental content », *dans* E. N. Zalta (éd.), *The Stanford Encyclopedia of Philosophy*, fall 2011 éd., [en ligne] `http://plato.stanford.edu/archives/fall2011/entries/content-narrow/` (consulté le 31 janvier 2016).

BURDICK, Howard (1991), « A notorious affair called *exportation* », *Synthese*, 87, p. 363–377.

BURGE, Tyler (1977), « Belief *de re* », *Journal of Philosophy*, 74 (6), p. 338–362.

— (1979), « Individualism and the mental », *Midwest Studies in Philosophy*, 4, p. 73–121.

CAMERON, Ross p. (2009), « What's metaphysical about metaphysical necessity ? », *Philosophy and Phenomenological Research*, 79, 1, p. 1–16.

CASTAÑEDA, Hector-Neri (1968), « On the phenomeno-logic of the I », *dans Proceedings of the XIV International Congress for Philosophy, 3*, p. 260–266.

CHALMERS, David J. (2004), « Epistemic two-dimensional semantics », *Philosophical Studies*, 118, p. 152–226.

CHAUVIER, Stéphane (2001), *Dire « Je ». Essai sur la subjectivité*, Paris, Vrin.

— (2012), « Le déversoir modal », *Klesis*, 24, p. 56–77.

CHISHOLM, Roderick M. (1981), *The First Person : An Essay on Reference and Intentionality*, Minneapolis, The University of Minnesota Press.

CLARK, Robin (2007), « Games, quantifiers and pronouns », *dans* A.-V. Pietarinen (éd.), *Game Theory and Linguistic Meaning*, Amsterdam, Elsevier, p. 139–159.

— (2012), *Meaningful Games. Exploring Language with Game Theory*, Cambridge (Mass.), The MIT Press.

CRANE, Tim (2001), « Intentional objects », *Ratio*, 14, 4, p. 298–317.

— (2006), « Brentano's concept of intentional inexistence », *dans* M. Textor (éd.), *The Austrian Contribution to Analytic Philosophy*, London, New York, Routledge, p. 20–35.

— (2011), « The singularity of singular thought », *Proceedings of the Aristotelian Society*, Suppl. Volume LXXXV, p. 21–43.

CRAWFORD, Sean (2008), « Quantifiers and propositional attitudes : Quine revisited », *Synthese*, 160, p. 75–96.

DENNETT, Daniel (1987), *The Intentional Stance*, Cambridge, Mass, The MIT Press.

— (1992), « The Self as a Center of Narrative Gravity », *dans* F. Kessel, P. Cole & D. Johnson (éds.), *Self and Consciousness : Multiple Perspectives*, Hillsdale, NJ, Erlbaum.

DONNELLAN, Keith S. (1966), « Reference and definite descriptions », *The Philosophical Review*, 77, p. 281–304.

EGRÉ, Paul (2014), « Hyperintensionality and *de re* beliefs », *dans* F. Lihoreau & M. Rebuschi (éds.), *Epistemology, Context, and Formalism*, Synthese Library, Dordrecht, Springer, p. 213–243.

ESFELD, Michael (2005), *La Philosophie de l'esprit. De la relation entre l'esprit et la nature*, Paris, Armand Colin.

EVANS, Gareth (1985), *Collected Papers*, Oxford, Oxford University Press.

FAGIN, Ronald & HALPERN, Joseph Y. (1988), « Belief, awareness and limited reasoning », *Artificial Intelligence*, 34, p. 39–76.

FIENGO, Robert W. & MAY, Robert (2006), *De Lingua Belief*, Cambridge, Mass., The MIT Press.

FINE, Kit (2002), « The varieties of necessity », *dans* T. S. Gendler & J. Hawthorne (éds.), *Conceivability and Possibility*, Oxford, Oxford University Press, p. 253–282.

FITTING, Melvin & MENDELSOHN, Richard L. (1998), *First-Order Modal Logic*, Dordrecht, Kluwer.

FODOR, Jerry A. (1987), *Psychosemantics : The Problem of Meaning in the Philosophy of Mind*, Cambridge, Mass., The MIT Press.

— (1995), *The Elm and the Expert. Mentalese and Its Semantics*, Cambridge, Mass., The MIT Press.

FONTAINE, Matthieu & RAHMAN, Shahid (2010), « Fiction, creation and fictionality : An overview », *Methodos*, 10.

— (2012), « Individuality in fiction and the creative role of the reader », *Revue Internationale de Philosophie*, 4, p. 539–560.

FORBES, Graeme (2013), « Intensional transitive verbs », *dans* E. N. Zalta (éd.), *The Stanford Encyclopedia of Philosophy*, Fall 2013 éd., [en ligne] `http://plato.stanford.edu/archives/fall2013/entries/intensional-trans-verbs/` (consulté le 31 janvier 2016).

FREGE, Gottlob (1971), *Ecrits logiques et philosophiques*, Paris, Éditions du Seuil.

GAMUT, L.T.F. (1991), *Logic, Language, and Meaning. Vol. 2 Intensional Logic and Logical Grammar*, Chicago, The University of Chicago Press.

GARSON, James W. (2006), *Modal Logic for Philosophers*, Cambridge (Mass.), Cambridge University Press.

GEACH, Peter T. (1967), « Intentional identity », *The Journal of Philosophy*, 74, p. 627–632.

GOCHET, Paul (2010), « La théorie de l'objet de Meinong à la lumière de la logique actuelle », *dans* P. E. Bour, M. Rebuschi & L. Rollet (éds.), *Construction. Festschrift for Gerhard Heinzmann*, London, College Publications, p. 355–364.

GRANGER, Gilles-Gaston (1995), *Le Probable, le Possible et le Virtuel. Essai sur le rôle du non-actuel dans la pensée objective*, Paris, Éditions Odile Jacob.

HAYAKI, Reina (2006), « Contingent objects and the Barcan formula », *Erkenntnis*, 64, p. 75–83.

HIGGINBOTHAM, James (1998), « Conceptual competence », *Philosophical Issues*, 9, p. 149–162.

HINTIKKA, Jaakko (1962), *Knowledge and Belief : An Introduction to the Logic of the Two Notions*, Cornell, Cornell University Press.

— (1969*a*), « On the logic of perception », *dans Models for Modalities*, Dordrecht, Reidel, p. 151–183.

— (1969*b*), « Semantics for propositional attitudes », *dans* J. W. Davis, D. J. Hockney & W. K. Wilson (éds.), *Philosophical Logic*, Dordrecht, D. Reidel Publishing Company, *Synthese Library*, t. 20, p. 21–45.

— (1970), « The semantics of modal notions and the indeterminacy of ontology », *Synthese*, 21, p. 408–424.

— (1987), « Language understanding and strategic meaning », *Synthese*, 73, p. 497–529.

— (1996*a*), « Knowledge acknowledged : Knowledge of propositions vs. knowledge of objects », *Philosophy and Phenomenological Research*, 56 (2), p. 251–275.

— (1996*b*), *The Principles of Mathematics Revisited*, Cambridge University Press.

— (1997), « No scope for scope ? », *Linguistics and Philosophy*, 20, p. 515–544.

— (1998), « Perspectival identification, demonstratives and "small worlds" », *Synthese*, 114, p. 203–232.

— (2003), « A second-generation epistemic logic and its general significance », *dans* V. F. Hendricks et al. (éd.), *Knowledge Contributors*, Dordrecht, Kluwer, p. 33–55.

— (2007), *Les Principes des mathématiques revisités*, Paris, Vrin, collection Mathesis, traduction de [Hintikka (1996*b*)], préface et notes par M. Rebuschi.

HINTIKKA, Jaakko & KULAS, Jack (1985), *Anaphora and Definite Descriptions : Two Applications of Game-Theoretical Semantics*, Dordrecht, D. Reidel Publishing Company.

HINTIKKA, Jaakko & SANDU, Gabriel (1989), « Informational independence as a semantical phenomenon », *dans* J. E. Fenstad, I. T. Frolov & R. Hilpinen (éds.), *Logic, Methodology and Philosophy of Science, Vol. 8*, Amsterdam, Elsevier, p. 571–589.

— (1997), « Game-theoretical semantics », *dans* J. van Benthem & A. ter Meulen (éds.), *Handbook of Logic and Language*, Cambridge (Mass.), The MIT Press, p. 361–410.

HODGES, Wilfrid (1997), « Compositional semantics for a language of imperfect information », *Logic Journal of the IGPL*, 5/4, p. 539–563.

JACKSON, Peter (1988), « On game-theoretic interactions with first-order knowledge bases », *dans* P. Smets et al. (éd.), *Non-Standard Logics for Automated Reasoning*, London, Academic Press, p. 27–54.

JACOB, Pierre (2000), « Ce que pense un individu peut-il expliquer ce qu'il fait ? », *Philosophiques*, 27/1, p. 115–138.

— (2004), *L'Intentionnalité. Problèmes de philosophie de l'esprit*, Paris, Odile Jacob.

KAMP, Hans & REYLE, Uwe (1993), *From Discourse to Logic : Introduction to Model Theoretic Semantics of Natural Language, Formal Logic and Discourse Representation Theory*, Studies in linguistics and philosophy, Dordrecht, Kluwer Academic.

KAPLAN, David (1968), « Quantifying in », *Synthese*, 19 (1-2), p. 178–214.

— (1979), « On the logic of demonstratives », *Journal of Philosophical Logic*, 8, p. 81–98.

KRAUT, Robert (1979), « Attitudes and their objects », *Journal of Philosophical Logic*, 8, p. 197–217.

— (1982), « Sensory states and sensory objects », *Noûs*, 16, p. 177–193.

— (1983), « There are no *de dicto* attitudes », *Synthese*, 54, p. 275–294.

KRIPKE, Saul (1972), « Naming and necessity », *dans* G. Harman & D. Davidson (éds.), *Semantics of Natural Language*, Dordrecht, Reidel, p. 253–355.

— (1979), « A puzzle about belief », *dans* A. Margalit (éd.), *Meaning and Use*, Springer Netherlands, *Synthese Language Library*, t. 3, p. 239–283.

LANGLAND-HASSAN, Peter (2012), « Pretense, imagination, and belief : the single attitude theory », *Philosophical Studies*, 159, p. 155–179.

LARMORE, Charles (2004), « Le normatif et l'évaluatif », *Philosophiques*, 31/2, p. 398–402.

LENZEN, Wolfgang (2002), « Epistemic logic », *dans* I. Niiniluoto, M. Sintonen & J. Woleński (éds.), *Handbook of Epistemology*, Dordrecht, Kluwer, chap. 25.

LEWIS, David (1978), « Truth in fiction », *American Philosophical Quarterly*, 15/1, p. 37–46.

— (1979*a*), « Attitudes *de dicto* and *de se* », *The Philosophical Review*, 88, p. 513–543.

— (1979*b*), « Scorekeeping in a language game », *Journal of Philosophical Logic*, 8, p. 338–359.

— (1986), *On the plurality of worlds*, Oxford, Basil Blackwell.

LINSKY, Bernard & ZALTA, Edward N. (1996), « In defense of the contingently nonconcrete », *Philosophical Studies*, 84, p. 283–294.

LOAR, Brian (1972), « Reference and propositional attitudes », *The Philosophical Review*, 81, p. 43–62.

LOUX, Michael J. (1979), *The Possible and the Actual : Readings in the Metaphysics of Modality*, Cornell paperbacks, Ithaca and London, Cornell University Press.

LUDWIG, Pascal (2001), *Contexte et intentionnalité*, Thèse de doctorat, École polytechnique.

LYCAN, William G. (1987), « Phenomenal objects : A backhanded defense », *Philosophical Perspectives*, 1, Metaphysics, p. 513–526.

MAIER, Emar (2009), « Presupposing acquaintance : a unified semantics for *de dicto*, *de re* and *de se* belief reports », *Linguistics and Philosophy*, 32, p. 429–474.

MANN, Allen L., SANDU, Gabriel & SEVENSTER, Merlijn (2011), *Independence-Friendly Logic : A Game-Theoretic Approach*, London Mathematical Society Lecture Note Series, Cambridge, Cambridge University Press.

MARCONI, Diego (1997), *La Philosophie du langage au* XX*e siècle*, Combas, L'Éclat.

— (2005), « Two-dimensional semantics and the articulation problem », *Synthese*, 143, p. 321–349.

MCNAMARA, Paul (2014), « Deontic logic », *dans* E. N. Zalta (éd.), *The Stanford Encyclopedia of Philosophy*, winter 2014 éd., [en ligne] `http://plato.stanford.edu/archives/win2014/entries/logic-deontic/` (consulté le 31 janvier 2016).

MOSCHOVAKIS, Yiannis N. (1994), « Sense and denotation as algorithm and value », *dans Logic Colloquium '90 (Helsinki 1990), Vol. 2 of Lecture Notes in Logic*, Berlin, Springer, p. 210–249.

MUSKENS, Reinhard (2005), « Sense and the computation of reference », *Linguistics and Philosophy*, 28, p. 473–504.

— (2007), « Intensional models for the theory of types », *The Journal of Symbolic Logic*, 72/1, p. 98–118.

NINAN, Dilip (2010), « *De se* attitudes : Ascription and communication », *Philosophy Compass*, 5/7, p. 551–567.

OGIEN, Ruwen (2003), *Le Rasoir de Kant et autres essais de philosophie pratique*, Paris-Tel Aviv, L'Éclat.

PACHERIE, Élisabeth (1993), *Naturaliser l'intentionnalité. Essai de philosophie de la psychologie*, Paris, PUF.

PARTEE, Barbara H. (1989), « Possible worlds in model-theoretic semantics : A linguistic perspective », *dans* S. Allen (éd.), *Possible Worlds in Humanities, Arts and Sciences. Proceedings of Nobel Symposium 65*, Berlin/New York, Walter de Gruyter, p. 93–123.

PERRY, John (1979), « The problem of the essential indexical », *Noûs*, 13, p. 3–21.

— (1990), « Self-notions », *Logos*, xi, p. 17–31.

— (1997), « Reflexivity, indexicality and names », *dans* W. Künne, A. Newen & M. Anduschus (éds.), *Direct Reference, Indexicality, and Propositional Attitudes*, Stanford, CA, CSLI Publications, p. 3–19.

— (1998), « Myself and I », *dans* M. Stamm (éd.), *Philosophie in synthetischer Absicht. Synthesis in Mind*, Stuttgart : Klett-Cotta, p. 83–103.

PLANTINGA, Alvin (1982), *The Nature of Necessity*, Oxford, Clarendon Press.

PRIEST, Graham (2005), *Towards Non-Being. The Logic and Metaphysics of Intentionality*, Oxford : Oxford University Press.

PUTNAM, Hilary (1975), « The meaning of "meaning" », *dans* K. Gunderson (éd.), *Language, Mind and Knowledge*, Minneapolis (MN), University of Minnesota Press.

— (1988), *Representation and Reality*, Cambridge (Mass.), MIT Press.

QUINE, Willard Van Orman (1956), « Quantifiers and propositional attitudes », *The Journal of Philosophy*, 53, p. 177–187.

— (1977*a*), « Intensions revisited », *Midwest Studies In Philosophy*, 2 (1), p. 5–11.

— (1977*b*), *Le Mot et la Chose*, Paris, Flammarion.

RAHMAN, Shahid & KEIFF, Laurent (2005), « On how to be a dialogician », *dans* D. Vanderveken (éd.), *Logic, Thought and Action*, Dordrecht, Springer, p. 359–408.

RANTALA, Veikko (1982), « Impossible worlds semantics and logical omniscience », *Acta Philosophica Fennica*, 35, p. 106–115.

REBUSCHI, Manuel (2008*a*), « Contenu étroit, mécanisme et fonctions de choix », *Philosophie*, 100, p. 77–94.

— (2008*b*), *Qu'est-ce que la signification ?*, Paris, Vrin.

— (2009), « Modalités épistémiques et modalités aléthiques chez Hintikka », *Revue Internationale de Philosophie*, 250, p. 395–404.

— (2010), « Heinzmann, Hintikka, et la vérité », *dans* P. E. Bour, M. Rebuschi & L. Rollet (éds.), *Construction. Festschrift for Gerhard Heinzmann*, London, College Publications, p. 387–396.

— (2011), « Le cogito sans engagement », *Igitur*, 3/2, p. 1–25.

— (2012*a*), « Extended game-theoretical semantics », *dans* M. Trobok, N. Miščevic & B. Žarnić (éds.), *Between Logic and Reality. Modeling Inference, Action and Understanding*, Dordrecht, Springer, p. 161–182.

— (2012*b*), « Le Moi comme un objet intentionnel. Une sémantique de 'Je' sans engagement ontologique. », *Dialogue : Canadian Philosophical Review / Revue canadienne de philosophie*, 51, p. 187–210.

— (2012*c*), « Représentations de soi et modalités », *Philosophia Scientiæ*, 16/2, p. 173–194.

— (2014), « Pensée singulière et sémantique des fictions », *dans* Ch. Bouriau & G. Schuppert (éds.), *Perspectives philosophiques sur les fictions*, Paris, Kimé (à paraître).

— (2016), « Knowing necessary truths », *dans* J. Redmond, O. Pombo Martins & Á. Nepomuceno Fernández (éds.), *Epistemology, Knowledge and the Impact of Interaction*, Dordrecht, Springer (à paraître).

REBUSCHI, Manuel & LIHOREAU, Franck (2008), « Contextual Epistemic Logic », *dans* C. Degremont, L. Keiff & H. Rückert (éds.), *Dialogues, Logics and Other Strange Things. Essays in Honour of Shahid Rahman*, London, College Publications, p. 305–335.

REBUSCHI, Manuel & TULENHEIMO, Tero (2004), « Des jeux en logique », *Philosophia Scientiæ*, 8/2, p. 1–14.

— (2011), « Between *De Dicto* and *De Re* : *De Objecto* attitudes », *The Philosophical Quarterly*, 61/245, p. 828–838.

RECANATI, François (2000*a*), *Oratio Obliqua, Oratio Recta : An Essay on Metarepresentation*, Cambridge (Mass.), MIT Press/Bradford Books.

— (2000*b*), « Relational belief reports », *Philosophical Studies*, 100, p. 255–272.

REIMER, Marga (1998), « Quantification and context », *Linguistics and Philosophy*, 21, p. 96–115.

REINHART, Tanya (1997), « Quantifier scope. How labor is divided between QR and choice functions », *Linguistics and Philosophy*, 20, p. 335–397.

RENAULD, Marion (2014), *Philosophie de la fiction. Vers une approche pragmatiste du roman*, Aesthetica, Rennes, Presses universitaires de Rennes.

RESCHER, Nicholas (1973), « The ontology of the possible », *dans* M. Munitz (éd.), *Logic and Ontology*, New York University Press.

RICHARD, Mark (2001), « Seeking a Centaur, adoring Adonis : Intensional transitives and empty terms », *Midwest Studies in Philosophy*, XXV, p. 103–127.

— (2011), « Attitude ascription : algorithmic or artistic ? », *dans SEP Bochum conference*, [en ligne] `http://markrichardphilosophy.files.wordpress.com/2011/07/art-algo-reading-v21.pdf` (consulté le 2 février 2016).

RIGAL, Élisabeth (1998), « Présentation », *dans* E. Rigal (éd.), *Jaakko Hintikka. Questions de logique et de phénoménologie*, Paris, Vrin, p. 11–43.

RIVENC, François (2002), « Carnap sur l'explication et la formation des concepts », *dans* F. Lepage, M. Paquette & F. Rivenc (éds.), *Carnap aujourd'hui*, Paris, Vrin, p. 7–38.

ROSEN, Gideon (1990), « Modal fictionalism », *Mind*, 99, p. 327–354.

RUSSELL, Bertrand (1905), « On denoting », *Mind*, 14, p. 479–493.

SAINSBURY, Richard M. (2010), *Fiction and Fictionalism*, New Problems of Philosophy Series, London / New York, Routledge.

SANDU, Gabriel (1997), « On the theory of anaphora : Dynamic predicate logic vs. game-theoretical semantics », *Linguistics and Philosophy*, 20, p. 147–174.

SCHIFFER, Stephen (1990), « The mode-of-presentation problem », *dans* C. A. Anderson & J. Owens (éds.), *Propositional Attitudes : The Role of Content in Logic, Language, and Mind*, Stanford : CSLI Publications, p. 249–268.

SCHLENKER, Philippe (2006), « Scopal independence : A note on branching & island-escaping readings of indefinites & disjunctions », *Journal of Semantics*, 23/3, p. 281–314.

SEARLE, John R. (1995), *The Construction of Social Reality*, New York, Free Press.

SIDELLE, Alan (2009), « Conventionalism and the contingency of conventions », *Noûs*, 43 (2), p. 224–241.

STALNAKER, Robert (1990), « Narrow content », *dans* A. Anderson & J. Owens (éds.), *Propositional Attitudes : The Role of Content in Logic, Language and Mind*, Stanford : CSLI Publications, p. 131–146.

STANLEY, Jason & SZABÓ, Zoltán Gendler (2000), « On quantifier domain restriction », *Mind and Language*, 15/2-3, p. 219–261.

STINE, Gail C. (1976), « Intentional inexistence », *Journal of Philosophical Logic*, 5, p. 491–510.

STRAWSON, Peter F. (1950), « On referring », *Mind*, 59, p. 320–344.

TAYLOR, Kenneth A. (2010), « On singularity », *dans* R. Jeshion (éd.), *New Essays on Singular Thought*, Oxford, Oxford University Press, p. 77–102.

TULENHEIMO, Tero (2009), « Remarks on individuals in modal contexts », *Revue Internationale de Philosophie*, 250, p. 383–394.

VAN BENTHEM, Johan (2006), « The epistemic logic of IF games », *dans* R. E. Auxier & L. E. Hahn (éds.), *The Philosophy of Jakko Hintikka*, Open Court, The Library of Living Philosophers, t. XXX.

VON HEUSINGER, Klaus (2002), « Reference and representation of pronouns », *dans* H. J. Simon & H. Wiese (éds.), *Pronouns. Representation and Grammar*, Amsterdam, Philadelphia, Benjamin, p. 109–135.

WEATHERSON, Brian (2014), « Intrinsic vs. extrinsic properties », *dans* E. N. Zalta (éd.), *The Stanford Encyclopedia of Philosophy*, fall 2014 éd., [en ligne] `http://plato.stanford.edu/archives/fall2014/entries/intrinsic-extrinsic/` (consulté le 31 janvier 2016).

WEHMEIER, Kai (2012), « Subjunctivity and cross-world predication », *Philosophical Studies*, 159/1, p. 107–122.

WHITT, L. A. (1985), « Fictional contexts and referential opacity », *Canadian Journal of Philosophy*, 15-2, p. 327–338.

WILLIAMSON, Timothy (2002), *Knowledge and Its Limits*, Oxford Scholarship Online. Philosophy module, Oxford, Oxford University Press.

WINTER, Yoad (2004), « Functional quantification », *Research on Language and Computation*, 2, p. 331–363.

INDEX

TABLE DES MATIÈRES

Dépôt légal : mars 2017
IMPRIMÉ EN FRANCE

Achevé d'imprimer le 20 mars 2017
sur les presses de l'imprimerie « La Source d'Or »
63039 Clermont-Ferrand
Imprimeur n° 19428

PEFC/10-31-2008

Dans le cadre de sa politique de développement durable,
La Source d'Or a été référencée IMPRIM'VERT®
par son organisme consulaire de tutelle.
Cet ouvrage est imprimé - pour l'intérieur - sur papier offset 80 g
provenant de la gestion durable des forêts,
produit par des papetiers dont les usines ont obtenu
les certifications environnementales ISO 14001 et E.M.A.S.